人口減少社会の家族と世代

福田亘孝——［編］

東京大学出版会

FAMILIES IN FLUX
Partnership, Childbearing, and Generations
in an Era of Population Decline
Nobutaka FUKUDA, Editor
University of Tokyo Press, 2025
ISBN 978-4-13-056128-0

人口減少社会の家族と世代

目　　次

序　章　縮減する人口と家族をめぐる変化 ——————— 福田亘孝　1

　　1　はじめに：人口減少社会の到来　1
　　2　人口減少と政策対応　3
　　3　2つの「転換（Transition）」と家族　8
　　4　家族の変化と Readiness・Willingness・Ability　12
　　5　本書の構成　14

Ⅰ　パートナーシップと家族形成

第1章　追加出生のメカニズムと規定要因 —— 西岡八郎・山内昌和　23

　　1　はじめに　23
　　2　既存研究の整理と本章の課題　25
　　3　データと方法　28
　　4　分析結果　31
　　5　追加出生の背景についての考察　40
　　6　おわりに　43

第2章　親の離婚と子どものパートナー形成 ————— 福田亘孝　47

　　1　はじめに　47
　　2　離婚とパートナー形成　50
　　3　データと分析方法　53
　　4　パートナー形成の特徴　55
　　5　親の離婚が与える影響の分析　60
　　6　おわりに　66

第3章　東京大都市圏における低い結婚出生力とそのメカニズム
　　—————————————————— 山内昌和・西岡八郎　73

　　1　はじめに　73
　　2　既存研究の整理と本章の課題　74

3 データと方法　77

4 結果　80

5 考察　84

6 おわりに　90

II　働き方と親子関係

第4章　ワーク・ライフ・バランスの取り組みと長時間労働
男女の違いと子ども───────────────吉田千鶴　95

1 はじめに　95

2 ワーク・ライフ・バランスの推進と労働時間の規制　96

3 労働時間の決定要因　97

4 分析に使用するデータ　99

5 労働時間の分布　100

6 長時間労働の推移と子ども，男女の違い　105

7 おわりに　115

第5章　夫婦の夜間在宅の規定要因と子ども───────吉田千鶴　117

1 はじめに　117

2 分析に使用するデータ　118

3 就業状況の推移　118

4 夫婦の就業状態組み合わせと夜間在宅状況　119

5 夜間在宅と子ども　124

6 おわりに　129

第6章　世代間の家族紐帯の日本的特徴と規定要因──福田亘孝　133

1 はじめに　133

2 「家族連帯」の規定要因　134

3 データと分析方法　139

4 家族紐帯の特徴　142

iii

5　家族紐帯の規定要因　　150

　　6　おわりに　　158

III　家族と世代の国際比較

第7章　Sequence Analysis による家族経歴の国際比較

　　日本・フランス・ドイツ────────────福田亘孝　165

　　1　はじめに　　165

　　2　ライフ・コースの脱標準化と差異化　　166

　　3　データと分析方法　　171

　　4　日本の家族経歴の特徴と規定要因　　176

　　5　フランスの家族経歴の特徴と規定要因　　185

　　6　ドイツの家族経歴の特徴と規定要因　　195

　　7　おわりに　　205

第8章　結婚に対する意識の国際比較────────福田亘孝　211

　　潜在クラス・モデルによる分析

　　1　はじめに　　211

　　2　パートナー形成と価値意識　　214

　　3　データと分析方法　　217

　　4　結婚についての意識の国際比較　　219

　　5　潜在クラス・モデルによる意識構造の比較分析　　227

　　6　おわりに　　237

あとがき　　243

索　　引　　245

序章　縮減する人口と家族をめぐる変化

福田亘孝

1　はじめに：人口減少社会の到来

　日本の人口は減少を続けている．総人口の増加率は 2005 年に前年比 −0.01％ となり，戦後初めて前年を下回った．総人口は 2008 年に 1 億 2800 万 7000 人 でピークに達した後，減少に転じ 2022 年には 1 億 2400 万人になり 2％以上も 少なくなっている．人類の歴史において人口が減少することは決して希な現象 ではない．例えば，17 世紀のイギリスではペストが大流行しロンドンの人口が 大幅に減少したことが知られている（Livi-Bacci 2017）．同様に 19 世紀にアイ ルランドで発生した「ジャガイモ飢饉（Potato Famine）」でも人口が減少して いる．中世や近世のヨーロッパでは飢饉，疫病，戦争によって都市や地域の人 口が減少することは繰り返される現象であった（Reher 2011）．こうした時代 の死亡率はグベール（1992）が述べるように「鋸の刃」の形をしており刃の先 端に達するような「死亡危機（Mortality Crisis）」での死亡数の急激な増加は出 生数を上回り人口減少に繋がっていた（Livi-Bacci 2000；Wrigley 1969）．

　しかし，現在，日本が直面している人口減少は中世の人口減少とは異なって いる．過去の人口減少が急激な死亡数の上昇という死亡サイドから引き起こさ れているのに対して，現在の人口減少は出生数の大幅な減少に起因しており出 生サイドからの人口減少と言える．実際，日本の出生数と死亡数の推移を**表 序-1** で見てみると，出生数は 1975 年の 1020 万から 2020 年の 468 万へと 552 万人も減少しているが，死亡数は 352 万人から 677 万人へ 325 万人の増加にと どまっている．その結果，出生数から死亡数を引いた自然増加が 2010 年頃か

表序-1 日本の総人口の推移

(1,000 人)

年　次	自然増加	出生数	死亡数
1970	5,601	9,051	3,451
1975	6,688	10,208	3,521
1980	5,143	8,656	3,514
1985	3,892	7,559	3,668
1990	2,679	6,602	3,923
1995	1,739	6,107	4,368
2000	1,316	6,019	4,703
2005	641	5,712	5,071
2010	-200	5,471	5,670
2015	-1,143	5,213	6,356
2020	-2,085	4,680	6,765

出典：国立社会保障・人口問題研究所（2022）.

らはマイナスになり総人口が減少している．つまり，死亡数も増加してはいるがそれを上回るペースで出生数が減少した結果，総人口の減少が生じており，人口減少には出生サイドの影響が大きい．この意味において現代の人口減少は中世の人口減少とはメカニズムを異にした出生力低下に由来する人口変動と言える．他方，平均寿命は伸びており，2020 年の出生時平均余命は男性が 81.56歳，女性が 87.71 歳である．この結果，日本では少子化，高齢化，人口減少がセットになって生じている．

　しかしながら，現代の人口変動を見る場合，出生力低下のタイム・スパンに注意する必要がある．というのは，少子化は 20 世紀終わり頃からの現象と思われがちだがヨーロッパ諸国では第一次大戦と第二次大戦の間の戦間期に出生率は既にかなり低い水準に達していた（van Bavel 2004）．例えば，北ヨーロッパや西ヨーロッパの多くの国では 20 世紀初頭から出生率が下がり始め 1930 年代半ばには人口置換水準を下回っていた．実際，イギリスやスウェーデンの合計特殊出生率（Total Period Fertility Rate）は 1935 年前後には 2.0 を下回っている．また，ドイツやチェコでも 1930 年代の合計特殊出生率はほぼ同様の低水準である．その後，ヨーロッパや米国では 1950 年代後半から 60 年代にかけての「ベビー・ブーム」期に出生率が上昇したために両大戦間期の出生力低下傾向は反転したようにも見えるが，他方で戦後の一時期の出生率が例外的に高かったとも考えることができる．実際，1964 年に 2.9 あったイギリスの合計特

2 —— 序章　縮減する人口と家族をめぐる変化

殊出生率は 1974 年には 1.9 に低下しており両大戦間期の水準とほぼ等しい. 同様にスウェーデンの合計特殊出生率も 1956 年には 2.3 だったが 1972 年には 1.9 になり 1930 年代と同水準である (Coleman ed. 1996). 従って, 欧米諸国で見られた 20 世紀後半のベビー・ブームの高い出生力は 10 年間ぐらいの一時的現象であったと見なすこともできる. ベビー・ブームの出生率上昇が一時的攪乱であるならば, 少子化は考えられているよりもタイム・スパンの長い長期的な趨勢と考えられる (Ariès 1980). であるならば, 現代の少子化とその帰結としての人口減少はより多面的に長期的な視点から検討される必要があろう (斎藤 2022).

2 人口減少と政策対応

人口減少に対する恐怖や不安は今に始まったことではない. 既にヨーロッパでは 19 世紀末には人口の減少が社会や国家を衰退させ弱体化を引き起こすという主張は数多くされていたし (Teitelbaum and Winter 1985), 前節でのべた 1930 年代の出生力低下は社会問題になり人口減少に対する不安が再燃していた (Gauthier 1993). この点は近年の出生数の減少や総人口の低下に対する反応と似ている. 実際, 人口減少の懸念として指摘されているのは労働動力人口の減少による経済成長の鈍化, 年金や社会保障制度の崩壊, 医療制度や高齢者ケアの機能不全などであり, 広い意味で社会の衰退をめぐる諸問題と言ってよいであろう. 従って, 人口減少への政策対応は出生を促進し人口の減少を食い止めることが目標とされる. 歴史的に見ると, 出生促進を目的とする政策介入は過去にも様々な国で行われており, ナチス政権下でのドイツやスターリン体制のソ連では高額な出産給付金や人工妊娠中絶を厳しく制限する政策によって出生力の増大が目指されていた (Büttner and Lutz 1990；Hoffmann 2000；Teitelbaum 1972).

しかし, 出生促進政策や人口増加政策については検討すべき課題が多い. 第一に, これまで日本の出生促進政策は子育てに伴うコストの削減と育児と仕事の両立を柱として実施されてきている (阿藤・津谷 2018). 具体的には, (1) 子どもを育てるのに必要な衣服や食事などの生活費や学校や塾などの教育費など

の直接費用，(2) 出産や育児をしている間の親の放棄所得，(3) 子育てと仕事を両立させるための育児休暇制度や保育所などのチャイルド・ケア・サービス，の3つの領域に政策的に介入することで出生力の低下からの反転を目指してきた．しかし，出生促進政策が実際の出生行動に影響を与え，出生力上昇に繋がるかどうかについては一致した結論が出ているわけでは無い (Gauthier and Philipov 2008)．例えば，スウェーデンは出生力が相対的に高いが，これが子育て支援政策の直接的な効果なのか，あるいは，Myrdal (1941) に代表されるように1930年代から培われた「子育てを社会全体が支援する」という人々の意識や社会の文化の効果に起因するのか見解は一致していない (Hoem 2008)．さらに，子育て支援に手厚いと言われている北欧諸国の合計特殊出生率は2010年頃から低下しており家族政策や社会政策の出生促進効果に疑問が生じている (Hellstrand *et al.* 2021；Jalovaara *et al.* 2009)．実際，フィンランドでは合計特殊出生率が2010年には1.87であったが2020年には1.31へと30%も低下している (Statistics Finland 2024)．また，行動経済学で指摘されているように，個人は非合理的な側面を持ちつつ意思決定しており，政策介入に対して期待したどおりの合理的な反応を人々が選択しない可能性もある (Kahneman 2011；Thaler 1992)．子育て支援政策の効果については数多くの研究があり，それらを本章で網羅的にレビューすることはしないが「子どもを持つか／持たないか」の選択は考えられているよりも多様な要因が複雑に関連しあっており，経済的支援や雇用政策 (Work-Related Policy) がもたらす効果は限定的と考えた方がよいであろう (Harknett *et al.* 2014；Luci-Greulich and Thévenon 2013)．実際，日本のケースを見ても1990年の「1.57ショック」を受けて1994年に「エンゼルプラン」と「緊急保育対策等5か年事業」が実施されて以来，2020年の「新子育て安心プラン」まで数多くの少子化対策が行われているが，合計特殊出生率のハッキリした反転は観察されておらず政策効果には疑問が残る．むしろ，出生力低下は多数の要因が組み合わさった結果であり，その組み合わせのパターンも国や地域によって異なっていると考えられる．例えば，国連のHuman Development Index (HDI) やGlobal Gender Gap (GGG) Indexの改善がヨーロッパの出生率上昇の要因 (Myrskylä *et al.* 2009, 2011) であるという主張もあるが，これらの要因だけですべてのヨーロッパ諸国の出生力変動は十分

に説明できない（Lesthaeghe 2020）．さらに，合計特殊出生率は「カンタム効果（Quantum Effect）」だけなく「テンポ効果（Tempo Effect）」の影響を受けるのでコーホート出生率と異なり出生力水準を正確に反映していない点についても考慮する必要がある（Bongaarts and Feeney 1998）．これらの点をふまえると，政策効果についてはより深い洞察と検討が必要になってくる．

　第二の課題として，政策に投入する社会的資源の規模と政策のゴールについての社会的合意形成が難しい．例えば，出生促進のための政策により多くの社会的資源を投入することは，政府や地方自治体の財政規模に上限があることを考慮すると，他の社会保障や福祉政策への支出を減少させることになる（Coleman and Basten 2015）．特に，日本では少子化と高齢化が同時に進行しており高齢者が増加している．実際，15-64歳人口100人に対する65歳以上人口の比率である「老年人口指数」は2020年の日本では48.0であり，フランスの33.9，ドイツの34.2，イギリスの29.4と比べて大きく，かなり高齢化が進んでいることが分かる（国立社会保障・人口問題研究所 2022）．こうした状況で出生促進への財政支出を増大させ，高齢者に対する支出を減少させることは，社会経済的資源の配分についての世代間の対立や分断を激化させることになる．同様に，少子化対策への財政支出の増大による学校教育への財政支援の縮小は社会全体の人的資本の量を減少させ，長期的な持続的成長を不可能にする恐れもある．加えて，社会的に最適な出生力水準を設定するのも容易ではない．日本では2020年に閣議決定された「少子化社会対策大綱：新しい令和の時代にふさわしい少子化対策」では希望出生率1.8が目標とされ達成に向けた政策が策定されている．しかし，この値は調査から人々が希望していると推測される子どもの数の目安にすぎず，実現可能であるかも不明確で，日本社会にとっての最適値でも，持続的発展を可能にする値でもなく，目標値の妥当性の根拠が脆弱である．単純に考えれば，人口置換水準の合計特殊出生率は2.08ぐらいであり人口規模の単純な再生産に必要な値である．この状態を社会にとって理想とするならば出生率の目標もこの値の前後になる．他方で，この水準に達していなくても出生率が1.7や1.5ぐらいならば高齢化に対応した社会システムを維持できる可能性も残されている（Coleman and Rowthorn 2011；McDonald 2006）．先進国では健康寿命が延びており健康で労働可能な高齢者も多いので，定年年齢を

延長することで労働力人口を維持することができる．例えば，2019 年の日本の健康寿命は男性が 72.68 歳，女性が 75.38 歳（内閣府 2022）であり 60 歳代後半まで働き続けることは十分可能である．また，若年層から高齢層への世代間移転による「賦課方式」ではなく，「自己積み立て」制の年金制度の導入によって高齢化に伴う社会保障や福祉費用の増大を一定の限度に抑制することも可能であろう．さらに，教育への投資を促進し人的資本を増加することで労働生産性の上昇や技術革新による経済水準の維持も期待できるであろう（Lutz *et al.* 2004；松谷 2004）．実際，人口減少は経済成長にとってマイナスと考えられてきたが，吉川（2016）の分析によれば日本の戦後の高度成長を牽引したのはイノベーションであり人口の影響は殆どない．従って，人口減少が直ちに経済成長の喪失をもたらすとは必ずしも言えない．しかし，忘れてはならないのは希望出生率 1.8 や合計特殊出生率 1.7 というのは一国の平均値である点である．言うまでもなく，出生力の水準には地域間で格差があり平均よりも高い地域と低い地域がある．過疎化と高齢化が進行している限界集落の出生率は全国平均よりも著しく低く，たとえ一国の出生率が 1.8 や 1.7 の水準でも地域社会の存続が危ぶまれる（増田 2014）．従って，様々な地域の実情を踏まえた上で国や自治体が目標とする最適な出生力や人口規模を決定することは極めて難しい課題である．

　第三に，政策には正の効果と同時に負の効果が伴う場合がありトータルな影響の予想が困難である．これは特に移民政策において顕著である．すなわち，国外からの移民の増加が与える影響としては年齢構造，労働力人口，出生力などの人口に直接作用する効果がある．自然増加が負に転じた社会では国外からの流入人口による社会増加によって人口減少が緩和される．さらに，ゲスト・ワーカーなどの生産年齢人口の増加は不足する労働人口を補う効果も持っている．「移民」の定義はいろいろあり必ずしも統一されてはいないが，西ヨーロッパでは 1960 年代以降，次第に増加した国際人口移動によって既に総人口のかなりの割合を移民が占め，人口の自然増加よりも社会増加が多くなっている．例えば，21 世紀初頭において総人口に占める移民の比率はフランス，オランダ，ベルギーで 10%，スウェーデンやオーストリアで 12%，イギリスで 8% 前後に達している（Coleman 2008）．この結果，自然増加が負に転じたドイツ，ギ

リシャ，イタリアなどでは移民による社会増加によって人口減少が抑制されている（Salt 2005）．さらに，移民の出生力は受入国の人より高い場合が多いので少子化の進行を弱める（エラン 2008；Milewski 2010）．例えば，フランスの2017 年の合計特殊出生率は自国民（Native-Born）では 1.77 であるのに対して国外からの移民では 2.60 であり，移民の中でもマグリブ諸国系とトルコ系で高くなっている（Volant *et al.* 2019）．こうした点から見ると，国外からの移民の受入は人口減少に対する処方箋になる可能性が全く無いとは言えない．また，国連の「補充移民（Replacement Migration）」も人口減少への対処として移民の効果を基礎としている点で発想は同じである（United Nations 2000）．しかし，実際に人口減少を緩和できる水準の移民を国外から受け入れるのには課題も多い．上述した国連の補充移民のシナリオでは日本が総人口を維持するためには毎年平均 34.3 万人，生産年齢人口を維持するためには毎年平均 64.7 万人の移民の持続的な受入が必要であるとしている（阿藤 2004）．2019 年の日本への入国超過数は約 20 万人であるので生産年齢人口を維持するためには 3 倍以上の移民を毎年受け入れなければならず，膨大な数の外国人と共存することになり，移民の増大によって社会の民族構成は多様にならざるを得ない（Coleman 2006, 2009a）．この結果，多数の多様な移民の存在は社会に影響を及ぼすことになり，特に社会的包摂や社会的統合に与えるインパクトが大きい．つまり，移民は受入国が伝統的に持っているのとは異なる文化，習慣，宗教，言語を持っており，同化政策（Assimilation Policy）ではなく多文化政策（Multi-Culturalism Policy）を採用した場合，移民が持つこうした独自性を維持しつつ受入国が移民を社会的に包摂するのには莫大な社会的コストが必要になる（Coleman 2008, 2009b）．この社会的包摂や社会的統合のコストが移民のもたらす便益を上回ってしまえば，移民を受け入れる経済的メリットは無くなってしまう．従って，移民政策は単純な「数合わせの論理」だけではなく，正の効果と負の効果をトータルに勘案した上で立案，実施する必要がある．加えて，出生サイドについても高出生力国から低出生力国へやってきた移民の第一世代は出生力が高いが，第二世代，第三世代になると出生力が低下し受入国の低い出生力に近くなる（Kulu *et al.* 2017）．従って，長期的な出生数増加の効果を期待することはできない．これらの点を考慮すると，人口減少や少子化を反転させる政策は効果が不透明で

実施にも困難が多い．であるならば，一定水準の人口減少や低出生力を前提としつつ，こうした状態に適応し存続を可能とする社会システムを構築する政策についても検討する必要があろう．

3　2つの「転換（Transition）」と家族

　既に述べたように，出生力の低下は20世紀初頭から見られる変動プロセスと考えられる．この変動は「（第一の）人口転換（First Demographic Transition, FDT）」と一般的には呼ばれる（Davis 1945；Kirk 1996；Notestein 1945）．すなわち，人口転換以前の社会は死亡率が高く，それに対応するように出生率も高い．しかし，近代化によって死亡率が低下し始め，それに対応した出生コントロールが始まり，やや遅れて出生率も低下する．そして，最終的に低い死亡率に対応して出生率も低い水準になる．簡単に言えば，人口の歴史的変化を「高死亡率－高出生率」から「低死亡率－低出生率」へ進む簡単な形で図式化したのがDavisやNotesteinの「人口転換」論である．厳密には，この図式どおりに実際の死亡や出生が時間的に変化したわけではない（Lesthaeghe 1977）．例えば，近代工業の発展による都市の人口の増大は衛生状態や生活環境を悪化させ死亡率の低下ではなく上昇をもたらし自然増加がマイナスであったことが指摘されている（de Vries 1984；Landers 1993；斎藤 2019；Sharlin 1978）．とはいえ，「（第一の）人口転換」論で注目すべき点は，1つの均衡状態から別の均衡状態への移行として死亡と出生の関連を捉えていることである．つまり，転換前の「高死亡率－高出生率」の均衡状態から転換後の「低死亡率－低出生率」の均衡状態への移行である．特に，出生力の水準は乳児死亡率に対応しており，乳児死亡率が極端に少ない転換後の出生率は人口規模がほぼ再生産される置換水準に落ち着くと仮定されていた（Demeny 1997）．

　しかし，1970年代以降のヨーロッパや東アジアの先進国で生じた少子化は「（第一の）人口転換」論で仮定されていた新たな均衡状態への移行とは合致しない．出生力が相対的に高い北西ヨーロッパでも2020年の合計特殊出生率はフランス（1.86），デンマーク（1.68），スウェーデン（1.67）で人口置換水準以下であり，相対的に低い南ヨーロッパのイタリア（1.24），ギリシャ（1.39），ス

ペイン（1.19）では置換水準を大きく下回っている．同様に，韓国（0.84），台湾（1.18），シンガポール（1.10），タイ（1.34）などの東アジアでも出生率が置換水準よりかなり低い（国立社会保障・人口問題研究所 2022）．合計特殊出生率が 1.3 だと 45 年間でほぼ人口規模が半分になり，この水準以下は「超少子化（Lowest-Low Fertility）」と呼ばれるが（Kohler *et al.* 2002），南ヨーロッパや東アジアの出生率は超少子化よりかなり低く均衡状態から遥かに乖離している．さらに，均衡から逸脱し低下した出生率が，再び上昇し均衡水準に向かって回帰していく周期的な出生力変動のパターン（Easterlin 1973）は 1970 年代以降のヨーロッパや東アジアの少子化には存在せず，長期にわたって出生率が低迷し反転の兆しはない．既に 1980 年代には周期的な出生力変動は否定されており（Butz and Ward 1979），1970 年代半ばからの日本の少子化も周期的な出生率の反転上昇という楽観的なシナリオはもはや妥当しないであろう．従って，日本を始めとする東アジアやヨーロッパが直面している少子化は「（第一の）人口転換」論とは大きく異なっていることは間違いない．

　van de Kaa と Ron Leathaeghe は 1970 年頃からヨーロッパで生じている人口変動を「第二の人口転換（Second Demographic Transition, SDT）」と呼んでいる（Lesthaeghe 1995；van de Kaa 1987, 2003）．この転換論は人口変動の特徴だけでなく，その要因も検討した包括的な説明枠組みであるが，主要な変化の特徴は次の様にまとめられる（Leathaegh 2010, 2014；Fukuda 2016）．まず，出生パターンの特徴としては（1）置換水準以下の出生率，（2）出産年齢の上昇，（3）婚外子の増大，（4）意図的な無子カップルの増大であり，婚姻パターンの特徴としては（1）未婚者の増大，（2）初婚年齢の上昇，（3）同棲カップルの増大，（4）離婚の増大，（5）再婚の減少と LAT（Living Apart Together）関係の増加である．「（第一の）人口転換」論は死亡率と出生率の関連からの議論であり（van de Kaa 2004），「子どもを何人持つか」という出生行動が大きな役割を果たしていた．従って，この転換論の中心に位置するのは親子関係と言うことができるであろう．他方，「第二の人口転換」論では出生パターンだけでなくパートナー関係も対象とされ，親子だけでなく夫婦も含んだより包括的な家族や世帯の変動の一部として少子化を捉えている．さらに，こうした家族の変化は働き方やライフ・スタイルや価値意識などの多様な要因に起因すると考え

序章　縮減する人口と家族をめぐる変化——9

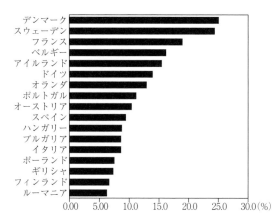

図序-1 子どものいる世帯のうち一人親世帯が占める割合（2020年）
出典：EuroStat (https://ec.europa.eu/eurostat/).

られている（Lesthaeghe and Surkyn 1988；van de Kaa 2001）．実際，ヨーロッパを見てみると出生パターンだけでなく家族関係も変化している．図序-1 はヨーロッパ諸国の成人していない子どものいる世帯のうちで一人親世帯が占める割合を示している．一人親世帯の割合はデンマークが最も大きく全世帯の 25.3％が一人親世帯であり，次いでスウェーデンが 24.7％になっている．反対に最も少ないのがルーマニアで 6.3％，次いでフィンランドが 6.6％になっている．

2021年の「国民生活基礎調査」では日本の核家族は約 887 万世帯であり，一人親と未婚の子どもから構成される世帯は約 69 万世帯で子どもがいる世帯のうち一人親世帯の占める割合は約 7.7％になっている．ギリシャの一人親世帯の割合は 7.2％，ポーランド 7.5％であるので日本はこれらの国に近い．こうした状況を考えると両親と子どもから構成される家族形態が標準とは必ずしも言えず家族に変化が生じている．

さらにヨーロッパでは婚外子の割合も高くなっている．図序-2 は 2018 年の総出生数に対する婚外子の割合を表している．婚外子の割合はアイスランドが最も高く 70.5％，次いでフランスの 60.4％になっている．反対に最も少ないはギリシャの 11.1％，次がスイスの 25.7％になっている．さらに，興味深いのは 9 カ国において婚外子の割合が 50％を超えており，これらの国では婚外子が多数派を形成している．従って，「婚姻（法律婚）＝生殖」という関係が必ずしも

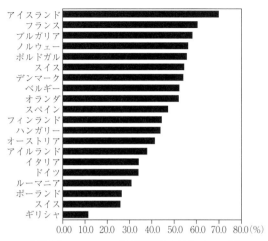

図序-2 ヨーロッパの婚外子の割合（2018年）
出典：EuroStat（https://ec.europa.eu/eurostat/）．

成立せず家族形成のパターンも大きく変わってきている．他方，ヨーロッパ諸国と比べて日本の婚外子の割合は2020年でも2.4％で著しく低く，婚姻関係が依然として支配的な生殖のユニットであり続けている．この点において日本とヨーロッパでは家族形成のパターンが異なっている．既に述べたように，「第二の人口転換」論では置換水準以下の出生力と婚外子の増大がセットで特徴として上げられているが，この特徴は日本には妥当しない．この点を考慮すると，「第二の人口転換」論で示された家族変動の特徴はすべての国に当てはまるのではなく，ヨーロッパとは異なるアジア型の「第二の人口転換」が存在する可能性が示唆される（Lesthaeghe 2022）．

　とはいえ，1970年代以降から生じた少子化は単に出生力低下という人口変動にとどまらずパートナー関係や世代関係を含むより大きな家族変動の一部であることは確かであろう．すなわち，人口減少は家族関係や世代関係に影響を与えると同時に，パートナー形成や親子・世代関係の変化が人口変動の要因でもある．言いかえるならば，人口と家族・世代は相互規定的であり，一方が他方の原因であると同時に結果でもある．そして，こうした家族変動の背後には所得や就業形態などの経済的変化のみならず，ライフ・スタイル，ジェンダー関係，価値意識などの変化も存在しており，少子化や未婚化はより広い家族・

世代の視点から多面的な関連を考慮して分析されることでメカニズムがより明確に解明されると言える.

4　家族の変化と Readiness・Willingness・Ability

　出産コントロールは「（第一の）人口転換」の重要な要素の１つであるが，この行動を規定する要素として Ansley Coale（1973）は Readiness, Willingness, Ability の３つを指摘している．１番目の Readiness は行動を選択することから生じる経済的，心理的な「優位性（利点）」で，利益（Utility）が不利益（Disutility）やコストより多い場合は「優位性」が高く，その行為が選択される．２番目の Willingness は行為を選択することについて規範や道徳から見た社会的「許容度」や「妥当性」の水準であり，宗教倫理や価値観などに規定される．この「許容度」が高いほど，その行為は社会で受け入れられ多くの人に選択される．３番目の Ability は行為の選択を可能にする技術的，法律的な手段の「利用可能性」であり，手段の利用が容易で制度的な制限が低いほど，その行為が選択される（Esteve *et al.* 2012；Lesthaeghe and Vanderhoeft 2001）．言いかえるならば，この分析枠組みは個人の行為選択や意思決定を「費用−便益」の関係だけなく，社会の規範や価値観に加え，利用機会の構造の側面から「三角測量」のように検討することでより精緻な分析を可能にしている．例えば，生む子どもの数を少なくすることが経済的に有利であれば Readiness の水準が高い．世俗化が進み，出産コントールが社会で広く受け入れられ許容されているならば Willingness の水準も高い．しかし，避妊手段へのアクセスが限定的で利用が困難であると Ability の水準が低く出産制限の普及が難しいため，これがボトルネックとなって出生力はあまり低下しない．他方，子どもの数を少なくすることが経済的に有利で，避妊手段のアクセスが容易であっても，宗教的，倫理的に産児制限を否定する社会規範が強い場合，Readiness と Ability の水準は高いが，Willingness の水準が低くボトルネックとなり，この場合も出生力があまり低下しない．従って，両者では出生力が低下しない状態は同じであっても出生力低下を阻害するボトルネック要因が異なり，背後のメカニズムが異なっている．

Coale の Readiness, Willingness, Ability による分析はヨーロッパの「（第一の）人口転換」を説明するために提案されたものであるが（Coale and Watkins 1986），現代の日本の少子化を検討する場合にも有益な知見を与えてくれる．第15回出生動向基本調査によれば，理想の数の子どもを持たない理由で最も多いのは「子育てや教育にお金がかかりすぎるから」であり子どもを持つことのコストが高いと考える人が多い（国立社会保障・人口問題研究所 2017）．他方，第6回家庭動向調査によれば「年老いた親の介護は家族が担うべきだ」に賛成した回答者の割合は 45.2%であり第4回調査の 63.3%から大幅に減少しており子どもを持つことの便益は低下している（国立社会保障・人口問題研究所 2020）．これらの結果を見る限り，子どもを多く持つ優位性（利点）は低下してきており，子ども数を少なくする Readiness が高い．Willingness について見てみると「結婚したら，子どもを持つべきだ」に賛成した割合は未婚の男性で 75.4%，女性で 67.4%，結婚している女性では 66.6%で，賛成割合は 1992 年の調査から未婚者でも既婚者でも減少してきており，子どもを持たない選択は次第に社会的に許容される傾向が見られる（国立社会保障・人口問題研究所 2017）．従って，子どもを持たないことへの Willingness は上昇傾向にある．また，現在，避妊を実行している夫婦と以前に実行した夫婦の割合の合計は 68.2%であり，出生コントロールの Ability の水準も高いと言える．従って，現代の日本においては少子化の Readiness, Willingness, Ability の 3 つすべてが高い水準にあり，生む子どもの数を少なくする選択を行いやすい状況にある．すでに述べたように，日本の出生促進政策は子育てに伴うコストの削減と育児と仕事の両立を中心に実施されており，Readiness の変化による出生促進を意図している．しかし，子どもを少なくすることへの Willingness の高さがボトルネックとなり政策効果が殆ど見られないのかもしれない．

さらに，親子・世代関係やパートナー関係などの家族のあり方についても Readiness, Willingness, Ability の視点から考えることができる．例えば，既に述べたように日本では同棲（事実婚）が少なく法律婚が圧倒的に多い．経済的な利点については同棲関係と法律婚関係との差はあまり大きくなく，一方が他方より圧倒的に優位ではないであろう．それゆえ，Readiness に関して両者はほぼ同じと考えられる．しかし，Willingness については法律婚の方が優位

である．実際，「男女が一緒に暮らすなら結婚すべきである」という考えを支持する割合は未婚男性で 74.8％，未婚女性で 70.5％，既婚女性で 69.3％であり（国立社会保障・人口問題研究所 2020），同棲経験率は増えているとは言え社会的許容度はヨーロッパほど高くはなく Willingness が低い．さらに，同棲関係は法律婚と比べて法律的な権利の保障が弱く，制限も多いため Ability も低い．このため，Readiness に差があまり無くても，事実婚は法律婚より Willingness と Ability が低く，これがボトルネックとなって同棲関係がヨーロッパほど広く見られないのかもしれない．いずれにせよ，Readiness, Willingness, Ability の枠組みはパートナー関係や家族形成のプロセスを「費用−便益」の関係，社会意識，機会の構造の視点から多面的に分析する方法として有益であることは間違いないであろう．

5 本書の構成

本書は「結婚と家族に関する国際比較調査（JGGS）」の研究成果を中心にまとめたものである．この調査は「国連ヨーロッパ経済委員会人口部」，「フランス国立人口研究所」，「オランダ学際人口研究所」，「マックスプランク人口研究所」が中心になって実施されている国際比較研究のプロジェクト「Generations and Gender Project」の日本版として実施されたパネル調査であり，詳細については津谷・阿藤他（2018）で説明されているので，そちらを参照していただきたい．「結婚と家族に関する国際比較調査」については，既に 2 つの書籍（阿藤・西岡他 2011；津谷・阿藤他 2018）が研究成果として出版されているが，本書では 2019 年に実施された第 5 回目のフォローアップ調査のデータを新たに加え，合計 5 回分のパネル・データが用いられている．本書は大きく三部から構成されており，第 I 部（第 1 章〜第 3 章）では「パートナーシップと家族形成」，第 II 部（第 4 章〜第 6 章）では「働き方と親子関係」，第 III 部（第 7 章〜第 8 章）では「家族と世代の国際比較」について分析した章から構成されている．本章の第 3 節で述べているように，日本が直面している未婚化や少子化は大きな家族の変化の一部であり，現象の背後にある要因は多岐にわたる．本書ではこの点を考慮し，多様な視点から親子・世代関係やパートナー関係に関す

るテーマを分析している.

　各章の概略は以下のとおりである. 第1章は結婚している夫婦の追加出生を分析している. 日本は婚外子が少なく, 圧倒的に多数の子どもが結婚した夫婦から生まれている. このため, 結婚出生力の低下は少子化と強く結びついており, 第1章ではこの点を中心として分析が行われている. 第2章は親の離婚を経験した子どものパートナー形成を扱っている. 近年, 日本の離婚率は上昇しており子ども時代に親が離婚した経験を持つ人も少なくない. 第2章では親の離婚を経験した人の婚姻パターンを分析しており, 離婚の世代間の影響をテーマとしている. 第3章では都市圏の結婚出生力のメカニズムについて検討している. 日本の出生力は地域間に違いがあることはよく知られているが, これまでの研究では集計データ（Aggregated Data）による分析がほとんどであっため出生力の地域間格差の規定要因は十分に明らかにされていなかった. 第3章では都市圏の出生力の規定要因を分析することで出生パターンの地域間格差の発生メカニズムに新しい知見をもたらしている. 第4章はワーク・ライフ・バランスと子どもの関係を扱っている. 「働き方改革」に代表されるようにワーク・ライフ・バランスの改善は重要な社会的課題である. しかし, 夫婦関係や親子関係とワーク・ライフ・バランスの関連については明らかになっていない点も多い. 第4章では労働時間と夫婦・親子関係の関係を分析することでワーク・ライフ・バランスを新しい視点から分析している. 第5章は「非典型時間帯」の就業が家族にあたえる影響を分析している. 近年, 日本では夜間, 深夜, 早朝の時間帯に働く人が増加傾向にある. これまで就業と家族についての研究では昼間の通常時間帯の労働を扱ってはいるが非典型時間帯労働に従事する親の子どもとの関わりや世話については分析されていない. 第5章はこれまで見落とされていた非典型時間帯就業者のライフスタイルや親子関係を扱っている. 第6章では世代間の家族紐帯をテーマにした分析である. 平均寿命の伸長によって老親と成人子が長期間共存する可能性は高まっている. こうした長寿化が進む日本の成人子と高齢の親の世代関係については十分に明らかにされていない. 第6章では老親と成人子の家族紐帯について分析し, 高齢社会における世代関係の特徴を考察している. 第7章ではライフ・コースの国際比較を行っている. ライフ・コースの研究ではイベント・ヒストリー分析が用いられること

が多いが，この章では Sequence Analysis を使ってイベント発生のタイミングではなく，イベント経験の軌跡の特徴から日本，ドイツ，フランスの差異を考察している．最後の第 8 章では結婚の主観的便益とコストについて日本とフランスを比較している．日本は法律婚でパートナー関係を形成する人が多いが，フランスは同棲関係が多く法律婚の割合が少ない．第 8 章は対照的な二カ国を比較し婚姻関係に抱かれている理想や期待の違いから結婚の主観的便益とコストの特徴を明らかにしようと試みている．本書はこれらの分析によって日本の少子高齢人口減少社会に新しい知見をもたらすことを意図している．

[参考文献]

阿藤誠（2004）「人口減日本の選択：外国人労働力をどうする？」『人口問題研究』60: 1-13.

阿藤誠・西岡八郎・津谷典子・福田亘孝編（2011）『少子化時代の家族変容：パートナーシップと出生行動』東京大学出版会.

阿藤誠・津谷典子（2018）「少子高齢社会の諸相」津谷典子・阿藤誠・西岡八郎・福田亘孝編著『少子高齢時代の女性と家族』慶應義塾大学出版会，pp. 1-55.

エラン，フランソワ（2008）『移民の時代』林昌宏（訳），明石書店.

グベール，ピエール（1992）『歴史人口学序説』遅塚忠躬・藤田苑子（訳），岩波書店.

国立社会保障・人口問題研究所（2017）『現代日本の結婚と出産：第 15 回出生動向基本調査（独身者調査ならびに夫婦調査）報告書』国立社会保障・人口問題研究所.

国立社会保障・人口問題研究所（2020）『第 6 回全国家庭動向調査』国立社会保障・人口問題研究所.

国立社会保障・人口問題研究所（2022）『人口統計資料集』国立社会保障・人口問題研究所.

斎藤修（2019）「人口転換論を再考する：とくに死亡率低下局面をめぐって」『日本學士院紀要』73: 1-29.

斎藤修（2022）「少子化は歴史抜きには語れない」南塚信吾・小谷汪之・木畑洋一編『歴史はなぜ必要なのか』岩波書店，pp. 163-179.

津谷典子・阿藤誠・西岡八郎・福田亘孝編著（2018）『少子高齢時代の女性と家族』慶應義塾大学出版会.

内閣府（2022）『令和 4 年版高齢社会白書』内閣府.

松谷明彦（2004）『人口減少経済の新しい公式』日本経済新聞社.

増田寛也（2014）『地方消滅』中央公論新社.

吉川洋（2016）『人口と日本経済』中央公論新社.

Ariès, P.（1980）"Two Successive Motivations for the Declining Birth Rate in the West," *Population and Development Review*, 6: 645-650.

Bongaarts, J. and Feeney, G.（1998）"On the Quantum and Tempo of Fertility," *Pop-*

ulation and Development Review, 24, 271-291.

Büttner, T. and Lutz, W. (1990) "Estimating Fertility Responses to Policy Measures in the German Democratic Republic," *Population and Development Review,* 16: 539-555.

Butz, W. and Ward, M. (1979) "The Emergence of Counter-Cyclical US Fertility," *American Economic Review,* 69: 318-328.

Coale, A. J. (1973) *The Demographic Transition Reconsidered,* Paper Presented at the Proceedings of the International Population Conference, Liège.

Coale, A. J. and Watkins, S. C. (eds.) (1986) *The Decline of Fertility in Europe,* Princeton University Press.

Coleman, D. (ed.) (1996) *Europe's Population in the 1990s,* Oxford University Press.

Coleman, D. (2006) "Immigration and Ethnic Change in Low-Fertility Countries," *Population and Development Review,* 32: 401-446.

Coleman, D. (2008) "The Demographic Effects of International Migration in Europe," *Oxford Review of Economic Policy,* 24: 452-476.

Coleman, D. (2009a) "Migration and its Consequences in 21st Century Europe," *Vienna Yearbook of Population Research,* 7: 1-18.

Coleman, D. (2009b) "Divergent Patterns in the Ethnic Transformation of Societies," *Population and Development Review,* 35: 449-478.

Coleman, D. and Basten, S. (2015) "The Death of the West," *Population Studies,* 69: S107-S118.

Coleman, D. and Rowthorn, R. (2011) "Who's Afraid of Population Decline?" *Population and Development Review,* 37: 217-248.

Davis, K. (1945) "The World Demographic Transition," *Annals of the American Academy of Political and Social Science,* 237: 1-11.

de Vries, J. (1984) *European Urbanization 1500-1800,* Harvard University Press.

Demeny, P. (1997) "Replacement-Level Fertility," in G. W. Jones, R. M. Douglas, J. C. Caldwell and R. M. D'Souza (eds.), *The Continuing Demographic Transition,* Clarendon Press, pp. 94-110.

Easterlin, R. A. (1973) "Relative Economic Status and the American Fertility Swing," in E. B. Sheldon (ed.), *Family Economic Behavior: Problems and Prospects,* J. B. Lippincott, pp. 170-223.

Esteve, A., Lesthaeghe, R. and López-Gay, A. (2012) "The Latin American Cohabitation Boom, 1970-2007," *Population and Development Review,* 38: 55-81.

Fukuda, N. (2016) *Marriage and Fertility Behaviour in Japan: Economic Status and Value-Orientation,* Springer.

Gauthier, A. H. (1993) "Towards Renewed Fears of Population and Family Decline," *European Journal of Population,* 9: 143-168.

Gauthier, A. H. and Philipov, D. (2008) "Can Policies Enhance Fertility in Europe?"

序章　縮減する人口と家族をめぐる変化── 17

Vienna Yearbook of Population Research, 6: 1-16.

Harknett, K., Billari, F. C. and Medalia, C. (2014) "Do Family Support Environments Influence Fertility?" *European Journal of Population,* 30: 1-33.

Hellstrand, J., Nisén, J., Miranda, V., Fallesen, P., Dommermuth, L. and Myrskylä, M. (2021) "Not Just Later, but Fewer: Novel Trends in Cohort Fertility in the Nordic Countries," *Demography,* 58: 1373-1399.

Hoem, J. M. (2008) "The Impact of Public Policies on European Fertility," *Demographic Research,* 19: 249-260.

Hoffmann, D. L. (2000) "Mothers in the Motherland," *Journal of Social History,* 34: 35-54.

Jalovaara, M., Neyer, G., Anderson, G., Dahlberg, J., Dommermuth, L., Fallesen, P. and Lappegård, T. (2019) "Education, Gender, and Cohort Fertility in the Nordic Countries," *European Journal of Population,* 35: 563-586.

Kahneman, D. (2011) *Thinking, Fast and Slow*（村井章子（訳）『ファスト＆スロー』）, Farrar, Straus and Giroux.

Kirk, D. (1996) "Demographic Transition Theory," *Population Studies,* 50: 361-387.

Kohler, H. P., Billari, F. C. and Ortega, J. A. (2002) "The Emergence of Lowest-Low Fertility in Europe during the 1990s," *Population and Development Review,* 28: 641-680.

Kulu, H., Hannemann, T., Pailhé, A., Neels, K., Krapf, S., González-Ferrer, A. and Andersson, G. (2017) "Fertility by Birth Order among the Descendants of Immigrants in Selected European Countries," *Population and Development Review,* 43: 31-60.

Landers, J. (1993) *Death and the Metropolis: Studies in the Demographic History of London, 1670-1830,* Cambridge University Press.

Lesthaeghe, R. (1977) *The Decline of Belgian Fertility, 1800-1970,* Princeton University Press.

Lesthaeghe, R. (1995) "The Second Demographic Transition in Western Countries," in K. O. Mason and A. M. Jensen (eds.), *Gender and Family Change in Industrialized Countries,* Clarendon Press, pp. 1-18.

Lesthaeghe, R. (2010) "The Unfolding Story of the Second Demographic Transition," *Population and Development Review,* 36: 211-251.

Lesthaeghe, R. (2014) "The Second Demographic Transition," *Proceedings of the National Academy of Sciences,* 111: 18112-18115.

Lesthaeghe, R. (2020) "The Second Demographic Transition, 1986-2020," *Genus,* 76: 1-38.

Lesthaeghe, R. (2022) "The Second Demographic Transition," *China Population and Development Studies,* 6: 228-236.

Lesthaeghe, R. and Surkyn, J. (1988) "Cultural Dynamics and Economic Theories of Fertility Change," *Population and Development Review,* 14: 1-45.

Lesthaeghe, R. and Vanderhoeft, C. (2001) "Ready, Willing, and Able," in J. B. Casterline (ed.), *Diffusion Processes and Fertility Transition*, National Academy Press, pp. 240–264.

Livi-Bacci, M. (2000) "Mortality Crises in a Historical Perspective: The European Experience," in G. A. Cornia and R. Paniccià (eds.), *The Mortality Crisis in Transitional Economies*, Oxford University Press, pp. 38–58.

Livi-Bacci, M. (2017) "*A Concise History of World Population* (6th ed.), Wiley.

Luci-Greulich, A. and Thévenon, O. (2013) "The Impact of Family Policies on Fertility Trends in Developed Countries," *European Journal of Population*, 29: 387–416.

Lutz, W., Sanderson, W. C. and Scherbov, S. (eds.) (2004) *The End of World Population Growth in the 21st Century*, Routledge.

McDonald, P. (2006) "An Assessment of Policies that Support Having Children from the Perspectives of Equity, Efficiency and Efficacy," *Vienna Yearbook of Population Research 2006*: 213–234.

Milewski, N. (2010) "Immigrant Fertility in West Germany," *European Journal of Population*, 26: 297–323.

Myrdal, A. (1941) *Nation and Family: The Swedish Experiment in Democratic Family and Population Policy*, Harper & Brothers.

Myrskylä, M., Kohler, H. P. and Billari, F. C. (2009) "Advances in Development Reverse Fertility Declines," *Nature*, 460: 741–743.

Myrskylä, M., Kohler, H. P. and Billari, F. C. (2011) *High Development and Fertility*, Population Studies Center, University of Pennsylvania.

Notestein, F. W. (1945) "Population: The Long View," in T. W. Schulz (ed.), *Food for the World*, Chicago University Press, pp. 36–57.

Reher, D. S. (2011) "Economic and Social Implications of the Demographic Transition," *Population and Development Review*, 37: 11–33.

Salt, J. (2005) *Current Trends in International Migration in Europe*, Council of Europe.

Sharlin, A. (1978) Natural Decrease in Early Modern Cities," *Past and Present*, 79: 126–138.

Statistics Finland (2024) "Birth Rate Fell to the Lowest Level in Statistical History in 2023, Statistics Finland.

Teitelbaum, M. S. (1972) "Fertility Effects of the Abolition of Legal Abortion in Romania," *Population Studies*, 26: 405–417.

Teitelbaum, M. S. and Winter, J. M. (1985) *The Fear of Population Decline*, Academic Press.

Thaler, R. H. (1992) *The Winner's Curse: Paradoxes and Anomalies of Economic Life*, Free Press.

United Nations. (2000) *Replacement Migration*, United Nations.

van Bavel, J. (2004) "Diffusion Effects in the European Fertility Transition," *Europe-*

序章　縮減する人口と家族をめぐる変化 —— 19

an Journal of Population, 20: 63-85.

van de Kaa, D. J. (1987) "Europe's Second Demographic Transition," *Population Bulletin,* 42.

van de Kaa, D. J. (2001) "Postmodern Fertility Preferences: From Changing Value Orientation to New Behavour," in R. A. Bulatao and J. B. Casterline (eds.), *Global Fertility Transition,* Population Council, pp. 290-331.

van de Kaa, D. J. (2003) "The Idea of a Second Demographic Transition in Industrialized Countries," *Journal of Population and Social Security,* 1: 1-34.

van de Kaa, D. J. (2004) "The True Commonality: In Reflexive Modern Societies Fertility Is a Derivative," *Population Studies,* 58: 77-81.

Volant, S., Pison, G. and Héran, F. (2019) "French Fertility Is the Highest in Europe," *Population & Societies,* 568.

Wrigley, E. A. (1969) *Population and History,* McGraw-Hill.

I　パートナーシップと家族形成

第1章　追加出生のメカニズムと規定要因

西岡八郎・山内昌和

1　はじめに

　日本では，いわゆる未婚化や非婚化と呼ばれる趨勢により合計出生率が人口の置換水準を大きく下回るようになったのに対し（岩澤 2015），結婚したカップルの持つ子どもの数は，少なくとも 20 世紀末頃までは，それほど大きく変動していなかった．45-49 歳時点の有配偶女性の平均子ども数と子ども数の分布の推移をみると（**表 1-1**），45-49 歳時点の有配偶女性の平均子ども数は，2000 年代初頭までは 2.20 前後で推移し，子ども数 0 人や 1 人の割合はそれぞれ 3.0-4.0％程度，11.0％前後で推移していた．これらが示すように，結婚すれば子どもを 2 人もつのが一般的という状況は，少なくとも 20 世紀末頃まで続いていた．

　ところが 21 世紀に入り，変化がみられるようになった．同表によれば，45-49 歳時点の有配偶女性の平均子ども数は 2015 年調査では 1.86 にまで低下し，子ども数 0 人や 1 人の割合はそれぞれ 9.9％，18.1％へ上昇した．これらの変化は，より若い出生コーホートで結婚出生力の低下が進みつつあることを示唆するものである[1]．仮にこのまま結婚出生力の低下が進むようであれば，結婚力の回復がない限り，日本の合計出生率は今以上に低下するであろう．したがって，結婚出生力の状況理解を深めることは有用であろう．

　本章が関心を寄せるのは，結婚出生力に関するテーマのうち，追加出生のメカニズムと呼ばれるものである．追加出生とは，観察期間のうちに子ども数が増えることを表す用語であり，具体的には，ある一定の期間において，既往出

表1-1　45-49歳有配偶女性の平均子ども数と出生子ども数の分布

調査年	平均子ども数	出生子ども数の分布（%）			
		0人	1人	2人	3人以上
1977	2.33	3.5	11.0	47.0	38.6
1982	2.21	3.6	10.8	54.2	31.4
1987	2.22	3.1	10.1	55.3	31.5
1992	2.18	3.8	9.0	57.9	29.3
1997	2.13	3.3	12.4	56.4	28.0
2002	2.20	4.2	9.3	53.7	32.9
2005	2.15	5.7	11.1	50.3	32.8
2010	2.01	7.5	13.8	52.0	26.7
2015	1.86	9.9	18.1	51.3	20.7

注：出生子ども数の分布は不詳を除いた値.
出典：国立社会保障・人口問題研究所（2017）.

生児数0人であった人の子どもが増えて既往出生児数が1人や2人になったりするようなことを指している．本章がそのメカニズムに関心を寄せるのは，追加出生が生じやすい／生じにくい人の特徴が明らかになれば，結婚出生力の低下のメカニズムの解明や少子化対策への示唆を得ることにつながると考えるからである．また，後述するように，本章では同一個人の状態を異時点間で把握するパネルデータを用いており，そのようなパネルデータの特徴を活かすことができるからでもある．というのも，人々の意識や行動はライフコースの中で変わりゆくものであるから，追加出生の発生に関連するかもしれない人々の意識や行動を理解するためには，人々が記憶を頼りに過去を振り返る形のデータ

---

1)　結婚出生力の指標の1つであり，なおかつ合計出生率に対応した指標である結婚合計出生率を推定した余田・岩澤（2018）によれば，同指標の値は2005年頃まで低下したものの，2010年代に入ると回復して1980年代頃の水準に戻っていた．このことは結婚出生力の低下の可能性を述べる本章の議論と矛盾するように見受けられるかもしれない．しかし，結婚合計出生率は期間指標である．そのため，その値はタイミングの変化の影響を受ける，すなわちライフコースを通してみると結婚出生力に影響がない場合でも，出産の先送りや前倒しによって期間指標である結婚合計出生率が変動してしまうことから，指標値の変化の解釈には慎重さが求められる．余田・岩澤（2018）もその点に注意を促しており，「2010年代の（結婚合計出生力の）反転はそれ以前の産み遅れのキャッチアップや当時の好況による出産の前倒しなど，テンポ効果を含んでいる可能性がある」（余田・岩澤 2018, p. 220. 括弧内は筆者補足）と述べている.

ではなく，ライフコースの途上での意識や行動を逐次捉えたデータを使う方が
望ましいと考えるからである．

2　既存研究の整理と本章の課題

個人ないし世帯単位のパネルデータを用いた日本の追加出生に関する研究としては，家計経済研究所の「消費生活に関するパネル調査」を用いた山口（2009），日本の GGP（Gender and Generation Project）プロジェクトチームが実施する「結婚と家族に関する国際比較調査」を利用した福田（2011）と吉田（2018），厚生労働省が実施する「21 世紀出生児縦断調査」を利用した加藤・福田（2018）と Kato *et al.*（2018），同じく厚生労働省が実施する「21 世紀成年者縦断調査」を利用した Nagase and Brinton（2017），東京大学社会科学研究所が実施する「働き方とライフスタイルに関する全国調査」（若年パネル調査）を利用した赤川（2017）と松田（2021）がある[2]．

これらの結果を踏まえ，追加出生確率と関連する共変量，具体的には人口学的変数や，妻や夫の社会経済変数，妻や夫の家事・育児の変数，妻や夫の家族観や関係性の変数，妻や夫の親との同別居の変数といったものとの関係を整理すると，以下のようになるだろう．

人口学的変数については，有配偶女性の年齢が高い場合（福田 2011；Kato *et al.* 2018）や結婚持続期間が長い場合（山口 2009），子どもを出生してからの経過時間がとくに短かったり長かったりする場合に出生確率は低下しやすい（Nagase and Brinton 2017）．これらの人口学的な指標の影響は従来の横断データ分析（国立社会保障・人口問題研究所（2017）など）で観察されてきたこととも整合的である．

妻や夫の社会経済変数のうち，夫の従業上の地位や労働時間，年収は，山口（2009）や Nagase and Brinton（2017），Kato *et al.*（2018）をみる限り，追加出生確率との間にそれほど明確な関連はみられないようである．とはいえ，妻

---

2)　追加出生ではないものの，厚生労働省が実施する「21 世紀成年者縦断調査」を利用して希望子ども数の達成状況を検討した福田・守泉（2015）もある．

が非就業の場合には夫の労働時間が長くなると追加出生確率が低下するという Nagase and Brinton（2017），夫の労働時間がかなり短い場合に追加出生確率が低下するという Kato *et al.*（2018），子どもがいない場合に夫の労働時間が長いと追加出生確率が高いという松田（2021）の結果もある．なお，夫の学歴や教育年数については検討されていない．

妻の社会経済変数のうち，学歴については Kato *et al.*（2018）で高学歴の場合に追加出生確率が高いという結果が得られたが，山口（2009）や赤川（2017）では明確な関連はみられなかった．妻の就業や労働時間，収入については，いわゆる専業主婦と呼ばれる無職に比べると，就業していて労働時間や収入がある場合には追加出生確率が低い傾向がおおむね示されてきた（山口 2009；福田 2011；Kato *et al.* 2018；松田 2021）．ただし，赤川（2017）や Nagase and Brinton（2017）のように，妻の就業との関連が明確ではないという結果もある．

妻や夫の家事・育児の変数は，夫が家事や育児を担う場合に追加出生確率が高くなるとの結果はおおむね共通する（加藤・福田 2018；Kato *et al.* 2018；Nagase and Brinton 2017）．その一方で妻の家事・育児については異なる結果が得られており，Nagase and Brinton（2017）では明確な関連がみられず，Kato *et al.*（2018）で妻の家事・育児の頻度が高い場合に追加出生確率が高い傾向がみられた．ただし Kato *et al.*（2018）の結果については，そもそも妻の家事・育児の頻度が高く，分散も小さい点に留意すべきであろう．

妻や夫の家族観や関係性の変数については，子どもを持つことに対する考え方と，ジェンダーに関する考え方，夫婦の関係性が取り上げられてきた．このうち子どもを持つことに対する考え方については，妻の出生意欲が高いと追加出生確率が高いという山口（2009），妻の子どもの養育に対する不安が高いと追加出生確率が低いという Kato *et al.*（2018），子どもをもつことの負担感を妻が感じる場合に追加出生確率が低いという福田（2011）がある．

ジェンダーに関する考え方については，夫のジェンダー役割に対する考え方は追加出生確率に影響しないという Nagase and Brinton（2017），妻が仕事生活を重視する考えを支持する場合には第1子の追加出生確率のみ低くなり，妻が性別役割分業の考えを支持する場合には第3子の追加出生確率のみ低くなることを示した松田（2021）がある．

夫婦の関係性については，山口（2009）が夫婦間の会話の影響を検討し，追加出生確率とは関連していないことを示した．また吉田（2018）は，結婚の幸福度との関連を検討し，妻の結婚に対する幸福度は追加出生確率と関連がみられないものの，夫の結婚に対する幸福度は追加出生確率と複雑に関連していることを示した．

　妻や夫の親との同別居の変数については異なる結果が得られており，Kato *et al.*（2018）と赤川（2017）では追加出生確率との関連がみられなかったのに対し，加藤・福田（2018）では夫方親との同居の場合に第2子や第3子の出生確率が上がることを示した．Kato *et al.*（2018）は夫親と妻親を区別していないのに対して，加藤・福田（2018）はそれらを区別していることの影響もあるのかもしれない．

　このように，これまでの日本のパネルデータを用いた追加出生の研究結果は，必ずしも一貫した結果を示してきたわけではない．その背後には，個々の研究が依拠しているパネルデータ作成のための調査の周期や調査対象，サンプルの規模，調査票の内容，分析に用いた従属変数と共変量，分析に用いた統計モデルといったものが異なっていることの影響もあるだろう．

　とはいうものの，さまざまな角度からの実証的な知見を積み上げたことで追加出生のメカニズムが少しずつ明らかになってきたことは間違いない．そのため本章では，どのような特徴の人々で追加出生が生じやすいのか／生じにくいのか，について上述してきた既存研究の視点を網羅するような形で検討することを目的とする．そのために，後述するデータを利用して2013年から2019年にかけての6年間の追加出生の発生状況を確認し，これまで日本を対象として実施された既存研究との異同を明らかにすることを本章の具体的な検討課題とする．

　以下，次節ではデータと方法について整理し，第4節では追加出生の発生状況と規定要因について確認する．第5節では，第4節で得られた結果を既存研究と照らし合わせながら追加出生の背景事情を考察し，第6節で全体をまとめる．

第1章　追加出生のメカニズムと規定要因 —— 27

3 データと方法

3.1 データ

本章で用いるデータは，個人を対象として実施されたパネル調査である「結婚と家族に関する国際比較調査」のうち，日本で4回目として2013年に実施されたものの結果（JGGS-4）と，5回目として2019年に実施されたものの結果（JGGS-5）の個票データである．この調査は，2004年に1回目の調査（JGGS-1）が実施され，その後，2007年に2回目（JGGS-2），2010年に3回目（JGGS-3）の調査が実施されたものであり，1回目の調査時点でサンプリングされた被験者はその後も継続して調査されたほか，JGGS-2とJGGS-3とJGGS-4では若い年齢層の被験者を補充し，それら補充された被験者についてはその後に継続して調査されている（中川 2018）．

分析の対象は，JGGS-4とJGGS-5のいずれにも回答し，両調査で有配偶であった男性と女性の被験者で，なおかつJGGS-4時点で年齢が39歳以下のケースである．年齢をこのように限定したのは，JGGS-4で18-39歳のサンプルが補充されたことと，40歳以降では追加の出生可能性が総じて低くなるためである．

分析では次のような変数を用いた．まず，従属変数にあたる追加出生があったかどうかについては，JGGS-4とJGGS-5の子ども数を比較し，子ども数に変化がなければ0，子ども数が増えていれば1とする二値変数とした．

続いて独立変数については，以下の通りとし，いずれもJGGS-4時点の値とした．このうち人口学的な変数としては既往出生児数と本人の年齢を用いた．既往出生児数は，「0人」「1人」「2人」「3人以上」の4つに区分した．本人の年齢は，「29歳以下」「30-34歳」「35-39歳」に3区分した．

妻や夫の社会経済変数としては，本人の学歴，夫の労働時間，妻の従業上の地位，夫婦の年収を用いた．本人の学歴は，「中学・高校」「専門・高専・短大」「大学以上」の3区分とした．夫の労働時間は「34時間以下」「35-48時間」「49時間以上」の3区分とし，妻の従業上の地位は「無職」「正規」「その他」の3区分とした．その他には，パート・アルバイトや自営業などが含まれる．夫婦の年収は夫と妻の年収を合算したもので，「499万円以下」「500-799

28——I　パートナーシップと家族形成

万円」「800 万円以上」の 3 区分とした[3].

　妻や夫の家事・育児の変数としては，夫の家事頻度と夫の育児頻度を用いた．妻の情報を用いなかったのは，家事頻度と育児頻度のいずれも極めて高く，分散が小さかったためである．夫の家事頻度は，「料理や食後の後片付け」「洗濯」「部屋の掃除」「食料品・日用品の買い物」の 4 項目の得点の平均値を用いた．具体的には，各項目の得点のうち「ほぼ毎日」を 4 点，「週に 3-4 回」を 3 点，「週に 1-2 回」を 2 点，「月に 1-3 回」を 1 点，「ほとんどしない」と「全くしない」を 0 点とし，それら 4 項目の平均値が 1 点以下を「ほとんどしない」，1 点より大きく 2 点以下を「週 1-2 回」，2 点より大きいと「週 3 回以上」の 3 区分とした．夫の育児頻度は，「一番上のお子さんが 3 歳になるまでの間」の育児に関する「おむつを替える」「寝かしつける」「食事をさせる」「風呂に入れる」の 4 項目の平均値を用いた．具体的には，各項目の得点のうち「ほぼ毎日」を 4 点，「週に 3-4 回」を 3 点，「週に 1-2 回」を 2 点，「月に 1-3 回」を 1 点，「ほとんどしない」を 0 点とし，それら 4 項目の平均値が 1 点以下を「ほとんどしない」，1 点より大きく 2 点以下を「週 1-2 回」，2 点より大きいと「週 3 回以上」の 3 区分とした．

　妻や夫の家族観や関係性の変数としては，出生意欲，子どもを持つことが生活に及ぼす影響についての考え，性別役割分業意識，結婚満足度，夫婦間での子育てを巡る意見の食い違いの程度，の 5 種類の変数を用いた．これらは，最初の 2 つが子どもを持つことに対する考え方であり，3 番目がジェンダーに関する考え方，最後の 2 つが夫婦の関係性に相当するものであり，いずれも被験者本人の意識である．

　出生意欲については，「あなたは，これから子どもが（もうひとり）ほしいですか」という問いへの回答を利用し，「1. ぜひほしい」や「2. ほしい」と回答したケースを「ほしい」，「3. どちらともいえない」と回答したケースを「どちらともいえない」，「4. あまりほしくない」や「5. 絶対ほしくない」と回答したケースを「ほしくない」の 3 つに区分した．

---

　3) 調査票では，夫と妻の年収をそれぞれ 500-599 万円のようなカテゴリから選ぶ形式であるため，選択されたカテゴリの中央値を年収とみなして計算した．

第 1 章　追加出生のメカニズムと規定要因 —— 29

子どもを持つことが生活に及ぼす影響についての考え（以下，子どもの影響とする）については，「あなたに（もう1人）子どもがいると仮定すると，あなたの生活は現在と比べて，どう変わると思いますか」という問いに含まれる「生活全般の満足度」の回答を利用し，「(1) ずっと良くなる」「(2) 少し良くなる」と回答したケースを「良くなる」，「(3) 変わらない」と回答したケースを「変わらない」，「(4) 少し悪くなる」「(5) ずっと悪くなる」と回答したケースを「悪くなる」の3つに区分した．

　性別役割分業意識については，「あなたは次にあげる意見についてどのようにお考えですか」という問いに含まれる「男が家族を養い，女は家庭をまもるのが，みんなにとってよい」の回答を利用し，「(1) 賛成」「(2) どちらかといえば賛成」と回答したケースを「賛成」，「(3) どちらともいえない」と回答したケースを「どちらともいえない」，「(4) どちらかといえば反対」「(5) 反対」と回答したケースを「反対」の3つに区分した．

　結婚満足度については，「あなたは，現在の結婚生活にどのくらい満足していますか」という問いの回答を利用し，「(1) たいへん満足」「(2) かなり満足」「(3) まあまあ」と回答したケースを「満足」，「(4) かなり不満」「(5) たいへん不満」と回答したケースを「不満」の2つに区分した．

　夫婦間での子育てを巡る意見の食い違いの程度（以下，意見の違いとする）については，「あなたと配偶者は，この1年間にどれくらい意見の食い違いがありましたか」という問いに含まれる「子育て」の回答を利用し，「(1) 全くなかった」と回答したケースを「全くない」，「(2) たまにあった」「(3) 時々あった」と回答したケースを「少しある」，「(4) よくあった」「(5) ほとんど毎日」と回答したケースを「よくある」の3つに区分した．

　妻や夫の親との同別居の変数（以下，親同居とする）については，夫の母親か妻の母親と同居している場合に「あり」，それ以外は「なし」の2区分とした．同居の相手として母親を取り上げたのは，子育てなどのサポート資源としての役割に注目したからである．

　分析では，上記の変数に欠損のみられるものを除いた．ただし，既往出生児数が0人のケースでは，その時点で育児に関する事象は生じていないことから，既往出生児数0人を含むケースを分析する場合と，1人以上のケースに限定し

て分析する場合に分けた．それぞれの分析に用いるケースの数は，既往出生児数0人以上の場合に428，既往出生児数1人以上の場合に341である[4]．

3.2 方法

本章の課題を改めて述べると，JGGS-4の実施された2013年からJGGS-5の実施された2019年にかけての6年間の追加出生の発生状況を確認し，追加出生の発生確率と関連する共変量について，これまで日本を対象として実施された既存研究との異同を明らかにすることである．そのため，上述した独立変数と追加出生の有無との関連性を明らかにすることにする．また分析は，女性と男性に分けて実施する．

最初の分析では，上述した独立変数を個別に取り上げて，追加出生の発生状況を確認する．その上で，上述した従属変数と独立変数の関係を確認するために，二項ロジスティック回帰分析を実施する．二項ロジスティック回帰分析は，既往出生児数0人以上の場合と既往出生児数1人以上の場合とを区別し，前者の場合には独立変数のうちの「夫の育児」および「意見の違い」の変数を除く．

なお，本章の集計と分析には統計ソフトウェアであるR version 3.6.1を使用した．

4 分析結果

4.1 追加出生の発生状況

追加出生の発生状況について，男女別既往出生児数別に整理したのが**表1-2**である．男女計では，全428ケースのうち131ケースで追加出生が発生しており，その割合は30.6%であった．それを既往出生児数別にみると，0人の場合は56.1%，1人の場合は60.4%，2人の場合は20.3%，3人以上の場合は10.1%となっている．男性と女性では，全体のケース数は男性が193で女性の235よりもやや少ない反面，追加出生有りの割合は男性が33.2%で女性の28.5%より

---

4) 分析対象の既往出生児数1人以上のケースは，意見の違いに関する変数の欠損を除いたものであり，**表1-2**の既往出生児数1人以上のケース数よりも少ない．

第1章　追加出生のメカニズムと規定要因 —— 31

表1-2　男女別既往出生児数にみた追加出生の発生状況

男　女	追加出生の有無		計	既往出生児数			
				0 人	1 人	2 人	3 人以上
男女計	全　体		428	41	96	202	89
	追加出生あり	（実数）	131	23	58	41	9
	追加出生あり	（割合）	30.6	56.1	60.4	20.3	10.1
男　性	全　体		193	22	44	91	36
	追加出生あり	（実数）	64	12	27	21	4
	追加出生あり	（割合）	33.2	54.5	61.4	23.1	11.1
女　性	全　体		235	19	52	111	53
	追加出生あり	（実数）	67	11	31	20	5
	追加出生あり	（割合）	28.5	57.9	59.6	18.0	9.4

出典：JGGS-4 と JGGS-5.

やや高い．ただし，既往出生児数別にみていくと「追加出生あり（割合）」は
類似した値を示している．
　これらを踏まえて追加出生の発生状況と人口学的変数，妻や夫の社会経済変
数，妻や夫の家事・育児の変数，妻や夫の家族観や関係性の変数，妻や夫の親
との同別居の変数との関係を男女別に整理したのが**表 1-3** と**表 1-4** である．多
くの変数で既往出生児数 0 人以上と 1 人以上でほぼ同じ傾向がみられるため，
原則として既往出生児数 0 人以上について記述し，必要に応じて既往出生児数
1 人以上に言及する．
　人口学的変数のうちの本人の年齢との関係については，基本的に男女ともに
年齢が上がるにつれて追加出生ありの割合が低くなる．
　妻や夫の社会経済変数のうちの本人の学歴との関連については，男女ともに
「大学以上」の場合に追加出生ありの割合が高く，女性の場合には「中学・高
校」よりも「専門・高専・短大」で高い．ただし，既往出生児数 1 人以上の男
性の場合には「中学・高校」よりも「専門・高専・短大」で低い．夫の就業時
間については，「34 時間以下」のケースは少ないものの，男女ともに追加出生
ありの割合にはあまりはっきりした傾向はみられない．妻の従業上の地位につ
いては，男女ともに「その他」で追加出生ありの割合が低く，既往出生児数 1
人以上の男性の場合を除いて「無職」で高い．夫婦の年収については，男女で
異なっており，男性の場合は「800 万円以上」で追加出生ありの割合が高く，

表1-3 追加出生ありの割合に関する基本統計量（男性）

変数		既往出生児数0人以上		既往出生児数1人以上	
		ケース数	追加出生ありの割合（%）	ケース数	追加出生ありの割合（%）
全体		193	33.2	130	26.9
既往出生児数	0人	22	54.5	…	…
	1人	44	61.4	31	61.3
	2人	91	23.1	67	19.4
	3人以上	36	11.1	32	9.4
本人の年齢	29歳以下	25	80.0	13	84.6
	30-34歳	68	41.2	43	32.6
	35-39歳	100	16.0	74	13.5
本人の学歴	中学・高校	78	28.2	52	25.0
	専門・高専・短大	45	26.7	33	18.2
	大学以上	70	42.9	45	35.6
夫の就業時間	34時間以下	10	30.0	5	20.0
	35-48時間	94	34.0	64	29.7
	49時間以上	89	32.6	61	24.6
妻の従業上の地位	無職	85	37.6	64	35.9
	正規	42	45.2	21	28.6
	その他	66	19.7	45	13.3
夫婦の年収	499万円以下	72	31.9	54	29.6
	500-799万円	83	31.3	56	21.4
	800万円以上	38	39.5	20	35.0
夫の家事頻度	あまりしない	102	31.4	80	28.8
	週1-2回	57	31.6	35	17.1
	週3回以上	34	41.2	15	40.0
夫の育児頻度	あまりしない	…	…	6	0.0
	週1-2回	…	…	24	25.0
	週3回以上	…	…	100	29.0
出生意欲	ほしい	74	67.6	34	70.6
	どちらともいえない	62	16.1	48	14.6
	ほしくない	57	7.0	48	8.3
子どもの影響	良くなる	76	43.4	43	37.2
	変わらない	88	31.8	65	26.2
	悪くなる	29	10.3	22	9.1
性別役割分業意識	賛成	30	40.0	17	35.3
	どちらともいえない	104	30.8	70	21.4
	反対	59	33.9	43	32.6
結婚満足度	不満	6	16.7	6	16.7
	満足	187	33.7	124	27.4
意見の違い	全くない	…	…	28	46.4
	少しある	…	…	92	21.7
	よくある	…	…	10	20.0
親同居	あり	47	38.3	35	28.6
	なし	146	31.5	95	26.3

出典：JGGS-4とJGGS-5.

表1-4 追加出生ありの割合に関する基本統計量（女性）

変　数		既往出生児数0人以上		既往出生児数1人以上	
		ケース数	追加出生ありの割合（%）	ケース数	追加出生ありの割合（%）
全　体		235	28.5	211	26.1
既往出生児数	0人	19	57.9	…	…
	1人	52	59.6	51	58.8
	2人	111	18.0	108	18.5
	3人以上	53	9.4	52	9.6
本人の年齢	29歳以下	35	68.6	30	66.7
	30-34歳	75	36.0	68	32.4
	35-39歳	125	12.8	113	11.5
本人の学歴	中学・高校	84	21.4	75	21.3
	専門・高専・短大	100	27.0	91	23.1
	大学以上	51	43.1	45	40.0
夫の就業時間	34時間以下	13	30.8	13	30.8
	35-48時間	106	26.4	96	21.9
	49時間以上	116	30.2	102	29.4
妻の従業上の地位	無職	112	37.5	107	38.3
	正規	36	33.3	32	25.0
	その他	87	14.9	72	8.3
夫婦の年収	499万円以下	94	33.0	85	31.8
	500-799万円	96	19.8	88	18.2
	800万円以上	45	37.8	38	31.6
夫の家事頻度	あまりしない	177	25.4	158	24.1
	週1-2回	46	37.0	41	29.3
	週3回以上	12	41.7	12	41.7
夫の育児頻度	あまりしない	…	…	52	25.0
	週1-2回	…	…	77	31.2
	週3回以上	…	…	82	22.0
出生意欲	ほしい	92	64.1	77	61.0
	どちらともいえない	55	9.1	50	10.0
	ほしくない	88	3.4	84	3.6
子どもの影響	良くなる	71	53.5	55	50.9
	変わらない	91	25.3	89	23.6
	悪くなる	73	8.2	67	9.0
性別役割分業意識	賛成	79	26.6	73	24.7
	どちらともいえない	96	30.2	86	27.9
	反対	60	28.3	52	25.0
結婚満足度	不満	13	23.1	11	27.3
	満足	222	28.8	200	26.0
意見の違い	全くない	…	…	43	30.2
	少しある	…	…	139	23.7
	よくある	…	…	29	31.0
親同居	あり	66	21.2	57	21.1
	なし	169	31.4	154	27.9

出典：JGGS-4とJGGS-5.

女性の場合は「500-799 万円」で低い.

妻や夫の家事・育児の変数のうちの夫の家事頻度については,男女ともに「週 3 回以上」で追加出生ありの割合が高い.既往出生児数 1 人以上のみとなる夫の育児頻度については,男性の場合はそもそも「週 3 回以上」と回答するケースが大部分を占めており,育児頻度と追加出生ありの割合とに明確に関連はみられないが,女性の場合には「週 1-2 回」で追加出生ありの割合が高い.

妻や夫の家族観や関係性の変数のうちの出生意欲については,男女ともに「ほしい」で追加出生ありの割合がかなり高い.子どもの影響については,男女ともに「良くなる」で追加出生ありの割合が高く,「悪くなる」で低い.性別役割分業意識については,男性の場合は「どちらともいえない」で追加出生ありの割合が低く,「賛成」で高いのに対して,女性の場合は「どちらともいえない」で高い.結婚満足度については,男女ともに「満足」のケースが多く,男性の場合に「満足」で追加出生ありの割合が高い.既往出生児数 1 人以上のみとなる意見の違いについては,男性では「全くない」で追加出生ありの割合が高く,女性では「少しある」で低い.

妻や夫の親との同別居の変数である親同居については,男性では「あり」で追加出生ありの割合が高いのに対して,女性では「なし」で高い.

4.2 追加出生の規定要因

二項ロジスティク回帰分析の結果のうち,既往出生児数 0 人以上のものが**表1-5**,既往出生児数 1 人以上のものが**表 1-6** である.それらの表のうち,調整前の値は独立変数を単独で投入した結果であり,調整後の値は全ての独立変数を同時投入した結果を表している.

表 1-5 からみていこう.調整前の数値については,男女ともに,既往出生児数,本人の年齢,本人の学歴,妻の従業上の地位,出生意欲,子どもの影響で統計的に有意な結果となった.また,女性の場合にのみ,夫婦の年収についても統計的に有意な結果となった.統計的に有意な結果が得られたもののうち,係数の絶対値が大きいのは既往出生児数,本人の年齢,出生意欲であり,とくに本人の年齢の「35-39 歳」で低い値を,出生意欲の「ほしい」で高い値を示した.

第 1 章　追加出生のメカニズムと規定要因 —— 35

表1-5　追加出生力の規定要因（既往出生児数0人以上）

	男　性				女　性			
	調整前		調整後		調整前		調整後	
	Coef	Std. error	Coef	Std. error	Coef	Std. error	Coef	Std. error
切　片			-0.089	1.754			-0.197	1.529
既往出生児数（ref. 2人）								
0人	1.386	0.495 **	-0.333	0.753	1.834	0.526 ***	1.454	0.896
1人	1.667	0.397 ***	1.121	0.629 +	1.905	0.375 ***	1.079	0.582 +
3人	-0.875	0.586	0.598	0.808	-0.747	0.531	0.629	0.801
本人の年齢（ref. 29歳以下）								
30-34歳	-1.743	0.557 **	-1.066	0.700	-1.356	0.436 **	-1.283	0.694 +
35-39歳	-3.045	0.570 ***	-2.234	0.733 **	-2.699	0.452 ***	-2.681	0.741 ***
本人の学歴（ref. 中学・高校）								
専門・高専・短大	-0.077	0.421	-0.688	0.678	0.305	0.348	1.052	0.584 +
大学以上	0.647	0.349 +	0.657	0.531	1.023	0.388 **	1.105	0.697
夫の就業時間（ref. 35-48時間）								
34時間以下	-0.186	0.724	-0.668	1.132	0.214	0.640	-2.183	1.267 +
49時間以上	-0.066	0.314	-0.161	0.476	0.185	0.299	-0.044	0.495
妻の従業上の地位（ref. 無職）								
正規	0.314	0.382	0.546	0.690	-0.182	0.404	1.292	0.755 +
その他	-0.901	0.382 *	-0.918	0.548 +	-1.228	0.359 ***	-1.026	0.572 +
夫婦の年収（ref. 499万円以下）								
500-799万円	-0.029	0.346	0.299	0.567	-0.690	0.337 *	-1.021	0.573 +
800万円以上	0.329	0.417	0.060	0.761	0.210	0.378	-0.747	0.731
夫の家事頻度（ref. あまりしない）								
週1-2回	0.010	0.356	-0.508	0.565	0.542	0.351	1.300	0.627 *
週3回以上	0.426	0.409	0.579	0.627	0.740	0.610	0.782	0.944
出生意欲（ref. どちらともいえない）								
ほしい	2.383	0.425 ***	2.262	0.635 ***	2.884	0.517 ***	2.726	0.692 ***
ほしくない	-0.935	0.623	-0.946	0.789	-1.041	0.752	-0.835	0.860
子どもの影響（ref. 変わらない）								
良くなる	0.497	0.325	-0.643	0.521	1.225	0.339 ***	-0.516	0.590
悪くなる	-1.397	0.651 *	-0.997	0.943	-1.329	0.490 **	-0.949	0.678
性別役割分業意識（ref. どちらともいえない）								
賛成	0.405	0.429	-0.041	0.622	-0.179	0.338	-0.590	0.569
反対	0.143	0.348	0.465	0.543	-0.091	0.363	-0.169	0.615
結婚満足度（ref. 満足）								
不満	0.932	1.106	-0.224	1.364	0.300	0.675	-0.443	1.228
親同居（ref. あり）								
なし	0.300	0.349	0.281	0.551	-0.529	0.344	-0.694	0.577
Nagelkerke R-sq			0.579				0.668	
AIC			189.3				181.6	
N	193		193		235		235	

注：*** : $p<0.001$，** : $p<0.01$，* : $p<0.05$，+ : $p<0.1$．
出典：JGGS-4とJGGS-5．

また，男女のいずれかで統計的に有意な変数については，係数の符号についても男女でおおむね一致していた．しかし，統計的に有意とはならなかった変数では男女で係数の符号が異なる場合もある．そのような変数としては，夫の就業時間，性別役割分業意識，親同居がある．

　調整後の結果については，男性に比べて女性の場合に統計的に有意な結果となるものが多いものの，男女いずれかで統計的に有意な結果となった変数では係数の絶対値および符号はおおむね男女で類似した結果となっていた．

　男女ともに統計的に有意となった既往出生児数，本人の年齢，妻の従業上の地位，出生意欲からみていこう．既往出生児数については，「2 人」に比べて「1 人」で統計的に有意に高い係数となった．ただし，「0 人」の係数については男女とも統計的に有意とはならず，符号も異なる結果となった．本人の年齢については，「29 歳以下」に比べて男女とも「35-39 歳」で統計的に有意に低い係数となり，「30-34 歳」については女性でのみ統計的に有意に低い係数となっているが，男性でも女性と同様の係数となっていた．妻の従業上の地位については，男女ともに「無職」に比べて男女とも「正規」で統計的に有意に高い係数となり，「その他」については女性でのみ統計的に有意に低い係数となっているが，男性でも女性と同様の係数となっていた．出生意欲については，「どちらともいえない」に比べて男女とも「ほしい」で統計的に有意に高くなっていた．

　これら以外の変数では，女性でのみ夫婦の社会経済的変数と夫の家事・育児の変数で統計的に有意な結果となっていた．順にみていくと，本人の学歴については「専門・高専・短大」で「中学・高校」よりも係数は有意に高い．夫の就業時間については「34 時間以下」で「35-48 時間」よりも係数は有意に低くなっており，男性の場合には統計的に有意ではないものの，係数の値や符号は女性と類似した結果となった．夫の家事頻度については「週 1-2 回」で「あまりしない」よりも係数は有意に高くなっており，男性の場合とは係数の値や符号がかなり異なる結果となった．

　次に，既往出生児数 1 人以上についてみていこう（**表 1-6**）．調整前の数値については，男女ともに，既往出生児数，本人の年齢，妻の従業上の地位，出生意欲で統計的に有意な結果となった．また，女性の場合にのみ，本人の学歴，

表 1-6　追加出生力の規定要因（既往出生児数 1 人以上）

	男　性				女　性			
	調整前		調整後		調整前		調整後	
	Coef	Std. error	Coef	Std. error	Coef	Std. error	Coef	Std. error
切　片			-18.307	1833.361			0.213	1.745
既往出生児数（ref. 2 人）								
1 人	1.884	0.481 ***	3.611	1.394 **	1.838	0.377 ***	1.033	0.594 +
3 人	-0.845	0.681	2.971	1.619 +	-0.759	0.532	0.418	0.821
本人の年齢（ref. 29 歳以下）								
30-34 歳	-2.433	0.835 **	-2.335	1.785	-1.431	0.466 **	-1.318	0.788 +
35-39 歳	-3.561	0.841 ***	-3.802	1.908 *	-2.733	0.487 ***	-2.638	0.814 **
本人の学歴（ref. 中学・高校）								
専門・高専・短大	-0.405	0.553	-0.181	1.216	0.101	0.376	0.583	0.621
大学以上	0.504	0.447	-0.004	1.221	0.899	0.415 *	0.573	0.771
夫の就業時間（ref. 35-48 時間）								
34 時間以下	-0.524	1.151	3.677	2.850	0.462	0.650	-1.234	1.257
49 時間以上	-0.258	0.404	-1.315	1.164	0.397	0.329	0.141	0.554
妻の従業上の地位（ref. 無職）								
正規	-0.338	0.549	-0.791	1.282	-0.623	0.454	1.035	0.784
その他	-1.294	0.510 *	-4.485	1.824 *	-1.922	0.470 ***	-1.450	0.666 *
夫婦の年収（ref. 499 万円以下）								
500-799 万円	-0.434	0.441	0.500	1.115	-0.739	0.361 *	-0.468	0.637
800 万円以上	0.246	0.556	2.127	1.305	-0.009	0.420	-0.255	0.811
夫の家事頻度（ref. あまりしない）								
週 1-2 回	-0.668	0.512	-2.551	1.356 +	0.268	0.390	1.227	0.690 +
週 3 回以上	0.502	0.582	-0.291	1.661	0.813	0.614	1.194	0.988
夫の育児頻度（ref. あまりしない）								
週 1-2 回程度	15.467	979.610	21.577	1833.359	0.306	0.404	0.675	0.726
週 3 回以上	15.671	979.610	22.602	1833.359	-0.170	0.417	-0.632	0.740
出生意欲（ref. どちらともいえない）								
ほしい	2.643	0.556 ***	3.398	1.487 *	2.646	0.526 ***	2.332	0.732 **
ほしくない	-0.630	0.663	-1.194	1.203	-1.099	0.754	-1.095	0.892
子どもの影響（ref. 変わらない）								
良くなる	0.515	0.423	-0.566	1.078	1.211	0.368 ***	-0.196	0.655
悪くなる	-1.265	0.793	-3.169	1.677 +	-1.144	0.495 *	-0.463	0.691
性別役割分業意識（ref. どちらともいえない）								
賛成	0.693	0.585	1.738	1.636	-0.168	0.363	-0.612	0.624
反対	0.571	0.437	1.744	1.024 +	-0.150	0.400	-0.209	0.674
結婚満足度（ref. 満足）								
不満	0.636	1.114	-2.097	2.016	-0.065	0.696	-0.164	1.292
意見の違い（ref. 全くない）								
少しある	-1.138	0.455 *	-2.282	1.144 *	-0.331	0.387	-0.812	0.705
よくある	-1.243	0.877	-0.060	1.679	0.038	0.521	-0.550	0.938
親同居（ref. あり）								
なし	0.113	0.441	1.007	1.018	-0.373	0.371	-0.453	0.629
Nagelkerke R-sq			0.762				0.645	
AIC			108.9				173.6	
N	130		130		211		211	

注：*** : $p<0.001$，** : $p<0.01$，* : $p<0.05$，+ : $p<0.1$．
出典：JGGS-4 と JGGS-5．

夫婦の年収，子どもの影響についても統計的に有意な結果となり，男性の場合にのみ意見の違いで統計的に有意な結果となった．統計的に有意な結果が得られたもののうち，係数の絶対値が大きいのは既往出生児数，本人の年齢，出生意欲であり，とくに本人の年齢の「35-39歳」で低い値を，出生意欲の「ほしい」で高い値を示した．

　また，男女のいずれかで統計的に有意な変数については，係数の符号についても男女でおおむね一致していた．しかし，統計的に有意とはならなかった変数では男女で係数の符号が異なる場合もある．そのような変数としては，夫の就業時間，性別役割分業意識，結婚満足度，親同居がある．なお，男性の夫の育児頻度については，係数の標準誤差がかなり大きく，不安定な結果となっていた．

　調整後の結果については，女性に比べて男性の場合に統計的に有意な結果となるものが多いものの，男女いずれかで統計的に有意な結果となった変数では係数の絶対値および符号はおおむね男女で類似した結果となっていた．

　男女ともに統計的に有意となった既往出生児数，本人の年齢，妻の従業上の地位，夫の家事頻度，出生意欲からみていこう．既往出生児数については，「2人」に比べて「1人」で統計的に有意に高い係数となり，男性では「3人」も同様に高い係数となっていた．本人の年齢については，「29歳以下」に比べて男女とも「35-39歳」で統計的に有意に低い係数となり，「30-34歳」については女性でのみ統計的に有意に低い係数となっているが，男性でも係数の符号は女性と同様であった．妻の従業上の地位については，男女ともに「無職」に比べて男女とも「その他」で統計的に有意に低い係数であり，「正規」については男女とも統計的に有意ではなく，係数の符号が男女で異なっていた．夫の家事頻度については，「あまりしない」に比べて「週1-2回」で統計的に有意な係数であるが，その符号は男性で負，女性で正であった．出生意欲については，「どちらともいえない」に比べて男女とも「ほしい」で統計的に有意に高くなっていた．

　これら以外の変数では，男性でのみ妻や夫の家族観や関係性の変数で統計的に有意となっていた．順にみていくと，子どもの影響については，「変わらない」に比べて「悪くなる」で有意に低い．性別役割分業意識については，「ど

ちらともいえない」に比べて「反対」で有意に高い．意見の違いについては，「全くない」に比べて「少しある」で有意に低い．これら 3 つの変数では，女性の場合には係数の絶対値が総じて小さく，性別役割分業意識のように符号が男女で異なる場合もあった．

　なお，夫の育児頻度の変数については，男女ともに統計的に有意な結果とはなっていなかった．また男性の場合，同変数に関する係数の標準誤差がかなり大きく，不安定な結果となっていた．

5　追加出生の背景についての考察

　前節の結果を既存研究と照らし合わせていこう．人口学的変数のうち，既往出生児数については，2 人を基準としたときの 1 人の場合に追加出生確率が高くなっていたが，0 人や 3 人以上については必ずしも一貫した傾向がみられなかった．これまでの日本の研究におけるパリティ分布の結果を参考にすれば（国立社会保障・人口問題研究所 2017），0 人でもっとも追加出生確率が高く，3 人以上でもっとも低くなることが期待されるが，今回の分析結果ではそのようになっていなかった．これについては欠損のあるデータを除いたことの影響もあるのかもしれないが，よくわからない．それに対して本人の年齢については，年齢が上がるほど追加出生確率が低くなっており，福田（2011）や Kato *et al.*（2018）と整合的なものであった．

　夫の社会経済変数のうち，夫の労働時間については，女性の既往出生児数 0 人以上の場合，「35-48 時間」を基準としたときに「34 時間以下」で追加出生確率が低くなっていた．この点は，男性の労働時間がかなり短い場合に追加出生確率が低下するという Kato *et al.*（2018）の結果と整合的である．夫の労働時間が「34 時間以下」のケースは少ない点に注意する必要があるが，それらのケースの多くが正規就業ではないため，経済的な不安定さから子どもをもちづらい状況につながっていると推察される．夫の社会経済変数のもう 1 つの共変量が男性における本人の学歴であり，これについては統計的に有意な結果はみられなかった．夫の学歴と追加出生確率との関連は，管見の限り，これまで検討されていないが，本章の結果は両者に明確な関連がないことを示唆するも

40——I　パートナーシップと家族形成

のである.

　妻の社会経済変数との関連では，妻の従業上の地位のうち，「無職」を基準としたときに「その他」で追加出生確率が低くなっており，このことは山口（2009）や福田（2011），松田（2021）の結果ともおおむね整合的である. その一方で，本章で女性の「正規」で追加出生確率が高くなっていた点については，上記の結果とは必ずしも一致しない. これについては，山口（2009）が有業で育児休業制度がある場合には無職に比べて追加出生確率が高いとの結果を示しており，本章の対象者の追加出生の時期が2010年代であることを考えると，従業上の地位が「正規」の女性で追加出生しやすい環境が整いつつあることを示している可能性がある. この他，女性における本人の学歴については，少なくとも既往出生児数0人以上の場合，「中学・高校」を基準としたときにそれより学歴が高い場合に追加出生確率が高い傾向にあることから，山口（2009）や赤川（2017）とは異なり，Kato et al.（2018）に近い結果となった.

　夫の家事・育児に関する変数のうち，夫の育児頻度については追加出生確率との関連性が明確ではなく，夫の家事頻度については女性でのみ「ほとんどしない」を基準としたときに「週1-2回」で追加出生確率が高くなっていた. 既存研究が夫の家事頻度と追加出生確率との関連は明確ではなく（赤川 2017），それよりも育児頻度との関連を示してきたことを考えると（加藤・福田 2018；Kato et al. 2018），本章の結果は既存研究とは異なるものであった. 西岡・星（2018）で示された夫の家事頻度は追加出生意欲と関連していないとの結果を考え合わせると，夫の家事や育児の遂行と出生行動とを関連付けることには慎重さが必要なのかもしれない. なお，夫の家事頻度や育児頻度は男性と女性とで分布が異なっており，家事頻度や育児頻度をどのように把握するのかも課題であることが示唆される.

　妻や夫の家族観や関係性の変数のうち，出生意欲との明確な関連が認められ，「どちらともいえない」を基準としたときに「ほしい」で追加出生確率が高くなっていた. この結果は山口（2009）と整合的であった. 出生意欲以外では，女性，つまり妻の意識は出生確率との関連がみられなかったため，妻の子どもの養育に対する不安が高いと追加出生確率が低いというKato et al.（2018）や，子どもをもつことの負担感を妻が感じる場合に追加出生確率が低いという福田

（2011）の結果と本章とは異なるものであった．ただし，妻の結婚に対する幸福度は追加出生確率と関連しないという吉田（2018）の指摘と本章の結果とは整合的なものであった．一方，男性で既往出生児数1人以上の場合，子どもの影響，性別役割分業意識，意見の違いに追加出生確率との関連がみられた．この中では，子どもの影響について「どちらともいえない」を基準としたときに「悪くなる」で追加出生確率が低くなる点はそれなりに合理的な結果といえるが，それ以外は解釈が難しいものとなっていた．また，妻の意識との関連はみられずに夫の意識との関連のみがみられることの理路はよくわからない．いずれにせよ，妻や夫の意識と出生行動との関係の理解にはさらに慎重な検討が必要であろう．

　妻や夫の親との同別居の変数については，本章では追加出生確率と明確な関連は確認できなかった．その意味では加藤・福田（2018）の結果ではなく，Kato *et al.*（2018）と赤川（2017）の結果と整合的なものとなっていた．

　ここまでみてきたことが示唆するのは，追加出生の発生には出生意欲と年齢，妻の従業上の地位が大きく関わっていそうだということである．すなわち，子どもを望んでいて，それなりに若く，妻が働いていない，あるいは妻が働いている場合には正規雇用であるならば，それなりに高い確率で追加出生が生じている，ということであった．この中で注目すべきは，妻が正規雇用の場合でも追加出生確率が高いということであろう．このような事象は，ここ最近の社会の変化の結果であると考えられるため，かつてに比べれば女性が働きながら子育てをすることがライフコースの選択肢として機能するようになったのかもしれない．とはいえ，妻がパート・アルバイトや自営業などの場合には依然として追加出生確率が低くなっていた．このことは，正規雇用以外では，働きながら妊娠・出産・子育てをすることが困難であることを示唆しており，正規雇用を量的に拡大したり，働き方に関わりなく妊娠・出産・子育てしやすい状況を作っていったりするための取り組みが必要であることを示すものといえよう．

　他方で，夫の家事や育児の変数，出生意欲以外の家族観や夫婦の関係性の変数，妻や夫の親との同別居の変数については，総じて追加出生確率との間に明確な関連性を示さなかった．その背後には，用いたデータにサンプルの脱落が少なからず存在する（中川 2018；菅 2018）といった本章の分析の限界も影響

している可能性があり，拙速に結論づけることは避けるべきであるものの，これらの変数が夫婦出生力に及ぼす影響はあまり大きくない可能性もある．そうであれば，家庭内での夫と妻の役割分担や個人の考え方や親との住まい方といったものを出生行動と関連付ける必然はないのかもしれない．

　では，これまで述べてきた本章の知見は，日本の少子化対策にとってどのような意味をもつのであろうか．ここでは，女性の就業を含む若年層の経済状況について指摘しておきたい．女性の就業については，既にみたように正規雇用の場合，専業主婦が大半である無職の場合に比べて追加出生確率が低くなるようなことはなく，女性が働きながら子育てをすることがライフコースの選択肢として機能しつつあることを示唆していた．しかし同時に，正規雇用以外で就業している場合には追加出生確率が低くなっており，依然として働き方によるライフコースの選択可能性には差があることも示していた．また既に知られているように，経済的な理由で理想の子ども数を実現できないという状況や（国立社会保障・人口問題研究所 2017），経済的に不安定な状態にある場合には未婚の状態のまま有配偶に移行しづらい状況も存在する（松田 2021）．これらをあわせて考えるならば，少子化対策の方向性としては，日本の労働市場のあり方を人口の再生産に親和的なものへと改善していくことの必要性を示しているように考えられる．また，労働市場への政策対応だけではなく，所得水準にかかわらず若者の家族形成が可能になるような支援のあり方を整えていくことも必要になるだろう．

6　おわりに

　本章では，「結婚と家族に関する国際比較調査」のうち，日本で4回目として 2013 年に実施されたものの結果（JGGS-4）と，5回目として 2019 年に実施されたものの結果（JGGS-5）の個票データを利用し，両調査のいずれにも回答した有配偶で JGGS-4 時点で年齢が 39 歳以下の男女を対象として，JGGS-4 の実施された 2013 年から JGGS-5 の実施された 2019 年にかけての6年間の追加出生の発生状況について検討し，これまで日本を対象として実施された既存研究との異同を明らかにした．

その結果，夫や妻の年齢が上がると追加出生確率が低くなることや，出生意欲が高い場合に追加出生確率が高いこと，妻の従業上の地位がパート・アルバイトや自営業の場合に追加出生確率が低いことについては既存研究と整合的な結果となった．他方で，妻の従業上の地位が正規雇用の場合の追加出生確率は専業主婦を意味する無職と遜色がないことは既存研究とは異なっており，夫の学歴について追加出生確率と明確な関連性がみられないことは本章の独自の知見であった．この他，夫の家事や育児については既存研究と異なって追加出生確率とのあまりはっきりとした関連がみられなかった他，出生意欲以外の妻や夫の家族観や関係性の変数，妻や夫の親との同別居の変数についても，出生確率との関連は不明瞭であり，いくつかの既存研究で統計的に有意な関連を示すものとは異なる結果であった．さらに，これらの結果を踏まえて，日本の少子化対策として，日本の労働市場のあり方を人口の再生産に親和的なものへと改善していくことや，所得水準にかかわらず若者の家族形成が可能になるような支援のあり方を整えていくことについて論じた．

人口転換を終えてしばらくの間，日本の夫婦出生力は一定の水準を保っていたが，21 世紀に入ってからは低下の兆しが認められるようになった．晩婚化や晩産化の趨勢が進んでいる状況を考えると，Konishi *et al.*（2018）が示すような生物学的な意味では，こうした状況は当然の帰結なのかもしれない．そうした中で，本章で明らかになったように，妻の従業上の地位が正規雇用の場合に追加出生確率が低くなっていなかった点は，政策を含めたこの間の社会での様々な取り組みの成果と関連するものであろうし，少しずつではあっても，人口再生産に親和的な方向へと社会変化を促すことの可能性を示すものであろう．

なお本章の結果は，前節でも述べたように，用いたデータにサンプルの脱落が少なからず存在するという意味では，十分とは言えない面もある．そのため，より頑健な結果が得られるように，他のデータセットを用いた追加的な検証などが必要である．

[参考文献]
赤川学（2017）『これが答えだ！　少子化問題』ちくま新書．
岩澤美帆（2015）「『ポスト人口転換期』の出生動向：少子化の経緯と展望」『人口問

題研究』71（2）: 86-101.

加藤承彦・福田節也（2018）「男性の育児参加が次子の出生に与える影響：三世代同居との交互作用の検討」『厚生の指標』65（15）: 8-14.

国立社会保障・人口問題研究所（2017）『2015年社会保障・人口問題基本調査（結婚と出産に関する全国調査）現代日本の結婚と出産：第15回出生動向基本調査（独身者調査ならびに夫婦調査）報告書』調査研究報告資料第35号.

菅桂太（2018）「パネル欠落が初婚と出生の分析に与える影響」津谷典子・阿藤誠・西岡八郎・福田亘孝編『少子高齢時代の女性と家族：パネルデータから分かる日本のジェンダーと親子関係の変容』慶應義塾大学出版会, pp. 283-338.

中川雅貴（2018）「JGGSパネル調査の推移と脱落の関連要因」津谷典子・阿藤誠・西岡八郎・福田亘孝編『少子高齢時代の女性と家族：パネルデータから分かる日本のジェンダーと親子関係の変容』慶應義塾大学出版会, pp. 263-281.

西岡八郎・星敦士（2018）「結婚後の家族形成とパートナーシップ」津谷典子・阿藤誠・西岡八郎・福田亘孝編『少子高齢時代の女性と家族：パネルデータから分かる日本のジェンダーと親子関係の変容』慶應義塾大学出版会, pp. 97-120.

福田節也・守泉理恵（2015）「ライフコースを通じた希望子ども数の変化と達成の要因に関する分析」『人口問題研究』71（3）: 179-200.

福田亘孝（2011）「子育ての経済的負担感と子ども数」阿藤誠・西岡八郎・津谷典子・福田亘孝編『少子化時代の家族変容：パートナーシップと出生行動』東京大学出版会, pp. 161-182.

松田茂樹（2021）『［続］少子化論：出生率回復と〈自由な社会〉』学文社.

山口一男（2009）『ワーク・ライフ・バランス：実証と政策提言』日本経済新聞社.

吉田千鶴（2018）「結婚の幸福度と子ども」津谷典子・阿藤誠・西岡八郎・福田亘孝編『少子高齢時代の女性と家族：パネルデータから分かる日本のジェンダーと親子関係の変容』慶應義塾大学出版会, pp. 155-181.

余田翔平・岩澤美帆（2018）「期間合計結婚出生率の趨勢とその背景：社会経済発展，ジェンダーレジーム，生殖技術に着目して」『人口問題研究』74（3）: 205-223.

Kato, T., Kumamaru. H. and Fukuda S.（2018）"Men's Participation in Childcare and Housework and Parity Progression: A Japanese Population-based Study," *Asian Population Studies*, 14（3）: 290-309.

Konishi, S., Sakata, S., Oba, S. M. and O'connor, K. A.（2018）"Age and Time to Pregnancy for the First Child among Couples in Japan," *Journal of Population Studies*, 54: 1-18.

Nagase, N. and Brinton, M. C.（2017）"The Gender Division of Labor and Second Births: Labor Market Institutions and Fertility in Japan," *Demographic Research*, 36（11）: 339-370.

第2章　親の離婚と子どものパートナー形成

福田亘孝

1　はじめに

　過去数十年で日本のパートナー関係は大きく変容している．男女とも結婚年齢が上昇しパートナー形成のタイミングが遅くなると同時に，未婚率も増大しパートナー関係を形成しない人も増えている．さらには，同性婚などの関係も目立ってきている．実際，平均初婚年齢は1970年には男性が26.9歳，女性が24.2歳であったが，2021年にはそれぞれ31.0歳，29.5歳へと5歳以上も上昇している．また，50歳時の未婚率（45-49歳と50-54歳の未婚率の単純平均）は1970年から2015年までの期間に男性が1.70％から23.37％へ，女性が3.33％から14.06％へと顕著に増加しており，晩婚化や未婚化が進行している．

　これに加え，離婚率も上昇している．普通離婚率は1970年には0.93‰に過ぎなかったが2021年には1.50‰になり1.5倍近くも増加している．さらに，婚姻数の減少の効果を考慮すると離婚の増大はさらに顕著になる．この結果，日本の離婚率は西ヨーロッパ諸国と肩を並べる水準になっている（Sobotka and Toulemon 2008）．例えば，1985年の普通離婚率は日本が1.4‰であるのに対してフランスが1.9‰であり，後者は前者より約40％高かった．しかし，2015年になると日本が1.8‰でフランスが1.9‰であり後者は前者よりわずか5％高いに過ぎない（図2-1）．

　なるほど，離婚率は有配偶率に影響されるため，婚姻率が低く有配偶者が少ない場合は離婚の発生リスクを過小評価する可能性がある．しかし，日本の有配偶離婚率を見ると1970年には男性も女性が2.29‰であったのが，2020年に

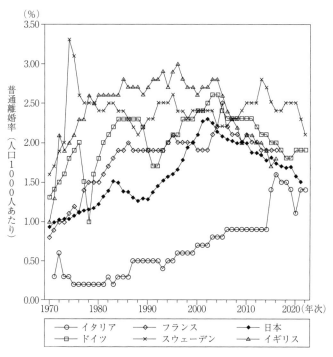

図 2-1　普通離婚率の年次推移
出典：Eurostat. Divorce Indicators（https://appsso.eurostat.ec.europa.eu/nui/show.do?dataset=demo_ndivind&lang=en）. INED（2018）Evolution du divorce depuis 1926（https://www.ined.fr/en/everything_about_population/data/france/marriages-divorces-pacs/divorces/）. 国立社会保障・人口問題研究所（2023）『人口統計資料集』（http://www.ipss.go.jp/syoushika/tohkei/Popular/Popular2023.asp?chap=0）.

は4.51‰, 4.48‰にそれぞれ上昇しており, 離婚が増大傾向にあることは間違いない（国立社会保障・人口問題研究所 2023）. 言うまでもなく, 離婚を経験するリスクは個人や夫婦の社会経済的属性によって異なり, 集団ごとの離婚率の差や夫婦の属性と離婚の関連を明らかにする研究はこれまでに行われている（Ogawa and Ermish 1994；Raymo et al. 2004, 2013）.

加えて, 離婚の増加は一人親世帯を増加させる要因にもなっている. 2021年の「全国ひとり親世帯等調査」によれば, 離婚によって母子世帯や父子世帯になるケースは増加の一途をたどっている. 例えば, 母子世帯のうち離婚が原因である世帯の割合は1983年には49.1％であったのが2021年には79.5％へと

1.6 倍近く増加している．同様に，父子世帯のうち離婚が原因である世帯の割合は同じ期間に 54.2% から 69.7% に 1.3 倍ほど増えている（厚生労働省 2022）．

　離婚の増大による家族構造の変化は子どもの生活環境の変化を引き起こす．というのは，二人親世帯と離婚による一人親世帯とでは保有する社会経済的資源（Cherlin 2008）やソーシャル・キャピタル（Coleman 1994）が異なっており，家族構造の違いが子どもの教育達成や地位達成に違いをもたらすことが米国では指摘されている（Duncan and Duncan 1969；Biblarz and Gottainer 2000）．同様に日本においても家族構造が子どもの学力に及ぼす影響が指摘されており（稲葉 2011；卯月・末富 2015；余田 2014），親の離婚は世代を越えて子どものライフ・チャンスや地位達成にも影響を与えている．しかし，注意しなければならないのは社会経済的資源やソーシャル・キャピタルが家族構造によって異なり子どもの生育環境に影響を与えるならば，親の離婚の影響は教育達成や地位達成だけに限られたものではなく，子どものライフ・コースにも影響すると考えられる（McLanahan 1992）．なぜならば，子どものライフ・コースのパターンは定位家族の状況に大きく影響されるからである（Elder 1977）．実際，親の離婚を経験していない成人子と比べて，離婚を経験した成人子は離婚するリスクが高い傾向が指摘されており，定位家族の状態は子どものライフ・コースに影響を与えている（Bumpass 1984；Greenberg and Nay 1982；Kiernan 2000, 2002, 2004；Kiernan *et al.* 1998）．既に述べたように，日本でも離婚が増加し欧米の水準に近くなっており，子ども世代のライフ・コースを変化させる可能性は十分に考えられる．しかしながら，これまで日本では親の離婚が子どものライフ・コースに与える影響については，ほとんど研究されていない．

　こうした点をふまえ，本章では親の離婚が子どものパートナー形成に与える影響について分析する．まず，第 2 節では親の離婚が子どものライフ・コースに与える影響について先行研究を整理し理論的な検討を行う．続く第 3 節では本章で使用するデータと分析方法について説明する．第 4 節と第 5 節では親の離婚が子どものパートナーシップに与える影響についての分析結果を示す．そして，最後の第 6 節では本章の分析の要約と結論を述べる．

2 離婚とパートナー形成

　これまで親の離婚が子どもに与える様々な影響については多くの研究によって指摘されているが，理論的には三点に整理することができる（McLanahan 2004；McLanahan *et al.* 2008, 2015）．まず第一番目の点は経済的な影響である（Duncon and Hoffman 1985；Weitzman and Maclean 1992）．二人親家族と比べて一人親家族は世帯収入が低く，子どものために使用できる経済的資源が相対的に少ない．特に父子世帯と比べて母子世帯の所得は低い．例えば，日本の父子世帯の平均年間収入が518万円であるのに対して母子世帯の平均年間収入は272万円に過ぎず，母子世帯の年収は父子世帯のおよそ半分にとどまっている（厚生労働省 2022）．このため一人親家族では子どもの教育への投資が低くなったり，教育システムの初期段階で子どもの学校教育が終了するため教育水準が低くなる傾向が見られる（McLanahan 1985）．この結果，子どもの賃金稼得能力が低くなり所得の低下につながる．さらに，家計の収入を助けるために一人親世帯の子どもは相対的に若い時期に労働市場に参入する場合も多く，賃金の低い仕事に従事する傾向がある（Elder 1977）．従って，親の離婚は子どもの成育環境に経済的変化をもたらし，経済的地位の達成に影響を及ぼす．

　第二番目の点は離婚が子どもの社会化に与える影響である．よく知られているように，子どもの社会化の初期段階において家族は重要なエージェントであり，「重要な他者（Significant Others）」の役割期待を内面化する場である（Parsons and Bales 1955）．一般的に二人親家族では両親が連携しながら，主に父親が男性役割を母親が女性役割を子どもに内面化させると考えられている（Lamb 2010；Weiss 1979）．しかし，一人親家族ではこの連携関係が曖昧になり伝統的な役割規範や社会的価値の内面化が二人親家族より脆弱になり，非伝統的な社会規範や価値観に寛容な態度や意識を持つ可能性が高くなる（Thornton 1991）．さらに，二人親よりも一人親の方が子どもと関わる時間が相対的に少なく，社会的コントロールが弱くなる傾向があるため行為選択においても非伝統的な行為を子どもが選択する余地が大きくなる（Mueller and Pope 1977；Thomson *et al.* 2001）．

　第三番目の点は離婚が子ども生活環境に与える影響である．家族の「ストレ

ス理論」（Hill 1979）によれば親が離婚すると家族関係が大きく変化するため成員間で葛藤や不協和が生じたり，子どもが心理的な不安や喪失感を抱くケースが多い（Glenn and Kramer 1985）．この結果，子どもにとって家族は親密で心地よい関係の集団ではなくなり，居心地のよくない環境になる傾向が強い．こうした家庭環境は子どもに大きな心理的ストレスを与えると同時に，より早期に定位家族から離れ自立する志向性を強めることになる（Hetherington 1979）．実際，米国では親の離婚を経験していない子どもと比べて経験した子どもは定位家族からの離家のタイミングが早くなる傾向が見られる（Cherlin *et al.* 1995；Goldscheider and Goldscheider 1989；Kiernan 1992；Mitchell *et al.* 1989）．従って，離婚は心理的ストレスの高い家庭環境を生み出し，子どもに「定位家族」から自立を促進すると同時に家族形成への意欲を抑制する要因になりうる．

　しかし，離婚が子どものパートナー形成に及ぼす影響については検討の余地がある（McLanahan and Bumpass 1988）．第一に経済的な変化による影響については，なるほど，離婚した世帯の収入が低下し，子どもの教育水準が相対的に低くなり，親の離婚を経験した子どもがより早期に働き始める可能性は否定できない．他方，学校の在学中に学生結婚する人の割合はかなり低いのでライフ・コースの早い時期での就業の開始は「婚姻市場（Marriage Market）」への参入が早くなることを意味する．仮にパートナーとの「出会い」から「結婚」に至るまでの時間がほぼ同じであるならば，婚姻市場への早い参入はライフ・コースの早い時期での結婚につながる．従って，親の離婚は子どものパートナー形成を早める可能性がある（Blossfeld and Timm 2003）．しかし同時に，教育水準が低いと所得も低くなり，結婚後に独立した世帯を営むのが難しい．このため，他の条件が同じならば所得が低い人は高い人の方よりも結婚する可能性が低くなる．従って，親の離婚を経験した子どもは所得が低いために結婚するタイミングを遅らせたり，未婚状態であり続ける可能性も否定できない．これらの点を考慮すると，離婚が家族の経済的状態を変化させるとしても，これが子どもの結婚を促進するのか，抑制するのか一概に判断することは難しい．

　第二に価値意識や態度を通じての影響については，離婚によって非伝統的な社会規範に寛容な態度が形成された場合，子どもが早い時期に性関係を開始し婚前妊娠のリスクが高くなることが指摘されている（Booth *et al.* 1984）．婚前

妊娠の多くは「妊娠依存婚（Pregnancy-Dependent Marriage）」を帰結するので，性関係の早い開始はパートナー形成を早めることになる．従って，親の離婚を経験した子どもは，経験していない子どもよりも結婚する可能性が高くなると考えられる．他方，離婚によって形成される非伝統的な価値意識は従来のジェンダー関係や家族関係にとらわれないライフ・コースを選択させる可能性も十分にある．例えば，母子家族で成長した娘は女性一人だけでも十分に生活していくことができると考え，あえて結婚しようとしないかもしれない．この場合には親の離婚がもたらす価値意識や態度は結婚を促進するよりも抑制することと考えられる．反対に，一人の親が就業役割と家族役割の2つを両立させる難しさを見ることで，一人親家族で育った子どもは二人親家族に対する志向性が強くなる可能性もある．この場合，親の離婚を経験した子どもの結婚リスクは，経験していない子どもと比べて相対的に高くなるであろう．

　第三に心理的ストレスを通じての影響については，なるほど，離婚は家族関係を変化させ家族成員に不安，喪失感，葛藤などを生じさせるであろう．これによって子どもが高いストレスを感じ，離婚を経験した家族を喪失感や不安をもたらす環境であると認識する可能性はある．そして，定位家族から離家することでストレスの高い状況から離れたり，喪失感を埋めるために子どもが相対的に早いタイミングでパートナー形成を行うかもしれない．しかし，親の離婚と子どものパートナー形成の関連については，離婚によって生じた心理的影響の持続性も考慮する必要がある．すなわち，ストレスが短期的で持続性が弱ければ，親の離婚を経験した子どもが離家を早期にしたとしてもパートナー形成や出生行動には，それほど大きな影響を与えないであろう．この場合，親の離婚と子どものパートナー形成には殆ど関係が見られないと考えられる．反対に，影響が長期的で永続性が強ければ，子どもの離家だけでなくパートナー形成や出生行動にも作用し，親の離婚が子どものライフ・コース全体に影響を与えることになる．従って，心理的ストレスがパートナー形成にどんな影響をもたらすのか簡単には判断できない．これまで述べてきた点をふまえると，親の離婚は家族関係や家庭環境を変化させ子どもの経済状況，価値意識，心理的状態に影響を与えることは確かであるが，パートナー形成に与える影響についてはア・プリオリに判断することは困難である．従って，本章では親の離婚が子ど

ものパートナー形成に及ぼす影響をデーターによって検討する.

3 データと分析方法

本章の分析では「結婚と家族に関する国際比較調査」の第1次調査から第4次調査までのデータを使用する. 分析対象は第1次調査の時点で20歳以上50歳未満であった調査対象者である. 再婚を経験した回答者については調査時点までの婚姻歴の詳細な情報が得られないため分析から除外した. さらに, これらの対象者は第4次調査までにサンプルの脱落が生じている. 脱落によるバイアスを避けるために, 本分析では Inverse Propensity Score Weighting を用いる (Guo and Fraser 2014).

本章では Flexible Parametric Survival Models (Royston and Parmar 2002, 2011) による分析を行う. この分析手法はパラメトリックな分布を生存関数に仮定するがスプライン関数を用いるため特定の形に依存しない柔軟な基底ハザード関数による分析が可能になる. すなわち, 説明変数 x, 時間 t のハザード関数を次の様に定義する.

$$\ln H(t;x) = S\{\log(t)|\gamma_n, z_n\} + \beta x = \gamma_0 + \gamma_1 z_1 + \gamma_2 z_2 + \gamma_3 z_3 + \beta x \quad \cdots \quad (2\text{-}1)$$

式 (2-1) の $S\{\log(t)|\gamma_n, z_n\}$ は時間 t についての「制限つき三次スプライン関数 (Restricted cubic spline function)」であり, j 個のノット (knot) を持つ場合は,

$$S\{\log(t)|\gamma_n, z_n\} = \gamma_0 + \gamma_1 z_1 + \cdots + \gamma_{J-1} z_{J-1} \quad \cdots \quad (2\text{-}2)$$

と表現される.(2-2) 式で用いられている z_n はスプライン関数を連続関数として繋げる値であり, γ_n はその値の係数である. さらに n 番目のノットの値を k_n とすると z_n は

$$z_1 = t$$

$$z_n = (t-k_n)^3 + \phi_n(t-k_n)^3 - (1-\phi_n) \times (t-k_n)^3 \quad n = 2, \cdots, J-1$$

$$\phi_n = \frac{(k_J - k_n)}{(k_J - k_1)} \quad \cdots \quad (2\text{-}3)$$

と定義される（Durrleman and Simon 1989）．

　基底ハザードに特定の関数型を仮定しないセミ・パラメトリックな分析手法としては Cox 回帰が代表的であるが，このモデルでパラメータを適切に推定するためにはハザード率の等比性の仮定が満たされ，「観察されない異質性（Unobserved Heterogeneity）」が影響しないようにモデルの定式化を行う必要がある（Heckman and Singer 1982, 1984）．しかし，実際の分析ではこの条件を満たすようにモデルを定式化するのは困難な場合が多い．特に，Cox 回帰は観察されない異質性がパラメータの推定に与える影響が大きく，この影響を適切にコントロールしたモデルの定式化が難しい．他方，パラメトリックなハザード・モデルは必ずしも等比性を仮定していないが，ハザード関数に特定の分布を仮定しており観測されたデータの分布が仮定された分布と大きく異なるとパラメータの推定値にバイアスが生じる．Flexible Parametric Survival Model では基底ハザードに特定の分布関数を仮定するが時間 t のスプライン関数を使用するので通常のパラメトリックなハザード・モデルよりも柔軟な関数形を取ることができる．また，観察されない異質性のパラメータの推定に対する影響も相対的に弱い（Wu and Tuma 1990）．これらの点を考慮して本章の分析では対数正規分布にスプライン関数を当てはめた Flexible Parametric Survival Model による分析を行う．

　分析の中心となる説明変数は分析対象者の親の離婚経験であり，分析対象者のパートナー形成に対する影響を検討する．加えて，モデルには属性についての変数として分析対象者の性別と出生コーホート，ライフ・コースについての変数として同棲経験の有無と婚前妊娠の有無を統制変数として加えている．婚前妊娠については結婚から第一子出産までの期間が 8 ヶ月未満の場合を婚前妊娠と見なした．前節で述べたように親の離婚は子どもの性関係の開始時期を早め婚前妊娠のリスクを高める可能性がある．多くの場合，婚前妊娠は「妊娠依

存婚（Pregnancy-Dependent Marriage）」を生じさせるので，親の離婚が子ども
のパートナー形成に与える効果を吟味するには，婚前妊娠の要因の影響をコン
トロールする必要がある．この点を考慮して，分析モデルにはコントロール変
数として婚前妊娠を含めた．さらに，結婚リスクは経済的な稼得能力と婚姻市場
での滞在時間にも影響される．他の条件が等しければ，学歴が高いと所得は大
きくなるが婚姻市場への参入が遅くなり婚姻市場での滞在時間は短くなる．反
対に，低い学歴は低所得に繋がる可能性が高いが，婚姻市場へ早く参入し，滞
在時間は長くなる．従って，学歴の効果をコントロールした上で親の離婚の影
響について検討する必要があるためコントロール変数に含めた．さらに，スプ
ライン関数のノットは第二番目が分析対象者全体の約 25 パーセンタイルが結
婚する 24 歳，第三番目が約 50 パーセンタイルが結婚する 27 歳，第四番目が
約 75 パーセンタイルが結婚する 32 歳にした．

　本章ではパートナー形成について 2 つの分析を行う．第一番目の分析は婚姻
リスクを従属変数とするイベント・ヒストリー分析である．この分析では分析
対象者の生まれてから初婚までの時間を打ち切りがない場合の観察期間とする．
第二番目の分析は「同棲関係を経験しないで結婚する（Direct Marriage）」と
「同棲を経験した後に結婚する（Indirect Marriage）」の競合リスクを従属変数
とするイベント・ヒストリー分析である．この分析は結婚に至るまでのライ
フ・コースの経路（Path）に関する分析であり，婚姻関係に入るまでのルート
に対する親の離婚の影響の検討である（Berinde 1999）．後者の分析では Direct
Marriage を経験した場合には Indirect Marriage の経験は打ち切りとして扱い，
Indirect Marriage を経験した場合には Direct Marriage の経験は打ち切りとし
て扱う方法で競合リスクの分析を行い説明変数の影響を吟味する（Allison 2014）．

4　パートナー形成の特徴

　本節ではイベント・ヒストリー分析の結果を検討する前に，主要な変数とパ
ートナー形成の関連を記述的分析によって明らかにする．**表 2-1** は親の離婚を
経験した人と経験していない人の結婚年齢を性別ごとに比較している．男性に
ついは親の離婚経験の有無によって結婚年齢に殆ど差がない．実際，メディア

表 2-1　親の離婚と婚姻年齢（性別ごと）

婚姻年齢（歳）	男　　性		女　　性	
	離婚経験なし	離婚経験あり	離婚経験なし	離婚経験あり
第一 4 分位	25.8	24.4	23.6	22.1
メディアン	28.4	28.5	25.9	25.0
第三 4 分位	33.1	33.6	28.9	28.6
N	822	66	1,264	135

ン年齢は親の離婚を経験した男性が 28.5 歳，経験してない男性が 28.4 歳で両者の差は極めて僅かである．また，ウィルコクソン検定でもログランク検定でも有意差は認められず，親の離婚経験の有無によって婚姻年齢に違いはない．女性についは親の離婚を経験した場合に僅かながら結婚タイミングが早くなる傾向が見られる．特に，親の離婚を経験した女性の結婚の第一 4 分位年齢（22.1 歳）とメディアン年齢（25.0 歳）が離婚を経験していない女性より 1 歳前後低くなっている．しかし，ウィルコクソン検定とログランク検定の結果は有意でなく明確な差があるとは言えない．

　表 2-2 は親の離婚と婚姻年齢の関係を子どもの出生コーホートごとに比較している．全体としては，親の離婚を経験すると結婚タイミングが早くなる傾向が見られるが，経験者と非経験者の婚姻年齢の差はコーホートが若くなるにつれて少なくなっている．この傾向は特に第一 4 分位年齢とメディアン年齢ではっきりと見られる．例えば，メディアン年齢を見てみると 1959 年以前の出生コーホートでは親の離婚を経験した場合は 24.5 歳で経験しない場合は 26.3 歳であり，前者は後者より約 2 歳早く結婚する．しかし，1960-65 年出生コーホートでも 1966 年以降の出生コーホートでも離婚経験者と非経験者でメディアン年齢にほとんど差が無い．つまり，若い出生コーホートほど親の離婚と子どもの結婚タイミングの関係が弱くなる傾向が見られる．さらに，検定の結果でも 1959 年以前の出生コーホートでは親の離婚を経験したグループと経験しないグループには 5% 水準で有意な差が認められたが，1960-65 年出生コーホートと 1966 年以降の出生コーホートでは有意な差は検出されず，若い出生コーホートほど年齢差が縮まっている．

　続いて，**表 2-3** で親の離婚と婚姻年齢の関係を子どもの学歴ごとに見てみよ

表 2-2 親の離婚と婚姻年齢（出生コーホートごと）

出生コーホート	1959 年以前		1960-65 年		1966 年以降	
婚姻年齢（歳）	離婚経験なし	離婚経験あり	離婚経験なし	離婚経験あり	離婚経験なし	離婚経験あり
第一4分位	23.5	21.7	24.3	23.6	24.8	24.0
メディアン	26.3	24.5	26.7	26.8	27.7	26.8
第二4分位	28.8	27.2	29.5	33.6	34.8	31.5
N	539	42	470	36	1,077	123

表 2-3 親の離婚と婚姻年齢（学歴ごと）

本人学歴	中学・高校		専門・短大・高専		大学・大学院	
婚姻年齢（歳）	離婚経験なし	離婚経験あり	離婚経験なし	離婚経験あり	離婚経験なし	離婚経験あり
第一4分位	23.2	22.0	24.4	24.1	26.1	29.6
メディアン	25.7	24.5	26.7	25.4	28.3	31.8
第三4分位	29.6	28.5	30.3	29.0	32.3	---
N	506	60	459	36	318	16

う．子どもの学歴が「中学・高校」のグループと「専門・短大・高専」のグループでは親が離婚した場合に結婚タイミングが早くなっている．例えば，中学・高校のカテゴリーでは離婚経験がある場合のメディアン年齢は 24.5 歳，経験のない場合のメディアン年齢は 25.7 歳であり前者は後者よりも約 1 歳早く結婚している．同様に「専門・短大・高専」のカテゴリーでも親が離婚した人のメディアン年齢が 1.3 歳低く，結婚タイミングが早くなっている．興味深いことに，「大学・大学院」のグループでは離婚経験者の方が非経験者よりも結婚タイミングが遅く，前者のメディアン年齢が 31.8 歳であるのに対して後者が 28.3 歳であり 3 歳以上も遅くなっている．つまり，学歴の低い層では親が離婚すると子どもの結婚は早まるが，学歴の高い層では遅くなる傾向があり，学歴ごとに親の離婚と子どもの結婚のタイミングの関係が変わっている．

　次に，親の離婚が子どもがパートナー形成に至るまでのライフ・コースの経路に与える影響を検討する．すなわち，親の離婚の有無が「同棲を経験しない結婚（Direct Marriage）」と「同棲を経験してからの結婚（Indirect Marriage）」と関連があるか吟味する．ただし，注意すべき点は分析では同棲を経験してからの結婚には同棲相手と結婚したケースと同棲した相手以外と結婚した両方が含まれており，同棲相手と結婚したケースばかりではない．

表 2-4　親の離婚と子どもの結婚形態

(%)

	同棲を経験しないで結婚	同棲を経験してから結婚	N
離婚経験なし	88.0	12.0	1,098
離婚経験あり	75.0	25.0	92

　表 2-4 は 2 つのタイプの結婚への経路を比較している．同棲を経験してから結婚するルートの割合は親の離婚経験者が 25.0％，非経験者が 12.0％で前者が後者よりも多くなっている．他方，同棲を経験しないで結婚する割合は離婚経験者 75.0％であるが非経験者では 88.0％であり，前者より後者が約 13％高くなっている．さらに，Indirect Marriage/Direct Marriage のオッズは親の離婚経験者が 7.3 であるのに対して非経験者は 3.0 であり，親が離婚した場合に子どもが同棲を経て結婚する割合がかなり大きくなっている．また，カイ二乗検定でもフィッシャーの正確検定でも 1％で有意であり親の離婚と子どもの結婚への経路には関連が認められる．

　この関係をさらに詳しく検討するために，**表 2-5** は性別ごとに親の離婚と子どもの婚姻形態を比較している．男性では同棲を経験してから結婚する人の割合は，親の離婚を経験している場合が 25.0％であるが，経験していない場合では 14.6％になっている．他方，同棲を経験しないで結婚する人の割合は離婚経験なしでは 85.4％，離婚経験ありでは 75.0％であり，前者が後者より 10％ほど高くなっている．さらに，Direct Marriage/Indirect Marriage のオッズは離婚経験者が 3.0，非経験者では 5.8 であり，親の離婚を経験していない場合に同棲しないで結婚する割合が高い．他方，女性では同棲を経験してから結婚する人の割合が親の離婚を経験している場合には 25.0％なのに対して，経験していない場合には 10.5％であり顕著に少なくなっている．反対に，同棲を経験しないで結婚する割合は，親の離婚を経験した場合は 75.0％であるが，離婚経験なしの割合は 89.5％であり後者の割合が大きい．また，Direct Marriage/Indirect Marriage のオッズを見ても，親の離婚の経験者では 4.9 であるが非経験者では 13.8 まで上昇する．この結果を見る限りでは女性は親が離婚していない場合，同棲を経験しないで婚姻関係に入るパターンが著しく多い．他方，男性も親が離婚すると同棲を経験してから結婚する人が増えるが，女性と比べると増加の

表 2-5　親の離婚と子どもの結婚形態（性別ごと）

(%)

	同棲を経験しないで結婚	同棲を経験してから結婚	N
男性			
離婚経験なし	85.4	14.6	404
離婚経験あり	75.0	25.0	32
女性			
離婚経験なし	89.5	10.5	694
離婚経験あり	75.0	25.0	60

程度が小さく子どもの結婚への経路に与える影響は相対的に弱い．言いかえるなら，親の離婚が子どものライフ・コースに与える影響にはジェンダー差が存在している．さらに，フィッシャーの正確検定でも男性は有意差が認められなかったが，女性では1%で有意であり親の離婚とパートナー形成のパターンに関係がみられる．

　最後に学歴について見ておこう．**表 2-6** は子どもの学歴と婚姻タイプを親の離婚の有無に分けて集計している．まず，親の離婚を経験していない場合に注目すると，同棲を経験してから結婚する人の割合は学歴が高くなるにつれて低くなっている．実際，同棲を経験してから結婚する人の割合は「中学・高校」では13.1%，「専門・短大・高専」では13.2%であるが，「大学・大学院」では7.3%でやや低い．これに対して，親の離婚を経験すると各学歴グループで同棲を経験してから結婚する人の割合が高くなる．具体的には，同棲を経験してから結婚する人の割合は「中学・高校」では30.8%，「専門・短大・高専」では16.7%，「大学・大学院」では11.1%である．特に，「中学・高校」のカテゴリーで同棲を経験する割合が顕著に大きく，学歴の低い層で親の離婚が子どもの結婚までのライフ・コースのパターンに及ぼす影響が強くなっている．さらに，Direct Marriage/Indirect Marriage のオッズを学歴カテゴリー間で比べると，いずれのカテゴリーでも親の離婚を経験していない場合の方が経験している場合よりも小さくなっている．言いかえるならば，親の離婚を経験していないと，どの学歴でも同棲を経験しないで結婚する人が多く，どんなルートを経てパートナー形成するかが学歴にあまり依存しない．対照的に，離婚を経験すると学歴の低い層で同棲を経験して結婚する人が高学歴グループよりもかなり

表 2-6 親の離婚と子どもの結婚形態（学歴ごと）

学 歴	離婚経験なし（%）			離婚経験あり（%）		
	同棲を経験しない で結婚	同棲を経験して から結婚	N	同棲を経験しない で結婚	同棲を経験して から結婚	N
中学・高校	86.9	13.1	436	69.2	30.8	52
専門・短大・高専	86.8	13.2	387	83.3	16.7	30
大学・大学院	92.7	7.3	261	88.9	11.1	9

多く，結婚までのライフ・コースのパターンが学歴によって大きく異なる．

5 親の離婚が与える影響の分析

本節では親の離婚と子どもの結婚を Flexible Parametric Survival Model によるイベント・ヒストリー分析を用いて検討する．**表 2-7** は親の離婚が子どもの結婚に与える影響の分析結果である．まず，モデル 1 を見ると親の離婚を経験した人は経験しない人と比べて結婚リスクが大きい．親の離婚経験の回帰係数は 0.255 であり約 25% ほどハザード率が有意に増大している．モデル 2 は婚前妊娠を独立変数から除いたモデルであるが，親の離婚経験は依然として結婚リスクを有意に増大させている．第 2 節では，親の離婚が早い時期に子どもの性行動を開始させ妊娠依存婚が生じることでパートナー形成を促進すると述べたが，モデル 1 とモデル 2 を比べると婚前妊娠の影響をコントロールしても親の離婚経験が有意な効果を示している．この結果から判断すると，親の離婚は妊娠依存婚によって子どものパートナー形成に影響を与えるとは必ずしも言えない．また，モデル 1 では子どもの教育水準をコントロールしても親の離婚は有意な影響を示している．

一方，親の離婚の影響は性別によって異なっている．性別と親の離婚経験の交互作用項を説明変数にしたモデル 3 に注目すると，女性については親が離婚を経験しなかった場合と比べて，経験した場合の回帰係数は 0.411 であり，前者より後者の結婚リスクは 50% 近くも有意に増加する．つまり，親の離婚を経験した女性は結婚する確率がより高くなる傾向が見られる．しかし，男性では離婚経験の有無による回帰係数の差がわずか 0.069 であり統計的にも有意になっていない．この特徴をより明確に理解するために**図 2-2** では結婚の相対リ

60 —— I　パートナーシップと家族形成

表 2-7　結婚のイベント・ヒストリー分析

	モデル 1 回帰係数	モデル 2 回帰係数	モデル 3 回帰係数	モデル 4 回帰係数
本人の性別				
男性	-0.575***	-0.569***		-0.583***
（女性）				
本人の出生コーホート				
1955 年以前	0.097	0.006	0.062	0.104
1956-60 年	-0.142	-0.219	-0.172	-0.133
1961-65 年	-0.254	-0.301	-0.279	-0.253
1966-70 年	-0.209	-0.274	-0.226	-0.202
1971-75 年	-0.074	-0.120	-0.097	-0.081
（1976 年以降）				
同棲経験				
（なし）				
あり	-0.345***	-0.294***	-0.352***	-0.343***
婚前妊娠				
（なし）				
あり	0.345***		0.331***	0.334***
親の離婚				
（なし）				
あり	0.255**	0.268**		
性別×親の離婚				
（女性・離婚なし）				
女性・離婚あり			0.411***	
男性・離婚なし			-0.540***	
男性・離婚あり			-0.609***	
本人の学歴				
（中学・高校）				
専門・短大・高専	-0.346***	-0.364***	-0.355***	
大学・大学院	-0.544***	-0.580***	-0.554***	
その他	0.160	0.218	0.140	
本人の学歴×親の離婚				
（中学・高校・離婚なし）				
中学・高校・離婚あり				0.413**
専門・短大・高専・離婚なし				-0.318**
専門・短大・高専・離婚あり				-0.236
大学・大学院・離婚あり				-0.523***
大学・大学院・離婚なし				-0.401
その他・離婚あり				0.292
その他・離婚なし				-0.855***
ノット 1	1.594***	1.559***	1.600***	1.600***
ノット 2	-0.341***	-0.348***	-0.340***	-0.340***
ノット 3	0.101***	0.100***	0.101***	0.102***
ノット 4	0.025***	0.025***	0.025***	0.025***
定数項	-0.996***	-0.839***	-0.983***	-1.020***
Log likelihood	-386.56	-395.52	-384.54	-384.65
N	1,175	1,175	1,175	1,175

注：# : $p<0.15$，* : $p<0.10$，** : $p<0.05$，*** : $p<0.01$．
　　（ ）はレファレンス・カテゴリー．

第 2 章　親の離婚と子どものパートナー形成——61

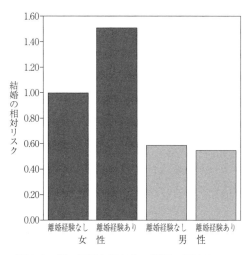

図 2-2 親の離婚と子どもの性別の相対リスク
注:「女性・離婚経験なし」がレファレンス・カテゴリー.

スクを性別と離婚経験ごとに示している．この図を見ても親の離婚が子どもの婚姻に与える影響は女性でかなり大きくなっている．他方，男性は親が離婚してもしなくても自身のパートナー形成に明確な差がない．従って，本分析の結果から判断すると，離婚が与える影響は息子と娘で異なり，後者ではパートナー形成を促進させる傾向があるが前者にはない．

さらに，モデル4では本人の学歴と親の離婚の交互作用を検討している．興味深いのは親の離婚は学歴の低い層で有意な効果を持っているが，中位と上位の学歴層では有意な影響が見られないことである．この点を分かりやすく示すために図 2-3 は相対リスクを学歴ごとに比べている．一見して分かるように，「中学・高校」の学歴グループでは親の離婚を経験しない場合と比べて，経験した場合では結婚リスクが約50％高くなる．しかし，「専門・短大・高専」グループや「大学・大学院」グループでは離婚を経験した子どもと経験していない子どもで回帰係数に統計的な有意差は認められず，結婚リスクに差がない．つまり，親の離婚は低学歴層で明確なパートナー形成の違いとして現れるが，高学歴層ではほとんど影響がない．言いかえるならば，親の離婚によって子どもの経済状況，社会化，心理状態に変化が起きたとしても，学歴が高くなるに

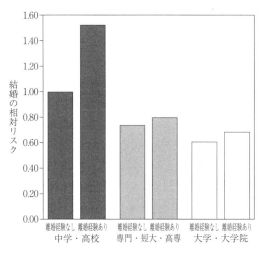

図 2-3 親の離婚と子どもの学歴の相対リスク
注:「中学・高校・離婚経験なし」がレファレンス・カテゴリー.

つれてそれらの要因が子どものパートナー形成に及ぼす影響は次第に弱くなる.

最後に,モデル1でコントロール変数の効果を簡単に見ておくと,性別は結婚リスクに有意な影響を与えており,女性の結婚ハザード率は男性の2倍ほど大きく,後者はパートナー形成の確率が低い.一方,同棲経験は結婚のハザード率を約30%有意に低下させるが,婚前妊娠は婚姻関係に入るリスクを約40%高めている.教育水準については学歴が高くなるほど結婚するリスクが低下する.「中学・高校」グループと比べて,「専門・短大・高専」ではハザード率がほぼ30%,「大学・大学院」では約40%低く,教育水準が高くなるにつれて婚姻リスクが有意に低い.

続いて,結婚に至るまでのライフ・コースの経路に及ぼす影響を検討しよう.表2-8のモデル1は「同棲を経験しないで結婚(Direct Marriage)」するリスクを従属変数としたイベント・ヒストリー分析の結果である.親の離婚の回帰係数は有意ではなく,離婚経験の有無によって同棲を経験しない結婚のリスクに差はない.従って,親の離婚は同棲を経験しない結婚には影響を与えない.興味深いのは,本人の出生コーホートの影響である.1950年代から1970年代へと出生コーホートが若くなるにつれて,結婚ハザードが有意に低くなっている.

表 2-8　結婚への経路のイベント・ヒストリー分析

	同棲を経験しないで結婚	同棲を経験して結婚		
	モデル 1 回帰係数	モデル 2 回帰係数	モデル 3 回帰係数	モデル 4 回帰係数
本人の性別				
男性	-0.573***	-0.141#		-0.145***
（女性）				
本人の出生コーホート				
1955 年以前	1.700***	0.315	0.298	0.310
1956-60 年	1.421***	0.294	0.283	0.290
1961-65 年	1.273***	0.227	0.227	0.218
1966-70 年	1.108***	0.436**	0.441**	0.432**
1971-75 年	1.035***	0.670**	0.665**	0.654***
（1976 年以降）				
婚前妊娠				
（なし）				
あり	0.417***	0.908***	0.910***	0.908***
親の離婚				
（なし）				
あり	0.255	0.407***		
性別×親の離婚				
（女性・離婚なし）				
女性・離婚あり			0.568***	
男性・離婚なし			-0.089	
男性・離婚あり			0.019	
本人の学歴				
（中学・高校）				
専門・短大・高専	-0.302***	-0.229***	-0.230***	
大学・大学院	-0.419***	-0.577**	-0.587**	
その他	-0.092	0.406	0.391	
本人の学歴×親の離婚				
（中学・高校・離婚なし）				
中学・高校・離婚あり				0.535***
専門・短大・高専・離婚なし				-0.199
専門・短大・高専・離婚あり				0.092
大学・大学院・離婚あり				-0.540***
大学・大学院・離婚なし				-0.377***
その他・離婚あり				0.536
その他・離婚なし				0.347
ノット 1	1.654***	1.126***	1.134***	1.130***
ノット 2	-0.102	-0.049	-0.048	-0.049
ノット 3	0.247***	0.148***	0.149***	0.148***
ノット 4	0.041***	0.032***	0.032***	0.032***
定数項	-2.344***	-2.742***	-2.765***	-2.757***
Log likelihood	-386.56	-353.86	-352.88	-353.284
N	1,175	1,175	1,175	1,175

注：# ：$p<0.15$，＊：$p<0.10$，＊＊：$p<0.05$，＊＊＊：$p<0.01$．
　　（ ）はレファレンス・カテゴリー．

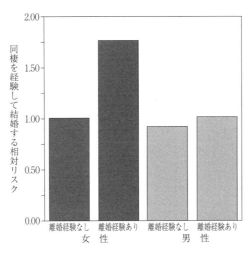

図 2-4　親の離婚と子どもの性別の相対リスク（同棲を経験して結婚）
注：「女性・離婚経験なし」がレファレンス・カテゴリー．

　さらに，この効果は学歴や婚前妊娠の影響をコントロールしても統計的に有意であり，同棲を経験しないで結婚するリスクの変化は高学歴化や妊娠依存婚の増加だけでは十分に説明しきれない．モデル2は「同棲を経験して結婚する (Indirect Marriage)」のハザード率を従属変数とした分析の結果を示している．親の離婚を経験しない場合と比べて，経験した場合の回帰係数は0.407であり，ハザード率が約60％有意に高くなっている．既に述べたように表2-8のモデル1では親の離婚は有意な効果が無かった．これら2つの結果を合わせて考えると，親の離婚は子どもに同棲を経てから結婚に至るライフ・コースを選択させる傾向がある．また，婚前妊娠の回帰係数は0.908でハザード率を2.5倍も有意に上昇させており，「同棲→婚前妊娠→結婚」の経路を経るカップルが多いのかも知れない．
　モデル3は親の離婚と性別の交互作用を検討している．このモデルの推定結果に基づいて図2-4は相対リスクを性別と離婚経験ごとに示している．注目すべき点は女性と男性で親の離婚が与える影響に差がみられることである．具体的には女性は親の離婚を経験すると同棲を経験して結婚するリスクが80％近くも有意に高くなるが，男性では親が離婚しても，しなくてもハザード率に有

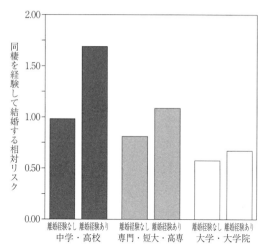

図2-5 親の離婚と子どもの学歴の相対リスク（同棲を経験して結婚）
注：「中学・高校・離婚経験なし」がレファレンス・カテゴリー．

意な差はない．要するに，親の離婚は娘のライフコースに影響を与えるが，息子のライフコースにはほとんど影響がなく，ジェンダー差が見られる．

　モデル4では親の離婚と学歴の交互作用を独立変数に含めている．このモデルを見る限り，親の離婚の影響は子どもの教育水準によっても異なっている．すなわち，「中学・高校」カテゴリーでは親の離婚を経験すると，経験しない場合と比べて同棲して結婚するハザード率が約70％有意に上昇する．しかし，「専門・短大・高専」カテゴリーと「大学・大学院」カテゴリーでは親の離婚の有無は子どもの婚姻リスクに有意な効果を与えていない．こうした傾向はモデル4の結果を相対リスクで示した図2-5を見ると一目瞭然である．これらの結果を見る限り，親の離婚の子どもへの影響は低い学歴層のライフ・コースには強い影響を与えるが，子どもの学歴が高くなると影響が次第に弱くなると言える．

6　おわりに

　本章では親の離婚と子どものパートナー形成の関係について検討した．具体

的には，親の離婚が子どもの結婚までのライフコースに与える影響をイベント・ヒストリー分析を用いて検討した．本章の分析結果から得られた知見は次の様にまとめることができる．

第一に，全体としては，親の離婚を経験した人は経験しない人と比べて結婚リスクが大きく，より高い確率で婚姻関係に入る傾向が見られた．しかし，親の離婚の影響は性別によって異なり，女性では親の離婚が結婚リスクを有意に高めるが，男性では親が離婚した場合としない場合で結婚リスクに有意な差は見られなかった．従って，親の離婚は娘のパートナー形成に影響を及ぼすが，息子にはほとんど影響を与えない．本章の分析からは男性よりも女性に親の離婚の影響が現れる原因を確定することは困難であるが，考えられる理由としては親が離婚すると母子世帯で育つ子どもが多いことと関係しているのではないだろうか．すなわち，母親が一人で就業役割と家族役割を遂行する環境で育った場合，息子よりも娘の方が一人親の苦労や負担を強く認識し，カップルでの家族生活への志向が強くなるのかもしれない．あるいは，父親が不在となる母子世帯では息子よりも娘の方が心理的喪失感を強く感じるために婚姻関係に入るリスクが高くなるのかもしれない．

第二に，親の離婚は教育水準が相対的に低い子どもには有意な影響を及ぼすが，教育水準が高くなると親の離婚を経験した子どもと経験しなかった子どもでパートナー形成に明確な差が見られなかった．既に述べたように，親の離婚による家族構造の変化は子どもの教育達成に影響を与える．一方，本章の分析を見る限り，子どもの結婚への影響は同一ではなく学歴の低い層で相対的に強く，高い層では弱い傾向がある．あるいは，影響が弱い集団は教育達成が高くなり，影響が強い集団は教育達成が低くなり，結果的にパートナー形成に違いをもたらすのかもしれない．本章の分析では因果の方向は判別できないので，これら2つのどちらであるのかを決めるのは不可能である．

第三に，同棲を経験しないで直接結婚する確率については親の離婚経験の有無は影響を与えないが，同棲を経験して結婚する確率は親の離婚を経験した場合が経験しない場合より有意に高かった．従って，日本における同棲経験の増大の背景には，個人の意識や価値観の変化だけでなく親世代の離婚の増大が関係している可能性がある．

第2章　親の離婚と子どものパートナー形成 —— 67

第四に，男性は親が離婚しても，しなくても同棲を経験して結婚するリスクに差はないが，女性は親が離婚すると同棲を経験して結婚するリスクが有意に高くなる．

第五に，教育水準が相対的に低い層では親が離婚すると同棲を経験して結婚する可能性が有意に高くなるが，教育水準が高い層では親の離婚経験の有無は同棲を経験して結婚する可能性に有意な差を生じさせていなかった．これら2つの知見を合わせると親の離婚は女性と教育水準の低い層で同棲を経験して結婚する確率を高める．従って，親のライフ・コースが子ども世代のライフ・コースに与える影響は特定の属性を持った集団で相対的に強い．換言するならば，ライフ・コースの多様化や複雑化は全ての集団で一様に起きているのではない可能性が高い．親の離婚が子どもの経済状況や教育達成に与える影響については既に多くの研究がなされ，経済生活や教育機会の格差の是正の必要性が指摘されている．他方，本章で見たように親の離婚は子どものライフ・コースに影響を及ぼす．また，離婚による一人親世帯は増加傾向にある．こうした点を踏まえると，一人親世帯に対する支援は親世代だけでなく子ども世代を含めた広い視点から行われるべきであろう．

［参考文献］

稲葉昭英（2011）「ひとり親家庭における子どもの教育達成」佐藤嘉倫・尾嶋史章編『現代の階層社会1　格差と多様性』東京大学出版会，pp. 239-252.

卯月由佳・末富芳（2015）「子どもの貧困と学力・学習状況：相対的貧困とひとり親の影響に注目して」『国立教育政策研究所紀要』144: 125-140.

厚生労働省（2022）『令和3年度　全国ひとり親世帯等調査』厚生労働省.

国立社会保障・人口問題研究所（2023）『人口統計資料集』国立社会保障・人口問題研究所.

余田翔平（2014）「家族構造と中学生の教育期待」『社会学年報』43: 131-142.

Allison, P. D.（2014）*Event History and Survival Analysis*, SAGE.

Berinde, D.（1999）"Pathways to a Third Child in Sweden," *European Journal of Population,* 15(4): 349-378.

Biblarz, T. J. and Gottainer, G.（2000）"Family Structure and Children's Success: A Comparison of Widowed and Divorced Single-Mother Families," *Journal of Marriage and Family,* 62(2): 533-548.

Blossfeld, Hans-Peter and Timm, A.（eds.）（2003）*Who Marries Whom?: Educational Systems as Marriage Markets in Modern Societies*, Kluwer Academic Publishers.

Booth, A., Brinkerhoff, D. B. and White, L. K. (1984) "The Impact of Parental Divorce on Courtship," *Journal of Marriage and Family*, 46(1): 85-94.

Bumpass, L. L. (1984) "Children and Marital Disruption: A Replication and Update," *Demography*, 21(1): 71-82.

Cherlin, A. J. (2008) *Public and Private Families: An Introduction*, McGraw Hill.

Cherlin, A. J., Kiernan, K. E. and Chase-Lansdale, P. L. (1995) "Parental Divorce in Childhood and Demographic Outcomes in Young Adulthood," *Demography*, 32(3): 299-318.

Coleman, J. S. (1994) *Foundations of Social Theory*, Belknap Press of Harvard University Press.

Duncan, B. and Duncan, O. D. (1969) "Family Stability and Occupational Success," *Social Problems*, 16(3): 273-285.

Duncan, G. J. and Hoffman, S. D. (1985) "Economic Consequences of Marital Instability," in M. David and T. Smeeding (ed.), *Horizontal Equity, Uncertainty, and Economic Well-Being*, University of Chicago Press, pp. 427-470.

Durrleman, S. and Simon, R. (1989) "Flexible Regression Models with Cubic Splines," *Statistics in Medicine*, 8(5): 551-561.

Elder, G. H. (1977) *Children of the Great Depression: Social Change in Life Experience*, University of Chicago Press.

Furstenber, F. F. Jr. and Teitler, J. O. (1994) "Reconsidering the Effects of Marital Disruption: What Happens to Children of Divorce in Early Adulthood?" *Journal of Family Issues*, 15(2): 173-190.

Glenn, N. D. and Kramer, K. B. (1985) "The Psychological Well-Being of Adult Children of Divorce," *Journal of Marriage and Family*, 47(4): 905-912.

Goldscheider, F. K. and Goldscheider, C. (1989) "Family Structure and Conflict: Nest-Leaving Expectations of Young Adults and Their Parents," *Journal of Marriage and Family*, 51(1): 87-97.

Greenberg, E. F. and Nay, W. R. (1982) "The Intergenerational Transmission of Marital Instability Reconsidered," *Journal of Marriage and Family*, 44(2): 335-347.

Heckman, J. J. and Singer, B. (1982) "Population Heterogeneity in Demographic Models," in C. L. Kenneth and R. Andrei (eds.), *Multidimensional Mathematical Demography*, Academic Press, pp. 567-599.

Heckman, J. J. and Singer, B. (1984) "The Identifiability of the Proportional Hazard model," *Review of Economic Studies*, 51, 231-241.

Hetherington, E. M. (1979) "Divorce: A Child's Perspective," *American Psychologist*, 34(10): 851-858.

Hill, R. (ed.) (1979) *Contemporary Theories about The Family*, The Free Press.

Kiernan, K. (1998) "The Changing Demography of Lone Motherhood," in K. Kiernan, H. Land, and J. Lewis (eds.), *Lone Motherhood in Twentieth-Century Britain: From Footnote to Front Page*, Clarendon Press, pp. 21-59.

Kiernan, K. (2000) "European Perspectives on Union Formation," in L. J. Waite, E. Thomson, C. Bachrach and A. Thornton (eds.), *The Ties That Bind: Perspectives on Marriage and Cohabitation*, Aldine de Gruyter, pp. 40-58.

Kiernan, K. (2002) "The State of European Unions: An Analysis of Partnership Formation and Dissolution," in M. Macura and G. Beets (eds.), *Dynamics of Fertility and Partnership in Europe: Insights and Lessons from Comparative Research Volume I*, United Nations, pp. 57-76.

Kiernan, K. (2004) "Cohabitation and Divorce across Nations and Generations," in P. L. Chase-Lansdale, K. Kiernan and R. J. Friedman (eds.), *Human Development across Lives and Generations: The Potential for Change*, Cambridge University Press, pp. 139-170.

Kiernan, K., Land, H. and Lewis, J. (1998) *Lone Motherhood in Twentieth-Century Britain: From Footnote to Front Page*, Clarendon Press.

Kiernan, K. E. (1992) "The Impact of Family Disruption in Childhood on Transitions Made in Young Adult Life," *Population Studies*, 46(2): 213-234.

Lamb, M. E. (ed.) (2010) *The Role of the Father in Child Development*, Wiley.

McLanahan, S. (1985) "Family Structure and the Reproduction of Poverty," *American Journal of Sociology*, 90(4): 873-901.

McLanahan, S. (1992) "Intergenerational Consequences of Divorce: The United Statas Perspective," in L. J. Weitzman and M. Maclean (eds.), *Economic Consequence of Divorce: The International Perspective*, Clarendon Press, pp. 285-310.

McLanahan, S. (2004) "Diverging Destinies: How Children Are Faring under the Second Demographic Transition," *Demography*, 41(4): 607-627.

McLanahan, S. and Bumpass, L. (1988) "Intergenerational Consequences of Family Disruption," *American Journal of Sociology*, 94(1): 130-152.

McLanahan, S. and Jacobsen, W. (2015) "Diverging Destinies Revisited," in P. R. Amato, A. Booth, S. McHale, and J. V. Hook (eds.), *Families in an Era of Increasing Inequality: Diverging Destinies*, Springer, pp. 3-24.

McLanahan, S. and Percheski, C. (2008) "Family Structure and the Reproduction of Inequalities," *Annual Review of Sociology*, 34: 257-276.

Mitchell, B. A., Wister, A. V. and Burch, T. K. (1989) "The Family Environment and Leaving the Parental Home," *Journal of Marriage and Family*, 51(3): 605-613.

Mueller, C. W. and Pope, H. (1977) "Marital Instability: A Study of Its Transmission between Generations," *Journal of Marriage and Family*, 39(1): 83-93.

Ogawa, N. and Ermish, J. F. (1994) "Women's Career Development and Divorce Risk in Japan," *Review of Labour Economics and Industrial Relations*, 8(2): 193-219.

Parsons, T. and Bales, R. F. (eds.) (1955) *Family, Socialization and Interaction Process*, Free Press.

Raymo, J. M., Fukuda, S. and Iwasawa, M. (2013) "Educational Differences in Divorce in Japan," *Demographic Research*, 28(6): 177-206.

Raymo, J. M., Iwasawa, M. and Bumpass, L. L. (2004) "Marital Dissolution in Japan: Recent Trends and Differentials," *Demographic Research*, 11(14): 395-419.

Royston, P. and Parmar, M. K. B. (2002) "Flexible Parametric Proportional-Hazards and Proportional-Odds Models for Censored Survival Data, with Application to Prognostic Modelling and Estimation of Treatment Effects," *Statistics in Medicine*, 21(15): 2175-2197.

Royston, P. and Parmar, M. K. B. (2011) "The Use of Restricted Mean Survival Time to Estimate the Treatment Effect in Randomized Clinical Trials when the Proportional Hazards Assumption is in Doubt," *Statistics in Medicine*, 30(19): 2409-2421.

Sobotka, T. and Toulemon, T. (2008) "Changing Family and Partnership Behaviour: Common Trends and Persistent Diversity across Europe," *Demographic Research*, 19(6): 85-138.

Thomson, E., Mosley, J., Hanson, T. and McLanahan, S. (2001) "Remarriage, Cohabitation, and Changes in Mothering," *Journal of Marriage and Family*, 63(2): 370-380.

Thornton, A. (1991) "Influence of the Marital History of Parents on the Marital and Cohabitational Experiences of Children," *American Journal of Sociology*, 96(4): 868-894.

Weiss, R. S. (1979) "Growing Up A Little Faster: The Experience of Growing Up in A Single-Parent Household," *Journal of Social Issues*, 35(4): 97-111.

Weitzman, L. J. and Maclean, M. (eds.) (1992) *Economic Consequence of Divorce: The International Perspective*, Clarendon Press.

Wu, L. L. and Tuma, N. B. (1990) "Local Hazard Models," *Sociological Methodology*, 20, 141-180.

第3章 東京大都市圏における
低い結婚出生力とそのメカニズム

山内昌和・西岡八郎

1 はじめに

　日本の出生力（fertility）には地域差がある．都道府県別の合計出生率を確認すると，2020年の人口動態調査では，最も高い沖縄県の1.83から最も低い東京都の1.12まで0.71ポイントの差がみられた．こうした合計出生率の地域差は結婚力（nuptiality）の地域差と関連しており，例えば，上記の都道府県別合計出生率と2020年の国勢調査から得られる都道府県別30-34歳未婚者割合との相関係数は−0.56であった．

　では結婚出生力（marital fertility），例えば結婚したカップルがもつ子ども数に地域差はないのだろうか．もし地域差があるとすれば，そこにはどのようなメカニズムがあるのだろうか．

　本章は，日本の中で出生力の低い地域の1つである東京大都市圏で結婚出生力が低いことを踏まえて（山内 2016, 2017），東京大都市圏ではどのようなメカニズムで結婚出生力が低くなっているのかを検討するものである．本章で結婚出生力に特に注目するのは，日本のように結婚と出生との結びつきが強固な社会では，結婚力に関連する結婚の発生やタイミングを左右するメカニズムと，結婚出生力に関連する夫婦の出生行動のメカニズムは異なることが多く，出生力の変動や地域差を理解する上で結婚力と結婚出生力に分けて理解する必要があり，さらには少子化対策等を考える上でも両者を分けるほうが有用だからである（Jones 2007）．

　なお，欧州では婚外子の増加にみられるように結婚という制度が揺らいでい

ることや，結婚という制度の位置づけが日本と異なることもあるせいか，現代
の出生力研究における結婚出生力への関心は低いように見受けられる．

2 既存研究の整理と本章の課題

結婚出生力の把握は，とりわけ地域単位では容易でない．その背後には，既
存の統計に十分な資料がないことや，理論的にみて簡便かつ十分な指標が存在
しないことがある（山内 2017）．このことは，人口転換を経て出生率の低下が
進み，結婚力が変動している現代社会のような状況下では，とりわけ大きな課
題であると指摘されてきた（廣嶋 2000：岩澤 2002）．

とはいうものの，地域別に結婚出生力を把握する試みがなかったわけではな
い．そこでは2つの異なるアプローチがみられた．1つ目は，集計データを利
用したアプローチである．これは既存の政府統計に代表される地域別の集計デ
ータを利用し，地域別に結婚出生力を把握しようとする試みである．このアプ
ローチの代表的なものに，年齢構造の標準化を応用したものがある．例えば，
山口・笠原（1983）と石川（1992）は有配偶割合の地域差の影響を統制した指
標を用いて都道府県別の結婚出生力について検討した．また山内（2006）は，
子ども女性比を利用した結婚出生力指標を提案し，山内他（2005）はその指標
を用いて都市圏別に出生力の変動と地域差を検討した．

これらの研究に対し，岩澤他（2022）は合計出生率を結婚力効果と夫婦出生
力効果に分解する新たな方法を考案し，市町村別にその結果を提示した．同研
究で提案された方法は，Coale and Watkin（1986）に代表されるヨーロッパの
出生力転換研究に用いられた指標や山内（2006）で活用された指標が抱える問
題，具体的には結婚年齢の影響を考慮できていない点や標準化に伴う問題など
の改善を図っており，現時点ではもっとも優れたものといえよう．その結果を
確認すると，結婚出生力には地域差がみられ，東日本および近畿地方で低く，
近畿地方以外の西日本で高いことが明らかになった．ただし，同研究で示され
た結婚出生力は期間指標としての特徴をもつものであり，コーホート別の結婚
出生力を把握するものではない．また，集計データを利用したアプローチであ
るため，全体像の把握に優れる反面，地域差のメカニズムを個々人の行動と関

連付けて理解することは困難である.

　地域別に結婚出生力を把握するもう1つのアプローチが個票データを活用するというものである. このアプローチは, とりわけ日本では, 2000年代に入って政府統計作成のための各種調査や研究者らの実施する調査の個票を用いた分析が実施しやすくなったことで実現可能になった. 例えば山内 (2017) は, 2000年代に実施された日本版総合的社会調査 (JGSS), 社会階層と社会移動に関する調査 (SSM), 全国家族調査 (NFRJ), 世帯動態調査 (NSH), 全国家庭動向調査 (NSF) の個票データを利用して地域ブロック別に45歳以上の有配偶女性の平均子ども数を再集計して比較した. その結果, 結婚出生力には地域差があり, 東京大都市圏に相当する南関東で低く, 九州・沖縄で高いことが明らかになった. ただし, それぞれの社会調査のサンプルサイズの制約があり, 地域ブロックよりも細かい地域単位で結婚出生力を検討することは困難であった.

　個票データを活用するアプローチでは, 結婚出生力の地域差のメカニズムを個々の有配偶女性の行動と関連付けて解明する試みも進められた. 例えば山内・西岡他 (2020) は, 日本で合計出生率の最も高い沖縄県と本土とを比較し, 沖縄県では結婚年齢別や教育別にみても本土に比べて有配偶女性の子ども数が多く, その背後には沖縄県に特有の文化的なメカニズムが作用していたことを明らかにした. 他方で山内 (2016) は, 教育や出生コーホートを統制しても東京大都市圏の有配偶女性の子ども数は非東京大都市圏より有意に少なく, その背後に東京大都市圏では希望子ども数が少ないことや子どもに多額の教育関連費用を投じていること, 郊外に居住することによって有配偶女性の子育て負担や就業への制約が大きくなりやすいことなどの影響を示唆した. さらに山内・小池他 (2020) では, 人口移動と有配偶女性の子ども数との関連について検討したところ, 東京大都市圏の有配偶女性の子ども数は非東京大都市圏より少ない一方で, 東京大都市圏に居住する東京大都市圏出身と非東京大都市圏出身の有配偶女性の子ども数には大きな違いがみられず, 非大都市圏から大都市圏への人口移動によって東京大都市圏の有配偶女性の子ども数が少なくなっているわけではないことを明らかにした.

　以上の成果を整理すると, 日本では結婚出生力に地域差が存在し, なかでも

東京大都市圏では，人口移動の影響とは独立に，それ以外の地域に比べて結婚出生力が低いことが明らかになっているといえよう．では，東京大都市圏ではどのようなメカニズムで結婚出生力が低くなっているのであろうか．

　この問いに対して，本章では次の2点を検討したい．1点目は，希望子ども数の影響である．沖縄県の結婚出生力が本土よりも高いことの一因に沖縄県の希望子ども数の多さがあることを考えると（山内・西岡他 2020），東京大都市圏の場合は希望子ども数が非東京大都市圏よりも少ない可能性がある．山内（2016）はこのことを既に示唆しているが，それは間接的な情報に基づいた推察にとどまっていた．そこで本章では，東京大都市圏の希望子ども数が非東京大都市圏よりも少ないのかどうかについて検討する．

　2点目は，希望子ども数の実現可能性の影響である．東京大都市圏における希望子ども数が非東京大都市圏よりも少ないかどうかに関わらず，前者における希望子ども数の実現可能性が後者よりも低いのであれば，前者の結婚出生力は後者よりも少なくなるだろう．もし仮にそのような状況があるのだとすれば，例えば，子育てや家族生活の時間を大きく制約する可能性のある長距離通勤を余儀なくされる東京大都市圏特有の居住条件のようなものと密接にかかわっているのかもしれず，改善されるべき事態の存在可能性を示すと言えるだろう．ただし，希望子ども数の実現可能性については，同一個人を対象として，当初抱いていた希望子ども数を実際に実現できたのかどうかの確認が必要であるが，こうした分析は管見の限り行われていないように見受けられる．そのため本章ではパネルデータを用いることで，東京大都市圏と非東京大都市圏で希望子ども数の実現に差があるのかどうかを検討したい．

　以下，第3節ではデータと方法について整理し，第4節では平均子ども数と希望子ども数の地域差，今後子どもを欲しいと回答した人が実際にその希望を叶えたのかどうかを確認する．第5節では，第4節の結果を踏まえて東京大都市圏の結婚出生力の背景事情を整理し，子どもが増えることに対する意識の影響を確認した上で，既存研究に対する本章の意義や少子化対策への示唆を考察し，第6節で全体をまとめる．

3 データと方法

3.1 データ

本章で用いるデータは,「結婚と家族に関する国際比較調査」のうち,日本で第2回目として2007年に実施されたものの結果(JGGS-2)と,5回目として2019年に実施されたものの結果(JGGS-5)の個票データである.

分析の対象は,JGGS-2とJGGS-5のいずれにも回答し,両調査で有配偶であった女性のうち1955-1974年生まれのケースである.出生年をこのように限定したのは,JGGS-5実施以降に追加の出生可能性が極めて低いケースに限るためである.参考までに,1955-1974年生まれの人々は,JGGS-2実施時点ではほぼ33-53歳,JGGS-5実施時点ではほぼ45-65歳となる.

分析では次のような変数を用いた.

出生年については,1955-1964年と1965-1974年の2つに区分した.このうちの前者はJGGS-2時点でその後の追加出生の可能性がほとんどないと想定されるケースであるのに対し,後者はJGGS-2とJGGS-5の間で追加出生の可能性があり,この間の出生行動を観察できるケースと位置づけられる.

子ども数については,JGGS-5の既往子ども数を用いた.ただし,JGGS-2の既往子ども数がJGGS-5のそれよりも多いケースが僅かにみられたため,それらは除いた.

希望子ども数については,JGGS-2の問7にある「あなたは,これから子どもが(もうひとり)ほしいですか」を利用した.具体的には,その問いに対して「1. ぜひほしい」や「2. ほしい」と回答したケースについては追加の問の「すでにいる子どもを含めて,全部で何人子どもがほしいですか」の回答結果を希望子ども数とし,「3. どちらともいえない」や「4. あまりほしくない」や「5. 絶対ほしくない」と回答したケースについては,JGGS-2の既往子ども数を希望子ども数とした.

希望子ども数を実現できたかどうかについては,JGGS-5の既往子ども数を上記の希望子ども数と比較し,希望子ども数がJGGS-5の既往子ども数よりも少ない場合は実現できなかったケース,それ以外を実現できたケースとした.

地域については,居住地の情報を用いて東京大都市圏(埼玉県,千葉県,東

京都，神奈川県）と非東京大都市圏（東京大都市圏以外の43道府県）に区分した．JGGS-2とJGGS-5を比較すると，東京大都市圏と非東京大都市圏との間で居住地の変更がみられるケースは存在したが，ごく僅かであったために，そのようなケースは分析から除いた．

　社会経済的地位については，教育および学卒後の最初の就業時の初職を取り上げる．いずれもJGGS-2実施時点の情報を利用して2区分した．具体的には，教育では中学・高校卒業と専門学校・高等専門学校・短大・大学以上卒業（以下，専門・高専・短大・大学以上卒業）の2つ，初職では正規職とその他の2つである．

　今後子どもを欲しいかどうかについては，JGGS-2の問7にある「あなたは，これから子どもが（もうひとり）ほしいですか」を利用した．具体的には，その問いに対して「1. ぜひほしい」や「2. ほしい」と回答したケースを「ほしい」，「3. どちらともいえない」と回答したケースを「どちらともいえない」，「4. あまりほしくない」や「5. 絶対ほしくない」と回答したケースを「ほしくない」の3つに区分した．

　子どもが増えることに対する意識として，JGGS-2の問11の「あなたに（もう1人）子どもがいると仮定すると，あなたの生活は現在と比べて，どう変わると思いますか」に含まれる「生活水準」「やりたいことをやる自由」「就職や昇進の機会」「性生活」「自分に対するまわりの見方」「心のやすらぎ」「生活全般の満足度」という7つの質問項目に対する回答を利用した．それら質問項目の回答はいずれも5段階，すなわち「(1) ずっと良くなる」「(2) 少し良くなる」「(3) 変わらない」「(4) 少し悪くなる」「(5) ずっと悪くなる」の尺度で測られているが，分析では最初の2つを「良くなる」，「(3) 変わらない」を「変わらない」，最後の2つを「悪くなる」の3段階の尺度にまとめて用いた．

　分析対象としたケースは，上記の変数に欠損のみられない609であり，このうち出生年が1955-1964年のケースは349，1965-1974年のケースは260であった．

3.2　方法

　最初に，結婚出生力の地域差を確認する．そのため，JGGS-5時点の有配偶

女性の子ども数を被説明変数，説明変数を地域，統制変数を出生年，教育，初職とし，疑似尤度を利用したポワソン回帰を適用する．ポワソン回帰は，子ども数などの非負整数を被説明変数とする計数データの分析に用いられるものである．ただし，ポワソン分布には平均と分散が等しいという条件があることから，有配偶女性の子ども数のように分散が平均よりも小さくなる過小分散の場合，通常のポワソン回帰をそのまま適用することは適切とはいえない．したがって，期待値と分散が等しいという条件を緩め，疑似尤度を利用したポワソン回帰を適用することにした（山内 2016）．

　次に，希望子ども数の地域差を確認する．希望子ども数は，希望子ども数を実現できたかどうかの分析と関連するため，追加出生の可能性のある 1965-1974 年に出生した有配偶女性に限定して分析する．そのため，JGGS-2 時点での有配偶女性の希望子ども数を被説明変数，説明変数を地域，統制変数を教育，初職とし，疑似尤度を利用したポワソン回帰を適用する．

　さらに，希望子ども数を実現できたかどうかを分析する．分析の対象は，希望子ども数と同じく，追加出生の可能性のある 1965-1974 年に出生したケースで，なおかつ JGGS-2 でこれからさらに子どもが欲しいと回答したケースに限定した．その方法は，希望子ども数を実現できた場合を 1，それ以外を 0 とする二値変数を被説明変数，説明変数を地域，統制変数を教育，初職とする二項ロジスティック回帰を適用する．二項ロジスティック回帰は，ある事象が起きた場合に 1，起きなかった場合に 0 となる二値変数を被説明変数とする分析に用いられるものである．ただし，推定されるのは事象の生起確率のロジットである．

　考察では，追加出生の可能性のある 1965-1974 年に出生したケースに限定した追加的な検討を行う．最初に，今後子どもを欲しいかどうかによってそれらケースを 3 区分し（ほしい，どちらともいえない，ほしくない），それぞれのケースに対して希望子ども数を被説明変数，説明変数を地域，統制変数を教育，初職とする疑似尤度を利用したポワソン回帰を適用する．その結果を踏まえ，今後子どもをほしくないケースに限定して，子どもが増えることに対する意識にどのような地域差がみられるのかを検討する．具体的には，子どもが増えることに対する意識に関する 7 つの項目別に東京大都市圏と非東京大都市圏の回

答分布を示すクロス表を作成し，各項目の回答と地域とが相互に独立であるかどうかをフィッシャーの正確確率検定を用いて検討する．

なお，本章の集計と分析には統計ソフトウェアである R version 3.6.1 を使用した．

4　結果

4.1　子ども数の地域差

子ども数の分布を示したのが**表 3-1** の上段である．出生年の違いの影響は小さいので，ここでは 1965-1974 年の結果をみていく．東京大都市圏と非東京大都市圏のいずれも子ども数 2 のケースが最大であり，非東京大都市圏では子ども数 3 以上のケースの割合が相対的に高い．平均子ども数は東京大都市圏の 2.02 に対して非東京大都市圏の 2.34 と 0.32 ポイント多い．なお，子ども数 0 のケースの割合が既存研究（山内 2016, 2017）に比べてかなり少なくなっている点については，今回用いたデータに何らかの歪みがあることを示唆しており，これについては次節で言及する．

表 3-2 がポワソン回帰に使用した変数の基本統計量を整理したものである．同表によれば，東京大都市圏の方が非東京大都市圏よりも平均子ども数が少ないのは，出生年別や教育別，初職別にみても共通する傾向である．また，東京大都市圏内および非東京大都市圏内の属性別にみると，共通する傾向として，出生年別には平均子ども数に差がほとんどなく，教育別には中学・高校卒業の方が専門・高専・短大・大学以上卒業より平均子ども数がやや多い．それに対し，初職別には東京大都市圏内と非東京大都市圏内で異なった傾向がみられ，とりわけ非東京大都市圏では正規職よりもその他の場合に平均子ども数が多い．

ポワソン回帰の結果を示したのが**表 3-3** である．地域については，統制変数のみを投入したモデル 1 と主効果のみのモデル 2 では有意であり，どちらも東京大都市圏の平均子ども数が少ないことを示す．しかし，交互作用を含めたモデル 3 では地域は統計的に有意とはなっていない．ただし，モデル 3 でも地域の係数は負である．

統制変数については，モデル 2 とモデル 3 で教育と初職の主効果が確認でき

表 3-1　有配偶女性の子ども数と希望子ども数の分布と平均

a) 子ども数（JGGS-5 実施時点）

出生年	地　域	0	1	2	3	4	5	6	7	平均子ども数
	東京大都市圏	3	22	81	29	2	0	0	0	2.04
1955-1974 年	非東京大都市圏	10	47	236	156	19	2	0	2	2.30
	計	13	69	317	185	21	2	0	2	2.24
	東京大都市圏	0	11	38	12	0	0	0	0	2.02
うち 1965-1974 年	非東京大都市圏	4	21	97	66	7	2	0	2	2.34
	計	4	32	135	78	7	2	0	2	2.26

b) 希望子ども数（JGGS-2 実施時点）

出生年	地　域	0	1	2	3	4	5	6	7	平均子ども数
	東京大都市圏	0	6	37	18	0	0	0	0	2.20
1965-1974 年	非東京大都市圏	4	12	97	72	12	1	0	1	2.42
	計	4	18	134	90	12	1	0	1	2.37

出典：JGGS-2 と JGGS-5.

表 3-2　JGGS-5 実施時点の有配偶女性の子ども数に関する基本統計量

	属　性	全　国			東京大都市圏			非東京大都市圏		
		ケース数	平均	分散	ケース数	平均	分散	ケース数	平均	分散
	全　体	609	2.24	0.69	137	2.04	0.52	472	2.30	0.73
出生年	1955-1964 年	349	2.23	0.62	76	2.05	0.63	273	2.28	0.61
	1965-1974 年	260	2.26	0.79	61	2.02	0.38	199	2.34	0.89
学　歴	中学・高校卒業	288	2.31	0.68	55	2.11	0.64	233	2.36	0.68
	専門・高専・短大・大学以上卒業	321	2.18	0.70	82	1.99	0.43	239	2.25	0.77
初　職	正規職	530	2.21	0.63	120	2.04	0.52	410	2.26	0.65
	その他	79	2.46	1.06	17	2.00	0.47	62	2.58	1.15

出典：JGGS-2 と JGGS-5.

る．中学・高校卒業に比べて専門・高専・短大・大学以上卒業で平均子ども数が少なく，正規職よりもその他で平均子ども数が多いことを示す．

　なお，統計的に有意ではないものの，地域と初職の交互作用は興味深い．地域と初職の交互作用項の係数の大きさから判断するに，東京大都市圏では初職がその他の場合には正規職の場合に比べて平均子ども数に差はない可能性がある．

表 3-3　JGGS-5 実施時点の子ども数を被説明変数とするポワソン回帰の結果

	モデル 1		モデル 2		モデル 3	
	推定値	標準誤差	推定値	標準誤差	推定値	標準誤差
切片	0.834	0.017***	0.841	0.025***	0.835	0.026***
地域（ref. 非東京大都市圏）						
東京大都市圏	-0.123	0.037***	-0.117	0.037**	-0.078	0.066
出生年（ref. 1955-64 年）						
1965-1974 年			0.019	0.030	0.026	0.034
学歴（ref. 中学・高校卒業）						
専門・高専・短大・大学以上卒業			-0.059	0.030*	-0.063	0.034+
初職（ref. 正規職）						
その他			0.108	0.043*	0.138	0.047**
地域×出生年						
東京大都市圏×1965-1974 年					-0.046	0.074
地域×学歴						
東京大都市圏×専門・高専・短大・大学以上卒業					0.003	0.074
地域×初職						
東京大都市圏×その他					-0.160	0.110
2Log-likeklihood	207.5		204.6		203.8	
Pseudo R-squared	0.015		0.025		0.028	
N	609		609		609	

注：***：$p<0.001$, **：$p<0.01$, *：$p<0.05$, ＋：$p<0.1$.
出典：JGGS-2 と JGGS-5.

4.2　希望子ども数の地域差

　希望子ども数の分布を示したのが**表 3-1** の下段である．東京大都市圏と非東京大都市圏の希望子ども数はどちらも 2 のケースが最大であり，非東京大都市圏では希望子ども数 3 以上のケースの割合が相対的に高く，希望子ども数 2 のケースとの差は小さい．希望子ども数の平均値は東京大都市圏の 2.20 に対して非東京大都市圏の 2.42 と 0.22 ポイント多い．

　表 3-4 はポワソン回帰に使用した変数の基本統計量を整理したものである．同表によれば，東京大都市圏の方が非東京大都市圏よりも平均希望子ども数が少ないのは，学歴別や初職別にみても共通する傾向である．また，東京大都市圏内および非東京大都市圏内の属性別にみると，東京大都市圏では学歴別には中学・高校卒業の方が，初職別には正規職の方が平均希望子ども数は多いのに対し，非東京大都市圏では逆の傾向を示す．

表 3-4 JGGS-2 実施時点の有配偶女性（1965-1974 年出生）の希望子ども数に関する基本統計量

	属　性	全　国			東京大都市圏			非東京大都市圏		
		ケース数	平均	分散	ケース数	平均	分散	ケース数	平均	分散
	全　体	260	2.37	0.66	61	2.20	0.35	199	2.42	0.74
学歴	中学・高校卒業	105	2.34	0.59	25	2.24	0.26	80	2.38	0.68
	専門・高専・短大・大学以上卒業	155	2.39	0.70	36	2.17	0.42	119	2.45	0.77
初職	正規職	220	2.32	0.58	54	2.22	0.32	166	2.36	0.66
	その他	40	2.63	0.98	7	2.00	0.57	33	2.76	0.97

出典：JGGS-2 と JGGS-5.

表 3-5 JGGS-2 実施時点の有配偶女性（1965-1974 年出生）の希望子ども数を被説明変数とするポワソン回帰の結果

	モデル 1		モデル 2		モデル 3	
	推定値	標準誤差	推定値	標準誤差	推定値	標準誤差
切片	0.885	0.024***	0.854	0.036***	0.840	0.039***
地域（ref. 非東京大都市圏）						
東京大都市圏	-0.098	0.051+	-0.091	0.051+	-0.016	0.082
学歴（ref. 中学・高校卒業）						
専門・高専・短大・大学以上卒業			0.018	0.043	0.028	0.048
初職（ref. 正規職）						
その他			0.116	0.056*	0.156	0.060*
地域×学歴						
東京大都市圏×専門・高専・短大・大学以上卒業					-0.070	0.103
地域×初職						
東京大都市圏×その他					-0.269	0.159+
-2Log-likeklihood	77.5		76.3		75.4	
Pseudo R-squared	0.010		0.018		0.029	
N	260		260		260	

注：*** : $p<0.001$，** : $p<0.01$，* : $p<0.05$，+ : $p<0.1$．．
出典：JGGS-2 と JGGS-5.

　ポワソン回帰の結果を示したのが**表 3-5** である．地域については，統制変数のみを投入したモデル 1 と主効果のみのモデル 2 では有意であり，どちらも東京大都市圏の平均希望子ども数が少ないことを示す．しかし，交互作用を含めたモデル 3 では地域は統計的に有意とはなっていない．ただし，モデル 3 でも地域の係数は負である．

統制変数については，モデル2とモデル3で初職の主効果が確認でき，その他に比べて正規職で平均希望子ども数が多いことを示す．

交互作用については，地域と初職の交互作用が統計的に有意であり，主効果の係数値と合わせて判断するに，東京大都市圏では初職がその他の場合には正規職の場合に比べて平均希望子ども数は少なくなるのに対し，非東京大都市圏では初職がその他の場合には正規職の場合に比べて平均希望子ども数が多くなることを表している．

4.3　希望子ども数の実現可能性の地域差

JGGS-2実施時点でこれからさらに子どもが欲しいと回答したケースは全体で51，このうちJGGS-5実施時点でその希望を達成したケースはそのうちの31％の16であった．これを東京大都市圏と非東京大都市圏で比較すると，子どもが欲しいと回答したケースが16と35，希望を達成したケースはいずれも31％の5と11であった．

ロジスティック回帰に使用した変数の基本統計量をみると（**表3-6**），ケースが少ないため明確な傾向は読み取りづらい．

ロジスティック回帰の結果を示したのが**表3-7**である．ケースが少なく，モデル1よりモデル2のAICが大きく出たり，モデル3では標準誤差が大きすぎる結果となっていたりと，有効な分析結果とはいいがたいものである．ただし，モデル1にみるように，地域の影響は確認できなかった．

5　考察

5.1　東京大都市圏と非東京大都市圏の子ども数の違いの背景

ここまでの結果を整理すると，明確な結果とは言い難いものの，JGGS-5実施時点での1955-1964年と1965-1974年に出生した有配偶女性の平均子ども数は，非東京大都市圏に比べて東京大都市圏の方が少ない傾向にあった．また，出生年が1965-1974年の有配偶女性の平均希望子ども数は，追加出生の可能性のあるJGGS-2実施時点では，非東京大都市圏に比べて東京大都市圏の方が少ない傾向にあった．そこで，出生年が1965-1974年の有配偶女性のうち，JGGS-2

表3-6 希望子ども数を実現したかどうかに関する有配偶女性（1965-1974年出生）の基本統計量

属　　性		全　　国			東京大都市圏			非東京大都市圏		
		ケース数	平均	分散	ケース数	平均	分散	ケース数	平均	分散
	全　　体	51	0.31	0.22	16	0.31	0.21	35	0.31	0.22
学歴	中学・高校卒業	14	0.43	0.24	3	0.00	0.00	11	0.55	0.25
	専門・高専・短大・大学以上卒業	37	0.27	0.20	13	0.38	0.24	24	0.21	0.16
初職	正規職	41	0.29	0.21	15	0.33	0.22	26	0.27	0.20
	その他	10	0.40	0.24	1	0.00	0.00	9	0.44	0.25

注：平均と分散は希望子ども数を実現できた場合を1，それ以外を0としたときの値である．
出典：JGGS-2とJGGS-5.

表3-7 有配偶女性（1965-1974年出生）について希望子ども数を実現したかどうかに関する二項ロジスティック回帰の結果

	モデル1		モデル2		モデル3	
	推定値	標準誤差	推定値	標準誤差	推定値	標準誤差
切片	-0.780	0.364*	-0.429	0.583	-0.008	0.631
地域（ref. 非東京大都市圏）						
東京大都市圏	-0.008	0.651	0.230	0.693	-17.559	2284.102
学歴（ref. 中学・高校卒業）						
専門・高専・短大・大学以上卒業			-0.795	0.675	-1.742	0.846*
初職（ref. 正規職）						
その他			0.631	0.774	1.152	0.901
地域×学歴						
東京大都市圏×専門・高専・短大・大学以上卒業					18.972	2284.102
地域×初職						
東京大都市圏×その他					-18.381	3956.180
Nagelkerke R-sq	0.000		0.049		0.230	
AIC	67.449		69.632		66.350	
N	51		51		51	

注：***：$p<0.001$，**：$p<0.01$，*：$p<0.05$，+：$p<0.1$.
出典：JGGS-2とJGGS-5.

実施時点でこれからさらに子どもが欲しいと回答したケースを対象に，実際にその希望を達成したかどうかを確認したところ，東京大都市圏と非東京大都市圏の間に明確な差は見いだせなかった．

　これらの結果を踏まえると，有配偶女性が最終的にもつ平均的な子ども数は

表 3-8　今後子どもをほしいかどうか別地域別にみた有配偶女性（1965-
　　　　1974 年出生）の希望子ども数の平均と分散

今後子どもを ほしいかどうか	地域	ケース数	平均	分散
ほしい	東京大都市圏	16	2.50	0.25
	非東京大都市圏	35	2.63	0.52
	全体	51	2.59	0.44
どちらともいえない	東京大都市圏	12	2.08	0.41
	非東京大都市圏	48	2.02	0.98
	全体	60	2.03	0.87
ほしくない	東京大都市圏	33	2.09	0.33
	非東京大都市圏	116	2.53	0.61
	全体	149	2.43	0.58

出典：JGGS-2 と JGGS-5.

東京大都市圏で少なく，有配偶女性の希望する子ども数も東京大都市圏の方が
少なかったのに対し，子どもを欲しいと希望する有配偶女性がその希望を実現
できたかどうかについては東京大都市圏と非東京大都市圏に差はみられないと
考えて良いだろう．

　そこで，**表 3-8** に示したのが，JGGS-2 実施時点において，これからさらに
子どもがほしいかどうか別にみた希望子ども数の地域差である．それによると，
ほしいケースとどちらともいえないケースでは，東京大都市圏と非東京大都市
圏の間で平均希望子ども数の差は 0.13 や 0.06 にとどまったのに対して，ほし
くないケースでは 0.44 ポイントという差がみられた．ほしくないケースにつ
いて詳しくみたところ，非東京大都市圏では希望子ども数 3 以上のケースが多
く，平均希望子ども数は 2.53 となっているのに対し，東京大都市圏では希望
子ども数 2 のケースが大多数であり，平均希望子ども数は 2.09 にとどまって
いた．

　このため，1965-1974 年出生の有配偶女性のうちの JGGS-2 実施時点で子ど
もを欲しくないケースに限定して希望子ども数の地域差があるかどうか確認し
たのが**表 3-9** である．地域については，統制変数のみを投入したモデル 1 と主
効果のみのモデル 2，さらには交互作用を含めたモデル 3 のいずれでも統計的
に有意であり，統制変数や交互作用については統計的に有意なものはみられな

表 3-9 JGGS-2 実施時点で子どもを欲しくない有配偶女性（1965-1974 年出生）
の希望子ども数を被説明変数とするポワソン回帰の結果

	モデル 1		モデル 2		モデル 3	
	推定値	標準誤差	推定値	標準誤差	推定値	標準誤差
切片	0.927	0.028***	0.929	0.043***	0.927	0.045***
地域（ref. 非東京大都市圏）						
東京大都市圏	-0.189	0.064**	-0.192	0.064**	-0.166	0.096+
学歴（ref. 中学・高校卒業）						
専門・高専・短大・大学以上卒業			-0.024	0.051	-0.028	0.057
初職（ref. 正規職）						
その他			0.070	0.066	0.098	0.073
地域×学歴						
東京大都市圏×専門・高専・短大・大学以上卒業					-0.003	0.131
地域×初職						
東京大都市圏×その他					-0.159	0.182
-2Log-likeklihood	31.3		31.0		30.8	
Pseudo R-squared	0.055		0.051		0.056	
N	149		149		149	

注：***：$p<0.001$，**：$p<0.01$，*：$p<0.05$，+：$p<0.1$．
出典：JGGS-2 と JGGS-5．

かった．すなわち，東京大都市圏の平均希望子ども数が少ないことを示していた．

　では，JGGS-2 実施時点で今後さらに子どもを欲しくないと回答したケースに関して，東京大都市圏と非東京大都市圏では，子どもに対する意識に何か違いがあるのだろうか．そこで，JGGS-2 実施時点で子どもを欲しくないと回答した 1965-1974 年に出生した有配偶女性のケースについて，子どもが増えることで生活に及ぼす影響に対する意識の回答を地域別に整理した．その結果が**表 3-10** である．同表によれば，ほとんどの項目で地域差はみられないことがわかった．また，統計的に有意な地域差がみられた生活水準については，東京大都市圏では子どもが増えたとしても相対的に生活水準が「悪くなる」と回答する割合が低かった．このことは，東京大都市圏であれ非東京大都市圏であれ，子どもが増えることによる生活への影響に対する人々の認識はほぼ同じであって，東京大都市圏の人々が子どもの増加による生活への影響をとりわけネガティブに捉えている訳ではないことを示唆している．

第 3 章　東京大都市圏における低い結婚出生力とそのメカニズム —— 87

表3-10　子どもが増えることによる生活への影響に対する意識の地域差

項　目	地　域	良くなる	変わらない	悪くなる	p 値
生活水準	東京大都市圏	0.0	33.3	66.7	0.043
	非東京大都市圏	0.0	15.5	84.5	
やりたいことをやる自由	東京大都市圏	3.0	6.1	90.9	0.570
	非東京大都市圏	0.0	15.5	84.5	
就職や昇進の機会	東京大都市圏	3.0	36.4	60.6	0.352
	非東京大都市圏	0.9	30.2	69.0	
性生活	東京大都市圏	3.0	63.6	33.3	0.173
	非東京大都市圏	0.0	78.4	21.6	
自分に対するまわりの見方	東京大都市圏	18.2	72.7	9.1	0.187
	非東京大都市圏	7.8	84.5	7.8	
心のやすらぎ	東京大都市圏	18.2	36.4	45.5	0.610
	非東京大都市圏	17.2	45.7	37.1	
生活全般の満足度	東京大都市圏	15.2	45.5	39.4	0.751
	非東京大都市圏	10.3	48.3	41.4	

注：1)　集計対象は，JGGS-2 実施時点で子どもを欲しくない有配偶女性（1965-1974 年出生）の 149 ケースである.
　　2)　p 値はフィッシャーの正確確率検定のものである. なお検定に際して，例外的な事象の影響を避けるために，
　　　　「やりたいことをやる自由」と「性生活」については，良くなるの結果を変わらないに含めた.
出典：JGGS-2 と JGGS-5.

　したがって，JGGS-2 と JGGS-5 を用いたパネルデータを用いた分析からは，有配偶女性のもつ子ども数の平均値にみられる東京大都市圏と非東京大都市圏の差は，そもそも希望する子ども数の違いであって，東京大都市圏には希望する子ども数を実現しづらかったり，子どもの増加による生活への影響に対する意識に差があったりするわけではないと解釈できるだろう.

5.2　本章の意義と日本の少子化対策への示唆

　前節で述べた結果の解釈は，既存研究に対してどのような意義をもつのだろうか. 東京大都市圏と非東京大都市圏とを比較した際に，有配偶女性のもつ子ども数の平均値に差があることは国立社会保障・人口問題研究所の全国調査である全国家庭動向調査や人口移動調査を用いた結果でも明らかになっており（山内 2016；山内・小池他 2020），前節までの結果や解釈とも整合的である. また，希望子ども数の地域差についても国立社会保障・人口問題研究所の全国調査である出生動向基本調査が示唆してきたところであり（石井・岩澤 2014），そのことを裏付けたといえるだろう. 他方で，東京大都市圏には希望する子ど

も数を実現しにくかったり，子どもの増加による生活への影響に対する意識に
差があったりしているわけではない，という点については，本章のオリジナル
知見といって良く，これまではほとんど論じてこられなかった点である．

　ただし，本章の結果は総じて限られたケース数の分析に基づいているため，
厳密さという意味では十分とは言えないだろう．また，第4節1項で子ども数
0のケースが少ないことを示したように，ケース数に何らかの歪みがあること
も想定される．この背景には，初期サンプルから多くの参加者が脱落していく
というパネルデータに特有のサンプル消耗の問題がある．これについては既に
中川（2012, 2018）や管（2018）が指摘しているところである．本章の主な分析
対象である1965-1974年出生の有配偶女性のケース数についてサンプル消耗に
ついて確認すると，欠損等を無視すればJGGS-2時点では511ケース存在した
うち，JGGS-5時点で残ったのは63.4％の324ケースであった．こうしたこと
は，本章の結果にも何らかの影響を及ぼしていると考えられることから，他の
データセットを用いた追加的な検証が欠かせないだろう．

　では，これまで述べてきた本章の知見は，日本の少子化対策にとってどのよ
うな意味をもつのであろうか．ここでは，希望する子ども数を実現しやすい状
況を全国的に構築していく必要性について指摘したい．第4節3項で示したよ
うに，ほぼ33-42歳の時点で子どもを欲しいという有配偶女性が12年後のほ
ぼ45-54歳になるまでに実際に実現できたのは全国，東京大都市圏，非東京大
都市圏のいずれも31％であった．つまり，残りの69％は実現できていなかっ
たのである．こうした希望を実現できていなかったことの背後に何があるのか
については今後検討が必要であるとはいえ，仮に何らかの社会的な制約に起因
しているのだとすれば，そうした状況の改善に取り組むことが社会全体で必要
ではないか．

　有配偶女性が希望子ども数を実現できるかどうかは，当該女性の年齢も関係
する．山内（2016）が示したように，東京大都市圏と非東京大都市圏のいずれ
であっても，結婚年齢が遅い場合には有配偶女性が最終的にもつ子ども数は少
なくなりやすい．同研究はそのメカニズムを論じているわけではないが，高齢
になるほど妊娠しづらくなることを明らかにしたKonishi *et al.*（2018）を踏ま
えると，生物学的な影響も関連している可能性は否定できないだろう．このた

め，全国的に晩婚化が進む状況を考えると，有配偶女性が希望子ども数を実現
できるような状況を構築していくことは，特定の地域の課題ではなく全国的な
課題であり，国全体で積極的に取り組むべき課題なのかもしれない．仮にその
ような取り組みがなされなければ，未婚化が進展しなくとも，結婚出生力の低
下に起因する合計出生率の低下が今後進む可能性があるだろう（山内 2016）．

6　おわりに

　本章では，「結婚と家族に関する国際比較調査」のうち，日本で第2回目と
して 2007 年に実施されたものの結果（JGGS-2）と，5回目として 2019 年に実
施されたものの結果（JGGS-5）の個票データを利用し，主として 1965-1974
年出生の有配偶女性を対象として，東京大都市圏（埼玉県，千葉県，東京都，神
奈川県）と非東京大都市圏（東京大都市圏以外の 43 道府県）の子ども数の地域
差とそのメカニズムについて検討した．

　その結果，第一に，東京大都市圏の有配偶女性の平均子ども数は非東京大都
市圏のそれよりも少ない傾向にあることから，既存研究と同様に，前者の結婚
出生力は後者のそれよりも低いと考えられることが明らかになった．第二に，
東京大都市圏の有配偶女性の希望する子ども数は非東京大都市圏のそれよりも
少ない傾向が確認された一方で，子どもを欲しいと希望する有配偶女性がその
希望を実現できる可能性には両地域で明確な差がみられず，子どもの増加によ
る生活への影響に対する意識には両地域で大きな違いはみられなかった．この
第二の結果は既存研究では十分に明らかになっていなかった知見である．第三
に，第一と第二の結果を踏まえて，有配偶女性の希望子ども数を実現できる社
会を全国的に構築していくことの重要性について論じた．

　以上，本章では，非東京大都市圏に比べて東京大都市圏の出生力が低いこと
の一因として結婚出生力の低さがあること，そしてその結婚出生力の低さは有
配偶女性の希望子ども数の少なさがかかわっていることを確認した．

　有配偶女性の希望子ども数が少ないこと自体は，人々の考え方を反映したも
のであると理解するのであれば，そこに特段の問題はないのかもしれない．し
かし，有配偶女性の希望子ども数を，個々の有配偶女性が自身の置かれた状況

に対する何らかの反応であると捉えるならば，有配偶女性の希望子ども数に地域差がなぜ生じるのかを掘り下げて検討する意義はあるだろう．とりわけ東京大都市圏に特有の何らかの事情が有配偶女性の希望子ども数に影響し，非東京大都市圏よりも少なくなっているのであれば，そのような事情は改善が望ましいといえよう．仮に多くの子どもをもつのが理想だけれども，東京大都市圏では諸事情を勘案すると望みうる子どもの数は限られたものにならざるを得ないと有配偶女性が判断しているのだとすれば，事態の改善の余地があると考えられるからである．

　ただし，有配偶女性の希望子ども数の地域差がなぜ生じているのかについては，今回は十分に検討できていない．関連して，本章で検討しなかった未婚者の希望子ども数の実情を把握することも，東京大都市圏の低出生率の背景事情を理解する上では欠かせないであろう．参考までに，有配偶女性の結婚出生力の高い沖縄県では，未婚者の希望子ども数も本土より多くなっていた（山内・西岡他 2020）．

　また本章の結果は，既存研究では十分に検討されてこなかった知見であるものの，前節でも述べたように，限られた数でなおかつ何らかの歪みを含んだ可能性のあるケースの分析に基づいており，厳密さという意味では十分とは言えない．その意味では，より頑健な結果が得られるように，他のデータセットを用いた追加的な検証などが必要である．これらは今後の課題としたい．

［参考文献］

石井太・岩澤美帆（2014）「地域分析の観点から見た出生動向基本調査の精度評価」『Working Paper Series（J）』12.

石川晃（1992）「近年における地域出生変動の要因――有配偶構造の影響」『人口問題研究』204: 46-57.

岩澤美帆（2002）「近年の期間 TFR 変動における結婚行動および夫婦の出生行動の変化の寄与について」『人口問題研究』58(3): 15-44.

岩澤美帆・菅桂太・鎌田健司・余田翔平・金子隆一（2022）「出生力の地域差に対する結婚力効果と夫婦出生力効果：対数線形モデルを利用した市区町村別合計出生率の分解」『人口問題研究』78(1): 78-105.

菅桂太（2018）「パネル欠落が初婚と出生の分析に与える影響」津谷典子・阿藤誠・西岡八郎・福田亘孝編『少子高齢時代の女性と家族：パネルデータから分かる日本のジェンダーと親子関係の変容』慶應義塾大学出版会，pp. 283-338.

中川雅貴（2012）「パネルデータにおける脱落特性とサンプルの代表制の検証：『結婚と家族に関する国際比較パネル調査』の経験」『新情報』100: 49-58.

中川雅貴（2018）「JGGS パネル調査の推移と脱落の関連要因」津谷典子・阿藤誠・西岡八郎・福田亘孝編『少子高齢時代の女性と家族：パネルデータから分かる日本のジェンダーと親子関係の変容』慶應義塾大学出版会，pp. 263-281.

廣嶋清志（2000）「近年の合計出生率の要因分解：夫婦出生率は寄与していないか？」『人口学研究』26: 1-20.

山内昌和（2006）「Child-WomanRatio を応用した地域出生力指標の検討：夫婦出生力指標を中心に」『人口学研究』38: 99-110.

山内昌和（2016）「東京大都市圏に居住する夫婦の最終的な子ども数はなぜ少ないのか：第4回・第5回全国家庭動向調査を用いた人口学的検討」『人口問題研究』72(2): 73-98.

山内昌和（2017）「日本の夫婦出生力の地域差：2000 年代の 15 の社会調査を用いた 45 歳以上の有配偶女性の子ども数の分析」『人口問題研究』73(1): 21-40.

山内昌和・小池司朗・鎌田健司・中川雅貴（2020）「東京大都市圏と非東京大都市圏および全国の結婚出生力に対する人口移動の影響」『人口問題研究』76(2): 265-283.

山内昌和・西岡八郎・江崎雄治・小池司朗・菅桂太（2020a）「沖縄県の合計出生率はなぜ本土よりも低いのか」『地理学評論 Series A』93(2): 85-106.

山内昌和・西岡八郎・小池司朗（2005）「近年の地域出生力：都市圏を単位とした 1980~20 年の変化と格差の検討」『人口問題研究』61(1): 1-17.

山口喜一・笠原里江子（1982）「全国の有配偶率で標準化した都道府県別合計特殊出生率」『人口問題研究』168: 58-61.

Coale, J. A. and Susan, W. C. (eds.) (1986) *The Decline of Fertility in Europe: The Revised Procedings of a Conference on the Princeton European Fertility Project*, Princeton University Press.

Jones, G. W. (2007) "Fertility Decline in Asia: The Role of Mariage Change," *Asia-Pacific Population Journal*, 22(2): 13-32.

Konishi, S., Sakata, S., Oba, M. S. and O'connor, K. A. (2018) "Age and Time to Pregnancy for the First Child among Couples in Japan," *Journal of Population Studies*, 54: 1-18.

II　働き方と親子関係

第4章 ワーク・ライフ・バランスの取り組みと
長時間労働
男女の違いと子ども

吉田千鶴

1 はじめに

　日本において引き続いている低出生力水準の要因として，仕事と家庭の両立の困難さが指摘されてきた．個人が職業生活とプライベートな生活とを両立させ，健康で豊かな生活をおくれるよう，官民が一体となった取り組みを進めるべく，政府は2007年に「仕事と生活の調和（ワーク・ライフ・バランス）憲章」（以下「憲章」と呼ぶ）を策定した．そして，「仕事と生活の調和推進のための行動指針」が策定された．仕事と家庭の両立の困難さの要因にはさまざまなものがあるが，そのうちの1つに，日本の長時間労働がある．政府の「仕事と生活の調和推進のための行動指針」においても，長時間労働の抑制が述べられ，長時間労働について数値目標が掲げられている．

　2007年の憲章策定から10余年が経過し，日本の長時間労働は抑制されたのだろうか．本章は，仕事と家庭の両立の困難さを左右する要因のうち，長時間労働抑制について取り上げる．その理由は，生活時間は様々な活動に使われるが，労働時間は個人が自身の裁量のみで決定することが困難な活動時間の1つであることにある．個人の裁量が及びにくい労働時間の長さが，時間制約の厳しさを通じて，子育てなどの他の活動時間へどの程度時間を使えるかという生活時間の配分を左右すると考えられるからである．長時間労働の抑制がみられるかどうかは，仕事と生活の調和を実現する上での大事なポイントの1つである．

　本章の目的は，次を検証することにある．第一に，ワーク・ライフ・バラン

スの取り組み推進のもと，長時間労働の抑制がみられたのか，第二に，配偶関係や幼い子どもの存在と長時間労働抑制との関係，第三に，長時間労働抑制に男女差があるのか，以上を検証する．本章の構成は以下である．次の第2節で，ワーク・ライフ・バランスの推進と労働時間の規制について，第3節で労働時間の決定要因を，第4節で本章が使用するデータについて，第5節で労働時間の分布について，第6節で長時間労働抑制に関する多変量解析を，最後にまとめを述べる．

2　ワーク・ライフ・バランスの推進と労働時間の規制

2.1　ワーク・ライフ・バランス

　政府は，個人が仕事と家庭生活とを両立させ，健康で豊かな生活をおくれるよう取り組みを進めるべく，2007年に「仕事と生活の調和（ワーク・ライフ・バランス）憲章」を策定した．これらの取り組みのうち，長時間労働の問題について，「仕事と生活の調和推進のための行動指針」では，2010年施行の改正労働基準法に基づく割増賃金率の引き上げによる長時間労働の抑制が述べられている．また，この行動指針では週労働時間60時間以上の雇用者割合が2020年までに5％となる数値目標も掲げられていた．

　さらに，ワーク・ライフ・バランスの改善などを目的として，2018年に働き方改革関連法が制定された．これによる労働基準法改正は，日本の法律上はじめて罰則付きで時間外労働の上限時間を設定した（水野 2019）．原則として，残業時間の上限は月45時間年360時間であり，大企業に対しては2019年4月から，中小企業に対しては2020年4月から施行された．

2.2　労働時間の規制の経緯

　日本の労働時間規制は，1911年に制定された工場法で女性や年少者を対象としたのが初めてであり，一般労働者を対象とした規制が初めて定められたのは1947年に制定された労働基準法であった（水野 2019）．このときには，1日8時間週48時間制であった．その後，1987年の労働基準法の改正によって週40時間制と定められ，週48時間から週40時間への段階的な移行も定められた．

所定外労働時間については，1982年に定められた労働大臣告示を基準として行政指導が行われてきたが，1998年の労働基準法改正によって時間外労働協定の適正化指針に法的な根拠がもたらされた（水野 2019）．2008年に月60時間を超える所定外労働時間の割増賃金率が，2.5割から5割以上に引き上げられることが定められ，2010年4月から施行された．ただし，中小企業については猶予された．

　2018年，働き方改革の1つとして，労働基準法が改正され，前述の通り，日本の法律上はじめて罰則付きで所定外労働の上限時間が設定された．

3　労働時間の決定要因

3.1　労働時間の定義

　前節で述べた労働時間の規制は，労働基準法によるものである．労働基準法の規制対象となる「労働基準法上の労働時間」は，雇用主が労働者を労働させる労働時間を指す．労働時間に該当するか否かの判断については，職務を遂行していたという要件と使用者が関与していたという要件の二要件が必要であるとの説が妥当であるとされている（水野 2019）．

　本章における「労働時間」は労働者が主観的に「労働に費やした時間」と判断した時間である．本章の「労働時間」の定義では，前述の二要件説の1つ使用者の関与の観点が欠ける．しかし，個人にとっての仕事と家庭の両立という観点から，長時間労働が抑制されているかという分析の目的には合致する．個人が自身の健康と幸福のために，仕事と私的な生活のバランスを取ろうとする際，個人が「労働時間」と認識する活動時間の長さが，重要なポイントであると考えられるからである．さらに，「労働基準法上の労働時間」は個人の主観的な「労働時間」に含まれ，互いに深く相関していると考えられる．「労働基準法上の労働時間」が規制されることは，個人の主観的な「労働時間」にもほぼ同様の規制がされたと解釈しうる．

3.2　労働時間の決定要因と法規制

　労働経済理論の視点に立つと，個人の労働時間は次の要因で決定されている．

第一に企業側の需要要因，第二に労働者側の供給要因，第三に労働市場の構造である．労働市場の構造にかかわる要因のうち，労働時間に影響しうるものの例としては，労働者の企業間の移動のしやすさがあげられる．労働者の企業特殊技能が高く評価される労働市場では，労働者が企業を変えると企業特殊技能の蓄積を失ってしまうことになり，企業を移動しにくくなる．企業を移動すると労働者にとってデメリットが大きいことは労働者の企業に対する交渉力を弱めることになり，企業の需要要因が労働時間を左右する程度が大きくなる．

　前述の労働時間規制と労働時間の決定要因との関係はどのように考えられるだろうか．本章の分析対象期間中に改正された規制は，改正労働基準法の 2010 年施行による，大企業に対する割増賃金率増加および 2019 年施行の大企業に対する罰則付き時間外労働の上限規制である．

　2010 年からの大企業における割増賃金率上昇は，理論の観点から企業側の需要要因と労働者側の供給要因に異なる影響がある．企業にとっては，時間外の労働コストが上昇するため長時間労働を抑制する効果がある．労働者側では代替効果と所得効果がある．労働供給理論では労働者が自由に労働時間を選択できるとの前提のもと，割増賃金率上昇によって時間外労働の 1 時間当たりの所得が増える．時間を労働以外の活動に使用するコストが上昇する．これが代替効果と呼ばれるもので長時間労働を増加させる．一方，所得効果は労働を抑制する効果である．時間外労働の賃金率上昇は時間当たりの所得を増加させるため，余暇時間を正常財とみなすと，所得増加によって余暇時間への需要が増加し，長時間労働が抑制される．

　以上から，時間外労働の賃金上昇は，企業に対して長時間抑制の効果を，労働に対しては長時間労働抑制と増加の相反する 2 つの効果をもたらすと考えられる．これらの効果のどれが大きいかによって，時間外労働の賃金上昇の効果が，長時間労働抑制につながるかどうか異なった結果が予想される．

　理論上では労働者は自由に労働時間を選択できるという前提に立っている．しかし，実証研究によると労働者は労働時間を自由に選択できないという制約に直面していることが多い（Altongi and Paxson 1988, 1992；Bryan 2007；Heckman 1993；Martinez-Granado 2005；山本・黒田 2014）．日本では労働時間の約 6-7 割が企業の固有要因で説明されること（山本・黒田 2014），日本の労働市

場では企業特殊スキルを身に着けた労働者の移動費用が高く，労働者の交渉力が小さいこと（樋口 2010）から，市場のチェック機能で長時間労働の非効率さの是正が起こりにくい（山本 2019）．この市場チェック機能が働きにくいことは，長時間労働の是正のためには法律による規制が必要であることを示す．

　規制の必要性が指摘されているが，労働基準法による労働時間に対する規制強化は長時間労働を抑制しているのだろうか．理論からみても長時間労働に対する規制の影響は，マイナスとプラスの両方向考えられる．先行研究においても時間外労働の賃金上昇の効果について一致した結果は得られていない．

　労働時間について実証分析を行う際の大きな問題の1つは，観察できない個人固有の要因が影響することである．時間外割増賃金率の上昇が，個人の労働時間の選択に与える影響に所得効果と代替効果があると前述した．これら効果のどちらが大きいかによって，時間外割増賃金率上昇が与える影響の方向が変わる．これら効果の大きさを左右する要因の1つが個人の選好である．個人の選好は個人固有の要因であり，観察することが困難である．

　労働時間のもう1つの規定要因，労働需要側の要因にも固有の要因がある．労働者個人が所属する企業の固有要因は，個人に属する固有の要因である．個々の企業の固有要因，例えば残業を許容する程度などを観察することも容易ではない．

　これらから，個人固有の要因を制御して，実証分析を行うことが重要であるといえる．本章は，個人を追跡調査したパネルデータを使用し，個人固有の要因をコントロールする統計モデルを使用して，長時間労働抑制の推移，長時間労働と子どもそして男女差について検証する．

4　分析に使用するデータ

　本章が使用するデータは，2004年に日本で実施された全国調査「結婚と家族に関する国際比較調査」（以下「JGGS」と呼ぶ）の第1次調査（以下「JGGS-1」と呼ぶ）と，そのフォローアップ調査，2007年の第2次調査（JGGS-2），2010年の第3次調査（JGGS-3），2013年の第4次調査（JGGS-4），2019年の第5次調査（JGGS-5）のパネルデータから得られた個票のデータである．なお，2007

年と 2013 年に補充調査が行われており，これらの調査の個票データも含まれる．JGGS-2 は，第 1 次調査時点で 18-49 歳であった回答者を追跡調査したものと 20-35 歳の補充調査である．JGGS-3 は，JGGS-1 の回答者すべてと 2007 年の補充調査回答者を対象にしている．JGGS-4 は，JGGS-3 の回答者を対象としたものと 18-39 歳の補充調査である．JGGS-5 は，JGGS-4 の回答者を対象に調査が行われた．JGGS-1 は，結婚，家族，生活状況や意識に関する情報収集を目的として，18-69 歳の全配偶関係の男女から，2000 年の国勢調査の調査地点をもとに層化二段確率サンプルによって抽出された 15000 人を対象とし，60.5％にあたる 9074 名から有効回答を得た．JGGS-1 で 49 歳以下であった回答者が，2007 年にフォローアップ調査され 3082 名から有効回答を得た．2007 年には 20-35 歳の補充調査が行われ 489 名から有効回答を得た．JGGS-3 は，JGGS-1 で 50-70 歳であった回答者に対しフォローアップ調査を行い 2611 名の有効回答を得た．また，JGGS-2 の回答者と 2007 年の補充調査回答者に対してもフォローアップ調査を行い，2578 名の有効回答を得た．JGGS-4 は，JGGS-3 の回答者にフォローアップ調査を行い 4115 名の有効回答を得た．さらに，18-29 歳の補充調査を行い 1200 名の有効回答を得た．JGGS-5 は，JGGS-4 の回答者に対してフォローアップ調査を行い 3467 名の有効回答を得た．

　2004 年から 2019 年の期間に行われたパネル調査の個票データのうち，本章は，60 歳以下の男女を分析対象とする．60 歳以下を対象とする理由は，労働時間を分析するために定年に達していない年齢の男女を分析対象とすることにある．従業員の定年は企業によって異なるが，高年齢者雇用安定法第 8 条によってその定年年齢は 60 歳以上とする必要がある．そのため，60 歳以下を分析対象とすることで，定年に達していない男女を分析対象とすることができる．

5　労働時間の分布

　2004 年から 2019 年の期間に労働時間はどのように推移しただろうか．まず，全体と性別の労働時間の分布の推移を概観する．次に，労働時間の規制は企業規模によって異なるため，企業規模別の労働時間の推移をみる．最後に，育児時間が必要な 8 歳以下の子どもの有無別に労働時間の推移に違いがあるか検討

する.

5.1 性別労働時間推移

表4-1は，18歳から60歳の男女における性別の労働時間分布とその推移を，2004-2019年の期間について示している．2004年は，就業していない人も含んだ全体で約25%が週49時間以上労働していた．労働基準法で設定される週40時間を大きく超える長時間労働をしている人が，4人に1人という高い割合である．2004年の分布を男女別にみると，男性で長時間労働の割合が顕著に高い．週49時間以上労働している男性の割合は4割を超える．女性では長時間労働の割合は低いが，週49時間以上労働している女性は10%を超えている．

表4-1の男女は，2004年から2019年の間，追跡調査された個人であるが，年次が遅くなっても平均年齢が高くなってはいない．その理由は，2007年と2013年に若い年齢の補充調査が行われていること，60歳以下に限定してることにある．男性の平均年齢は，2004年41.6歳，2007年37.1歳，2010年45.3歳，2013年39.9歳，2019年45.3歳である．女性の平均年齢は，2004年40.9歳，2007年37.5歳，2010年44.8歳，2013年41.2歳，2019年46.6歳である．

2019年までの期間，男女で週60時間以上の長時間労働は減少傾向にあるものの，週49-59時間労働の割合は男性でほとんど変わらず，女性で微減の傾向であった．週35-41時間と週42-48時間のカテゴリーは，調査年次で割合が上下しつつ，微増傾向である．

5.2 企業規模別労働時間

第2節で述べたように，2010年から大企業に対して時間外労働の割増賃金率増加が施行された．同時期に割増賃金率上昇の適応を受けないのは，中小企業である．適応除外の中小企業は，資本金と常用の従業員数，および企業の産業分類で定義される．

割増賃金率上昇の適応除外における常用従業員数の条件は下記である．小売業では50人以下，サービス業では100人以下，卸売業では100人以下，その他では300人以下である．本章が使用するデータでの企業規模分類は，29人以下を4つのカテゴリーに分け，それ以外のカテゴリーは，30-99人，100-

表 4-1 18歳から60歳における性別労働時間の分布 (%) と推移 (2004-2019年)

週労働時間	全　体					男　性				
	2004	2007[1]	2010	2013[2]	2019	2004	2007[1]	2010	2013[2]	2019
ゼロ	11.7	7.9	15.2	22.1	13.0	5.3	2.8	5.0	10.6	4.2
15以下	7.0	6.4	6.2	6.4	6.0	2.4	2.9	2.6	2.9	1.9
16-34	14.4	14.8	15.5	14.1	17.3	4.6	4.3	4.2	4.5	3.1
35-41	18.8	20.5	20.1	17.8	21.8	16.5	16.1	21.0	18.2	20.2
42-48	23.1	24.3	22.2	19.8	23.3	29.9	31.1	31.7	29.2	34.7
49-59	15.5	16.5	13.2	13.4	13.4	24.7	25.1	21.8	22.5	25.4
60+	9.4	9.6	7.6	6.5	5.3	16.6	17.6	13.8	12.1	10.5
N	7,127	3,511	3,201	3,407	1,698	3,302	1,565	1,372	1,500	688

週労働時間	女　性				
	2004	2007[1]	2010	2013[2]	2019
ゼロ	17.3	12	22.9	31.1	19.0
15以下	11	9.3	9.0	9.1	8.8
16-34	22.8	23.1	24.1	21.7	26.9
35-41	20.8	23.9	19.4	17.5	22.9
42-48	17.3	18.8	15.1	12.3	15.4
49-59	7.6	9.7	6.7	6.2	5.1
60+	3.2	3.2	2.9	2.0	1.8
N	3,825	1,946	1,829	1,907	1,010

注：1)　2007年調査では，2004年に50-70歳であった個人に追跡調査をしていない．また，20-35歳の個人489名
　　　　を補充して調査を行っている．
　　 2)　18-39歳の個人1,200名を補充して調査を行っている．

299人，300-999人，1000人以上，官公庁，の5つである．そこで，企業規模
を1) 99人以下，2) 100-299人，3) その他の3つのカテゴリーに分けた．適
応除外となる中小企業は，1) と2) のカテゴリーに属している可能性が高いが，
適応除外の中小企業を正確に分類するには情報が足りない．従って，割増賃金
率上昇の適応除外の中小企業を代表する分類はできない．本章の目的は，労働
基準法の改正の効果を分析するものではなく，労働時間の規制を含め，ワー
ク・ライフ・バランスの取り組みが行われた状況で，長時間労働抑制が進んで
いるのかを検証することである．割増賃金率上昇の適応除外の中小企業を正確
に代表できないが，企業規模によってワーク・ライフ・バランスの取り組みの
環境は異なると考えられ，企業規模別の労働時間分布の推移を検討する．

表4-2 18歳から60歳の就業者における企業規模別労働時間の分布（%）と推移（2007-
2019年）

週労働時間	99人以下				100-299			
	2007[1]	2010	2013[2]	2019	2007[1]	2010	2013[2]	2019
15以下	9.7	9.7	12.1	9.6	5.1	3.9	1.8	4.3
16-34	19.5	20.0	20.6	22.7	13.4	13.0	12.9	15.0
35-41	18.8	19.5	17.9	21.2	27.8	28.8	27.1	31.0
42-48	24.4	24.1	22.7	26.0	25.1	33.6	33.2	28.9
49-59	16.9	16.0	17.6	13.2	18.9	13.9	17.7	17.1
60+	10.8	10.5	9.1	7.3	9.8	6.7	7.4	3.7
N	1,740	1,479	1,327	684	471	330	340	187

週労働時間	その他			
	2007[1]	2010	2013[2]	2019
15以下	2.6	4.8	4.8	4.4
16-34	11.2	17.3	16.5	18.3
35-41	25.9	28.8	28.7	27.5
42-48	30.7	26.9	26.4	27.5
49-59	19.5	15.3	16.4	16.9
60+	10.1	6.8	7.3	5.5
N	984	888	963	586

注：1) 2007年調査では，2004年に50-70歳であった個人に追跡調査をしていない．また，20-35歳の個人489名
を補充して調査を行っている．
2) 18-39歳の個人1,200名を補充して調査を行っている．

表4-2は，2007-2019年の期間，18歳から60歳の就業者における企業規模別労働時間の分布と推移を示している．なお，2004年の調査では，企業規模の情報がないため，2007年以降を対象とした．2007年において週60時間以上の割合は，企業規模による違いはほとんどみられなかった．2010年に時間外割増賃金率が引き上げられて以降2019年までの期間，100人以上の企業規模の大きいカテゴリーで，週60時間以上の割合の減少が顕著である．週49-59時間の割合について大きな変化は見られない．

5.3 8歳以下の子どもの存在と労働時間

子どもの存在によって長時間労働割合の推移に違いがあるだろうか．幼い子どもがいると，親の時間が家庭の活動に必要とされる度合いが強い．夜間の残

業によって長時間労働になるならば，夜間の保育サービスは入手が容易でなく，仕事と家庭の両立は困難になる．幼い子どもをもつ労働者では長時間労働を避ける動機が強いと考えられる．**表 4-3** は，2004-2019 年の期間，18 歳から 60 歳の男女において，8 歳以下の末子がいる場合の労働時間の分布と推移を性別で示している．末子年齢を 8 歳としたのは，子育てに時間が必要な年齢として，小学校低学年以下の年齢を想定したためである．男性と女性全体の労働時間については，**表 4-1** に掲げられている．

　表 4-3 から，2004 年の労働時間の分布をみると，8 歳以下の末子がいる男性は顕著に長時間労働の割合が高い．週 60 時間以上の割合は，2004 年に男性全体で 17％であるが，8 歳以下の末子がいる男性では 27％と 1.6 倍の高さである．女性については，週 60 時間以上および週 49-59 時間の割合は，8 歳以下の末子がいる女性と女性全体で大きな違いはない．8 歳以下の末子がいる女性の特徴は，就業していない割合が高いことである．

　2004 年から 2019 年の期間，8 歳以下の末子がいる男性において，週 60 時間以上の割合が減少し，男性全体の割合とほぼ同様の水準に低下した．49-59 時間の割合はわずかではあるが増加しており，この期間，長時間労働が抑制されたとはいいがたいものの，週 60 時間以上という極度な長時間労働は抑制されたといえる．女性については，8 歳以下の末子がいる場合と女性全体とで傾向に違いはなく，週 60 時間以上の割合が微減である．

　本節では，労働時間の分布とその推移をみた．労働時間の分布からは，週 60 時間以上の長時間労働抑制の傾向が見られた．企業規模別では企業規模の大きい企業で，週 60 時間以上の長時間労働抑制の傾向が見られた．8 歳以下の幼い子どもがいる男性においても週 60 時間労働という長時間労働抑制がみられた．女性では，幼い子どもがいると労働時間ゼロの割合が高いが，長時間労働割合に女性全体と違いはない．

　労働時間分布では，複数の要因をコントロールすることはできない．また，観察されてない要因によって分布がどのように違うかも検討することができない．労働者の労働時間選択では，その個人の選好が規定要因の 1 つであるが，選好は観察することができない．観察できない個人の固有の要因をコントロールする統計モデルを使用しても，経時的な長時間労働抑制の傾向があるのだろ

表 4-3 18 歳から 60 歳における性別，8 歳以下の末子がいる場合の労働時間の分布（%）と推移（2004-2019 年）

週労働時間	男性					女性				
	2004	2007[1]	2010	2013[2]	2019	2004	2007[1]	2010	2013[2]	2019
ゼロ	0.7	0.0	0.4	1.4	3.5	21.9	20.1	38.9	51.5	28.6
≦ 15	1.5	2.4	2.5	2.9	0.9	12.4	11.0	8.7	11.5	10.0
16-34	1.3	0.5	2.5	3.5	0.9	18.3	21.3	26.2	18.2	27.9
35-41	11.7	16.0	17.6	13.0	17.5	21.8	19.9	11.1	9.9	15.0
42-48	32.1	30.4	31.0	34.2	36.0	16.5	17.1	10.4	5.8	12.1
49-59	26.1	29.2	26.5	26.4	30.7	6.1	8.9	4.0	2.5	5.0
60+	27.0	21.5	19.6	18.6	10.5	3.1	1.6	0.7	0.7	1.4
N	667	418	245	345	114	772	492	298	445	140

注：1) 2007 年調査では，2004 年に 50-70 歳であった個人に追跡調査をしていない．また，20-35 歳の個人 489 名を補充して調査を行っている．
　　2) 18-39 歳の個人 1,200 名を補充して調査を行っている．

うか．また，長時間労働と子どもはどのような関係にあり，男女での違いは縮小しているのだろうか．これらについて次節で検証する．

6　長時間労働の推移と子ども，男女の違い

　労働時間に関する規制が強化され，ワーク・ライフ・バランスの取り組みが推進されるという環境のもと，長時間労働抑制が進んでいるのかどうかを検証することが，本章の目的である．就業中の労働者が，長時間労働を抑制する選択をしているかどうか，また，低年齢の子どもの存在の有無などで長時間労働を抑制する程度に違いがあるかを多変量解析によって検証する．以下で，分析の統計モデルおよびモデルで使用する変数について述べる．なお，労働時間規制は，企業規模によって適応状況が異なるが，調査において企業規模に関する情報があるのは，2007 年以降である．そのため，本節での分析期間は 2007 年から 2019 年である．

6.1　統計モデルと従属変数
1)　統計モデル
　個人が労働時間を選択するうえで重要な要因には，観察することが困難な労

働者の勤務先特有の要因や個人の選好がある．これらのうち時間で変わらない要因について固定効果モデルや変動効果モデルを使用することで，それらの影響をコントロールする．

JGGS では，労働時間をカテゴリーで質問しているため，分もしくは時間単位の連続変数で労働時間を表すことはできない．そこで，長時間労働を 1，それ以外をゼロとするカテゴリー変数を従属変数とする．従属変数が 1 と 0 のカテゴリー変数であるため，ロジット回帰を使った固定効果モデルと変量効果モデルを使用する．固定効果モデルでは，それぞれの個人の固有の要因について，個人自身が統制変数となることで，時間変動のない個人固有の要因を統制している．もう 1 つのモデル変量効果モデルは，時間不変の変数が，説明変数とは独立の確率変数であり，平均がゼロで分散一定の正規分布に従うと仮定して推計するものである．この仮定が満たされる必要があるものの，固定効果モデルと異なり変量効果モデルは個人間の変動に関する情報を推計に用いるため，固定効果モデルよりも使用する情報量が多いというメリットがある．一方，固定効果モデルでは労働時間が変動しなかった個人が分析から除外される．このようにそれぞれのモデルで特徴が異なるため，両者のモデルを使用して分析を行う．

2) 従属変数

従属変数は，長時間労働を 1，それ以外を 0 とするカテゴリー変数とし，長時間労働に該当する週労働時間のカテゴリーは，長時間労働として法規制の対象となるものとする．2010 年から大企業に対して時間外労働の割増賃金率増加が施行された．月 60 時間を超える時間外労働の割増賃金率が，2.5 割から 5 割以上に引き上げられた．週 40 時間という労働基準法の定めを超える時間外労働が月に換算して 60 時間となるのは，平均的に週労働時間が 53.5 時間の場合である．従って，調査票の週労働時間のカテゴリーのうち時間外労働が月 60 時間を超えるのは，週 49-59 時間のカテゴリーに含まれる一部の個人と週 60 時間以上のカテゴリーに属する個人である．従属変数で長時間労働とみなすのは，労働時間が週 49-59 時間または週 60 時間以上の場合とする．それ以外の労働時間については従属変数をゼロとする．

6.2 説明変数

第3節で述べたように，労働時間は，企業側の要因，労働者側の要因，市場の構造的な要因，の3つの要因で決定される．これら3つの要因を，分析期間中に時間とともに変化する要因と変化しない要因に分けて考える．統計モデルにおいて時間不変の変数はどの要因が該当するか整理する．

1) 企業側の要因

企業側の要因において変化があったのは，大企業に対する労働時間に関する2つの規制である．1つめは，大企業のみ2010年から時間外割増賃金率が上昇したことである．大企業は時間外労働のコスト上昇に直面し，時間外労働を削減する動機をもっただろう．2つめは，2019年から大企業に対して時間外労働時間上限が適応されたことである．JGGSの調査期間は2019年までであり，規制が施行された後の情報を含まない．しかし，時間外労働の削減は急に実行可能なものではなく，企業は時間外労働時間上限に対応できるよう準備も行っていたと考えられる．

これらをあらわす説明変数として，企業規模をあらわすカテゴリー変数を使用する．第5節の企業規模別労働時間分布と同様のカテゴリーで，企業規模の説明変数は，99人以下，100-299人，300人以上・その他の3つのカテゴリーである．

企業規模の影響が年次によって異なると考えられるので，企業規模と年次の交差項を説明変数として加える．

その他時間で変化しうる企業側の要因に，企業での業務量の変化がある．企業が労働者に要求する労働時間の長さは，業務量と相関が高いと考えられる．企業における業務量は，その企業の事業が好調か否かで左右され，それは時間で変化すると考えられる．企業の好調さは，全体の景気のトレンドとして，年次を表す説明変数で代表する．

時間で不変な要因としては，その企業の産業など，企業の事業特有の要因や企業固有の仕事の仕方などが考えられる．これらは，統計モデルによって制御される．

2) 労働者側の要因

労働時間規制は，企業だけでなく労働者の労働時間選択にも影響する．割増賃金率が上昇したとき，第3節で述べた代替効果と所得効果のどちらが大きくなるかは，労働者の選好に依存する．個人の選好は観察することが困難であるが，選好は時間不変と考えられるので，統計モデルによってコントロールすることが可能である．その他の要因は，家庭内の活動に使用する時間へのニーズである．1日は24時間しかないという時間制約のもと，子育てなどで家庭内活動への時間の必要性が上昇すれば，長時間労働を選択する動機が低下する．これは，家庭内の状況すなわち時間によって変化する要因である．これを表す説明変数は2つである．第一に，有配偶であるときに1をとるカテゴリー変数である．日本では家庭内生産活動の性別分業が強固であるといわれている．有配偶女性は，有配偶男性よりも家庭に費やす時間が必要であるなら，有配偶であることは長時間労働を減らすと予想される．逆に，性別分業は男性に対し家計を支える収入を得る責任を負わせるものであると考えると，有配偶男性は長時間労働をしやすいと予想される．

第二に，8歳以下の末子の有無をあらわす変数である．低年齢の子どもは，親の時間を多く必要とすることから，その存在は，長時間労働を抑制すると予想される．有配偶か否かの場合と同様に，8歳以下の末子の存在は，男女で影響が異なると予想される．この男女による違いが，ワーク・ライフ・バランスの推進で変化しているかも検証する．

3) 市場全体の要因

分析期間中市場全体にかかわる大きな経済的ショックとして，2008年9月のリーマン・ブラザーズ破綻がある．このショックにさらされたのは労働者全体である．他の市場構造全体に影響した要因も労働者全体に作用したと考えられ，年次をあらわすカテゴリー変数で代表する．2008年のリーマンショック以降の景気変動やワーク・ライフ・バランスの取り組みなどの全体の変化は，年次をあらわすカテゴリー変数によって捕捉する．

表 4-4　固定効果モデルと変量効果モデルに使用した変数の定義
と記述統計量（18 歳から 60 歳就業中の男女，2007-2019 年）

	平均	S.D.	最小	最大
企業規模				
≦ 99 人†	0.52	0.50	0	1
100-299	0.13	0.34	0	1
その他	0.34	0.47	0	1
有配偶（=1）	0.68	0.47	0	1
8 歳以下の末子（有 =1）	0.19	0.39	0	1
性別（女性 =1）	0.51	0.50	0	1
年次変数				
2007 年（=1）†	0.30	0.46	0	1
2010 年（=1）	0.27	0.45	0	1
2013 年（=1）	0.27	0.45	0	1
2019 年（=1）	0.15	0.36	0	1
N	9569			

注：†：レファレンス

6.3　多変量解析

　2007 年から 2019 年の期間ワーク・ライフ・バランスの取り組みが進む中，長時間労働は抑制されたのだろうか．本項で，ロジット回帰固定効果モデルとロジット回帰変量効果モデルを使用して検証する．男女の違いをみるために，男女をあわせて分析する．

1)　記述統計量

　表 4-4 は，ロジット回帰固定効果モデルと変量効果モデルに使用した変数の定義と記述統計量を掲げている．表 4-4 から，7 割弱の男女は，299 人以下の中小規模の企業に所属している．68%が有配偶であり，19%に 8 歳以下の末子がいる．男女の割合は，ほぼ半々である．

2)　分析結果

　表 4-5 は，ロジット回帰固定効果モデルとロジット回帰変量効果モデルによる長時間労働に関する分析のオッズ比を表している．分析期間は 2007 年から 2019 年，分析対象は 18 歳から 60 歳の就業中の男女である．分析期間の開始

表 4-5 ロジット回帰固定効果モデルおよびロジット回帰変量効果モデルによる長時間労働に関する分析のオッズ比（2007-2019 年，18 歳から 60 歳の就業中の男女）

	固定効果			
	M1	S.E.	M2	S.E.
企業規模：100-299 人	1.69#	0.50	1.03	0.19
300 人以上 + その他	1.59#	0.40	1.29	0.22
年次：2010 年（=1）	0.87	0.11	0.73*	0.08
2013 年（=1）	0.82	0.12	0.57**	0.07
2019 年（=1）	0.50**	0.10	0.52**	0.09
交差項：100-299 人 *2010 年	0.57#	0.18		
100-299 人 *2013 年	0.54#	0.18		
100-299 人 *2019 年	1.20	0.49		
300 人以上 *2010 年	1.00	0.22		
300 人以上 *2013 年	0.82	0.19		
300 人以上 *2019 年	1.44	0.40		
性別（女性 = 1）	---			
交差項：性別 *100-299 人	0.50#	0.20		
性別 *300 人 + その他	0.54#	0.20		
有配偶（=1）	1.23	0.35	1.47	0.42
交差項：性別 * 有配偶	0.31*	0.14	0.24**	0.11
交差項：性別 *2010 年			1.33	0.27
性別 *2013 年			1.93**	0.44
性別 *2019 年			1.35	0.39
8 歳以下の末子有（=1）	1.10	0.19	0.99	0.18
交差項：性別 * 末子有	0.34**	0.13	0.40*	0.15
定数	---			
Log likelihood	-897.51		-900.03	
LR chi2(17) | Wald chi2(18)	56.71		51.66	
Prob > chi2	0.00		0.00	
N	2524		2,524	
グループ数	822		822	

注：**：$p<0.01$，*：$p<0.05$，#：$p<0.1$.

表 4-5 ロジット回帰固定効果モデルおよびロジット回帰変量効果モデルによる長時間労働に関する分析のオッズ比（2007-2019 年，18 歳から 60 歳の就業中の男女）（続き）

	変量効果			
	M3	S.E.	M4	S.E.
企業規模：100-299 人	0.97	0.20	0.73**	0.09
300 人以上 + その他	0.86	0.14	0.75**	0.07
年次：2010 年（＝1）	0.86	0.10	0.65**	0.07
2013 年（＝1）	0.82	0.10	0.63**	0.07
2019 年（＝1）	0.53**	0.09	0.60**	0.08
交差項：100-299 人 *2010 年	0.60#	0.17		
100-299 人 *2013 年	0.75	0.21		
100-299 人 *2019 年	1.22	0.43		
300 人以上 *2010 年	0.76	0.15		
300 人以上 *2013 年	0.77	0.15		
300 人以上 *2019 年	1.26	0.30		
性別（女性＝1）	0.29**	0.05	0.22**	0.04
交差項：性別 *100-299 人	0.72	0.19		
性別 *300 人 + その他	0.95	0.18		
有配偶（＝1）	1.62**	0.19	1.66**	0.20
交差項：性別 * 有配偶	0.21**	0.04	0.20**	0.04
交差項：性別 *2010 年			1.47*	0.26
性別 *2013 年			1.53*	0.28
性別 *2019 年			1.03	0.24
8 歳以下の末子有（＝1）	1.46**	0.17	1.44**	0.17
交差項：性別 * 末子有	0.34**	0.08	0.35**	0.09
定数	0.46**	0.06	0.53**	0.06
Log likelihood	-4525.93		-4527.43	
LR chi2(17) | Wald chi2(18)	560.61		561.52	
Prob > chi2	0.00		0.00	
N	9569		9,569	
グループ数	4600		4,600	

注：** ：$p<0.01$，* ：$p<0.05$，# ：$p<0.1$.

年次が，2004年でなく2007年であるのは，企業規模の情報が2007年以降使用可能であるからである．

i) 企業規模

分析の期間企業規模および年次によって労働時間規制が異なっていた．企業規模と年次によって，長時間労働の抑制の状況に違いがみられるであろうか．**表4-5**において企業規模と年次の交差項を加えたモデルM1およびM3から検討する．なお，M1およびM3では，有配偶と8歳以下の末子の存在をコントロールするためにそれらの変数を加えている．M1およびM3での共通点は，2007年と比べ2010年に100人から299人規模の企業で統計的に有意に長時間労働の確率が低下したことである．M1では，その効果が2013年にもみられた．M1では2010年の長時間労働確率低下はわずかで，2013年の方が大きい．

M1から，300人以上の大企業では小規模企業よりも長時間労働確率が高いが，その特徴が統計的に有意に2019年に小さくなった．2019年の長時間労働確率低下は大規模企業だけでなくすべての企業でみられた．2019年の長時間労働確率低下はM3でも統計的に有意である．

次に，性別と企業規模の関係をみると，M1では統計的に有意に男女で企業規模の影響が異なるが，M3では統計的な違いは見られない．M1は固定効果モデルであり，同一個人での変化を推計している．同じ個人が勤務先の企業規模を変化させた場合，すなわち小規模企業から中大規模の企業へ変わった場合に長時間労働確率が女性においては有意に低くなる．女性の場合統計的に有意に100人以上の規模の企業では約0.5倍長時間労働の確率が低い．なお，M3においては企業規模によらず女性の場合統計的に有意に長時間労働確率が低い．約0.3倍長時間労働確率が低い．

以上から，大企業に対する割増賃金率上昇が施行された2010年に，中規模の企業で長時間労働確率低下がみられた．労働時間規制における企業規模の定義と分析の企業規模の定義は異なるので，法規制の効果を検証することはできない．2010年から2013年ごろに中規模の企業で長時間労働抑制の傾向が見られたといえる．

そして，2019年には企業規模を問わず長時間労働確率低下がみられた．こ

れまでのワーク・ライフ・バランスの取り組みは，ある程度の効果があったことが示唆される．

ii）有配偶と8以下の末子の存在

　有配偶であることや幼い子どもがいることは，長時間労働確率と関係があるだろうか．**表4-5**の固定効果モデル M1，M2 と変量効果モデル M3，M4 から，その関係およびその関係の年次と性別による違いを検討する．

　まず，女性が有配偶であると長時間労働確率が統計的に有意に 0.2 倍低下する．これはすべてのモデルで共通である．固定効果モデルでは，女性が有配偶に変化したときの影響を推計しており，時間に不変の要因つまり性別の影響を推計することはできない．変量効果モデル M3，M4 で性別の影響をみると，男性に比べて女性の長時間労働確率は統計的に有意に約 0.2 倍低い．

　男性の場合の結果は，固定効果モデルと変量効果モデルで異なる．M1，M2 では，男性の場合有配偶に変わっても長時間労働の確率に統計的に有意な違いはない．M3，M4 では，有配偶ではない男性と比べて，有配偶男性は長時間労働確率が 1.6 倍高い．

　次に，8 歳以下の末子の存在の影響を検討する．女性に 8 歳未満の末子がいると，長時間労働確率が統計的に有意に約 0.3 倍低下する．これは，すべてのモデルで共通である．

　男性の場合の結果は，固定効果モデルと変量効果モデルで異なる．M1，M2 では，8 歳以下の子どもがいても長時間労働の確率に統計的に有意な違いはない．M3，M4 では，8 歳以下の末子をもつ男性はそうでない男性と比べて長時間労働確率が 1.4 倍高い．

　以上の結果から，有配偶であることや幼い子どもがいることは，男性と女性で長時間労働に与える影響が異なる．女性では長時間労働確率が統計的に有意に大きく低下する．家庭の状況に応じた労働時間の調整は女性が行っていることが示唆される．この結果は，家庭内活動の性別分業が日本は強固であるとする先行研究の結果と整合的である．

第4章　ワーク・ライフ・バランスの取り組みと長時間労働 —— 113

iii) 男女差の推移

上記ⅱ）の結果から示唆される性別分業の強固さは，年次によって変わっているのだろうか．この点を検証するため，M2 と M4 に性別と年次の交差項を加え，年次の変数，性別の変数，それらの交差項から，男女差の年次の推移を検討する．

固定効果モデル M2 で男女差の推移をみる．2007 年をレファレンスとして，2010 年には男女とも同様に長時間労働確率が有意に下がった．2013 年に男性は長時間労働確率が有意に低下した．性別と年次の交差項が統計的に有意にプラスであることを合わせると，女性の場合 2013 年の長時間労働確率は上昇している．なお，この上昇の程度よりも，女性が有配偶である場合や女性に 8 歳以下の末子がいる場合に長時間確率が減少する程度の方が大きい．2019 年では，男女とも同様に長時間労働確率が有意に下がった．

次に変量効果モデル M4 で，男女差の推移をみる．2010 年には，男女とも長時間労働確率が低下したが，低下の程度は女性の方が小さかった．2013 年には男性は長時間労働確率が低下したが，交差項の推定オッズ比からわかるように，女性においてのみ長時間労働確率上昇の傾向があり，この上昇傾向によって，女性の長時間労働確率低下はわずかであった．2019 年には男女とも長時間労働確率が減少している．

以上から，2007 年から 2019 年の期間では，年次推移の長時間労働抑制は男性において大きい．統計的な有意性は年次によって異なるが，女性においては，年次推移の長時間労働抑制の程度は男性よりも小さく，年次によっては長時間労働確率が上昇している．これらから，労働時間の男女差は小さくなる傾向にあるといえる．

表 4-1 からわかるように，労働時間は平均的に女性の方が短い．固定効果モデルと変量効果モデルの結果から，長時間労働確率における男女差は縮小しているといえる．労働時間の男女の違いは男性の長時間労働確率が低くなることによって小さくなっているといえる．

7 おわりに

2007年の「仕事と生活の調和（ワーク・ライフ・バランス）憲章」策定など，個人が職業生活とプライベートな生活とを両立させ，健康で豊かな生活をおくれるよう，様々な取り組みが行われ，10余年が経過している．労働時間の規制の面では，時間外割増賃金率の上昇により企業に長時間労働抑制の動機づけを行うという法改正が2010年に実施された．さらに，2019年からは，日本で初めての罰則をともなう時間外労働時間の上限規制も実施された．

このような状況の中，有配偶であることや幼い子どもがいることで家庭内活動に時間が必要であるときの時間の調整は主に女性が行っているという性別役割分業に大きな変化は見られない．しかし，2007年から2019年の期間，男性の長時間労働確率は，統計的に有意な低下がみられている．JGGSのデータでは，幼い子どもがいる男性で，週49時間以上の長時間労働をしている割合は2004年の60％から2019年の40％へ低下しており，男性側に時間的な余裕ができることは，今後のワーク・ライフ・バランスの推進に明るい兆楼になると期待される．

[参考文献]

内閣府（2017）『平成29年度年次経済財政報告：技術革新と働き方改革がもたらす新たな成長』（https://www5.cao.go.jp/j-j/wp/wp-je17/index.html）（2022年4月22日アクセス）.

水野勇一郎（2019）『詳解　労働法』東京大学出版会.

樋口美雄（2010）「経済学から見た労働時間政策」RIETI Discussion Paper Series 10-J-010.

山本勲（2019）「働き方改革関連法による長時間労働是正の効果」『日本労働研究雑誌』702: 29-39.

山本勲・黒田祥（2014）『労働時間の経済分析：超高齢社会の働き方を展望する』日本経済新聞出版社.

Altongi, J. G. and Paxson, C. H. (1988) "Labor Supply Preferences, Hours Constraints and Hours-wage Tradeoffs," *Journal of Labor Economics*, 6: 254-276.

Altongi, J. G. and Paxson, C. H. (1992) "Labor Supply, Hours Constraints and Job Mobility," *Journal of Human Resources*, 27(2): 256-278.

Bryan, M. L. (2007) "Free to Choose? Differences in the Hours Determination of Constrained and Unconstrained Workers," Oxford Economic Papers, 59(2): 226-252.

Heckman, J. J. (1993) "What Has Been Learned about Labor Supply in the Past Twenty Years?" *American Economic Review*, 83(2): 116-121.

Martinez-Granado, M. (2005) "Testing Labour Supply and Hours Constraints," *Labour Economics*, 12(3): 321-343.

第 5 章　夫婦の夜間在宅の規定要因と子ども

吉田千鶴

1　はじめに

　1990 年代後半から 2000 年代初めにかけて，日本では，日中に就業する人の割合がわずかであるが減り，夜間，深夜，早朝の「非典型時間帯」と呼ばれる時間帯に働く人の割合が増加した（大石 2017；山本・黒田 2014）．就業と子育ての両立という観点に立つと，「非典型時間帯」の就業増加は，夜間親が自宅を不在にするケースが増大することを示唆する．夜間の親の不在は，就業と育児などの家庭生活との両立において多様な問題をもたらしうる．また，親の深夜時間帯の就業は，親の心身の健康だけでなく，子どもの心身の発達への影響についても悪影響が懸念されている（大石 2015）．

　日本の労働時間の長さに関する分析は，多くの研究蓄積があるものの，日本の夫婦の夜間の活動の実態について，十分に明らかにされているとはいえない．また，乳幼児の存在など家庭の事情で親は就業時間帯を調整できているのであろうか．この疑問の答えは十分に明らかになっているとはいえない．本章は，以下を検証することを目的とする．第一に，夫婦の就業状態の組み合わせから見た夜間の在宅状況と子どもとの関係である．第二に，多変量解析による夜間在宅状況と子どもの年齢との関係である．

　本章では，次の第 2 節で分析に使用したデータについて，第 3 節で就業状態について，第 4 節で夫婦の就業状態組み合わせと夜間在宅状況について，第 5 節で夜間在宅と子どもについて，最後に第 6 節でまとめを述べる．

2 分析に使用するデータ

本章が使用するデータは，2004 年に日本で実施された全国調査「結婚と家族に関する国際比較調査」（以下「JGGS」と呼ぶ）とそのフォローアップ調査のうち，2010 年の第 3 次調査（以下「JGGS-3」と呼ぶ），2013 年の第 4 次調査（JGGS-4），2019 年の第 5 次調査（JGGS-5）から得られた個票のデータである．なお，2007 年と 2013 年に補充調査が行われており，これら調査の個票データも含まれる．JGGS-3 から JGGS-5 の調査データを使用する理由は，本章で必要とする在宅時間帯を知るための情報が，JGGS-3 以降の調査で利用可能であるからである．

JGGS-3 の調査対象者は，JGGS-1 の回答者すべてと 2007 年の補充調査回答者である．有効回答者数は合計 5189 名である．JGGS-4 の調査対象者は，JGGS-3 の回答者と 18-39 歳の補充調査対象者である．有効回答数は合計 5315 名である．JGGS-5 の調査対象者は，JGGS-4 の回答者を対象に調査が行われた．有効回答者数は 3467 名である．

JGGS-3 から JGGS-5 の個票データのうち，本章は 65 歳未満の男女を分析対象とする．65 歳未満を対象とする理由は，就業中の男女を分析対象とすることにある．従業員の定年は企業によって異なるが，高年齢者雇用安定法 8 条によって，その定年年齢は 60 歳以上とする必要がある．また，同法 9 条 1 項において，65 歳未満の定年の定めをしている事業主は，65 歳までの安定した雇用を確保するため，当該定年の引き上げ，継続雇用制度，あるいは定年の定めの廃止，以上のいずれかの措置を講じなければならないとされている．本章の目的は，子どもの年齢と夫婦の夜間在宅確率の関係の検証をすることにあり，分析対象の子どもの年齢の幅を広くするため分析対象を 65 歳未満とした．

3 就業状況の推移

本章が使用するデータにおける男女の就業状態を概観する．**表 5-1** は，配偶関係別の就業状態割合を調査年次別に掲げている．**表 5-1** から，未婚者では男女で差がなく，8 割前後が就業している．なお，2013 年に未婚の男女とも就業

118——Ⅱ　働き方と親子関係

表 5-1 配偶関係別就業状態割合（%）（18 歳以上 65 歳未満, 2010-2019 年）

	2010	2013	2019
有配偶の就業状態割合　N	2,706	2,552	1,342
共働き	60.7	60.3	76.1
夫就業・妻非就業[1]	30.5	33.9	19.9
妻就業・夫非就業	4.3	2.7	2.4
両者とも非就業	4.5	3.1	1.6
未婚者の就業割合			
男性	87.9	71.6	87.6
N	297	478	177
女性	88.4	77.2	86.7
N	311	426	173

注：1) 休業中は就業から除き，非就業に含む.

割合が低下しているのは，2013 年に 18 歳から 39 歳の男女を対象として補充調査が行われ，在学中で就業していない男女が加わったためである．未婚女性の 9 割近くが就業しているのに比べ，有配偶女性では就業割合が低く 6 割から 7 割強である．有配偶者では，共働き夫婦の割合が最も高く 2010 年及び 2013 年には 6 割であったが，2019 年に増加し 8 割近くに達している．共働き夫婦に次いで割合が高いのが，妻が専業主婦である夫婦であり，2013 年までは約 3 割であった．共働き夫婦が増加した一方で，妻が専業主婦である夫婦は 2019 年の 2 割へと 1 割減少した．

　表 5-1 から，2010 年以降夫婦の過半数は共働き夫婦であり，増加傾向にあるといえる．この傾向は，両親ともに夜間不在である可能性が高くなることを暗示している．

4　夫婦の就業状態組み合わせと夜間在宅状況

4.1　夜間在宅割合と配偶関係，就業状態，子ども

　夫婦の夜間在宅状況を知るため，JGGS の出家時刻と帰宅時刻に関するデータを使用し，夜間在宅のバイナリ変数を構築した．この変数は，19 時から翌日の 6 時まで在宅している場合に 1，不在の場合にゼロである変数である．19 時から翌日 6 時までの時間帯を夜間とした理由は，概ね夕飯時に在宅している

表 5-2 夫婦の就業[1]状態および末子年齢別, 就業中の有配偶者における 19 時から翌朝 6 時までの在宅割合（%）（18 歳以上 65 歳未満）

		2010	2013	2019
全体	夫	33	32	36
	妻	75	74	74
共働き	夫	33	32	36
	妻	76	74	74
末子 6 歳以下	夫	29	28	28
	妻	84	84	80
末子 7 歳から 18 歳	夫	29	27	34
	妻	78	78	77
夫就業・妻非就業	夫	33	33	35
妻就業・夫非就業	妻	70	69	78
両者とも非就業		—	—	—
未婚者				
男性		35	28	32
女性		41	35	46

注：1）休業中は就業から除き, 非就業に含む.

ことを想定したことにある. 2021 年社会生活基本調査によると, 平日, 10 歳以上の夕食開始平均時刻は 18 時 58 分である. 平均的には 19 時に夕食開始である.

　表 5-2 は, 18 歳以上 65 歳未満の夫婦において, 夫婦の就業状態および末子年齢別に夜間在宅割合の推移を表している. 就業中の夫では, 約 3 割が夜間在宅している. 就業中の妻では, 約 7 割が夜間在宅している. 妻の夜間在宅割合は夫の約 2 倍であり, 夜間の家庭内活動の担い手は主として妻であるといえる. 夫及び妻の夜間在宅割合は 2010 年から 2019 年の期間, ほぼ横ばいで変わらず, 妻が主な担い手であることに変化はない.

　この期間の未婚者の夜間在宅割合は, 男性で 3 割前後, 女性で 4 割前後である. 有配偶男性と未婚男性の夜間在宅状況はほぼ同じであり, 有配偶であることで男性の夜間在宅割合が高まるとはいえない. 就業時間帯は就業規則や業務量で決まり, 就業者の個人的な都合で左右しにくい. 就業時間帯を家庭の事情で調整することは, 短時間勤務などの措置を利用しなければできないと考えられる. 男性では, 配偶関係によって夜間在宅割合に違いはないこと, 女性ではそれが大きく異なることから, 家庭の事情による調整は女性が行っていること

が推察される．この点は後の多変量解析で検証する．

　未婚男性のそれよりも未婚女性の夜間在宅割合が高いのは，女性は結婚した場合に夜間の家庭内活動を担うことを考慮して，仕事の種類を選択している可能性を示唆する．

　共働き夫婦においても，夫の夜間在宅割合は約3割，妻の在宅割合は約7割である．この割合は，2010年から2019年の間ほとんど変わらない．共働き夫婦においても，夜間の家庭内活動の主な担い手は妻である．

　末子年齢が6歳以下の共働き夫婦での夜間在宅割合をみると，全体よりも夫の夜間在宅割合は低く，妻の夜間在宅割合は高い．夫の夜間在宅割合は3割を下回り，妻の夜間在宅割合は8割以上である．就学前の幼い子どもがいる場合には親が夜間在宅する必要性が高いと考えられるが，多くの場合そのニーズには夫でなく妻が応じているといえる．

　末子年齢が7歳から18歳の場合，幼児に比べ親の夜間在宅へのニーズが低くなると考えられる．この場合，就学前の幼児がいる場合とくらべ，妻の夜間在宅割合が低く夫の夜間在宅割合には違いがない．夜間在宅へのニーズの変化に対し，妻が応じている可能性がここからも示唆される．

　妻が非就業の夫婦においても，夫の夜間在宅割合は3割である．これらから，男性の夜間在宅割合は，配偶関係や子どもの存在と関係なくほぼ3割である．一方，夫が非就業の場合であっても，妻の夜間在宅割合は約7割と高い．

4.2　共働き夫婦の夜間在宅

　表5-2から，共働き夫婦では，妻の約7割が夜間在宅であり，夫の約3割が夜間在宅である．妻が夜間不在である3割のケースで，夫が在宅していれば夜間の家庭にどちらかの親が在宅している状況になるが，実態はどうであろうか．表5-3は，共働き夫婦の夜間在宅の組み合わせ状況を掲げている．表5-3から，約3割弱の夫婦が2人とも夜間在宅している．夫が不在で妻が在宅しているケースが最も多く5割弱である．これに，夫が在宅で妻が不在のケースを加え，夫婦のどちらかが在宅している割合をみると5割を超える．一方，夫婦どちらも不在である家庭が2割弱ある．子どもの有無と夜間在宅状況とは，どのような関係にあるだろうか．

第5章　夫婦の夜間在宅の規定要因と子ども —— 121

表 5-3　共働き夫婦の 19 時から翌朝 6 時までの夜間在宅組み合わせ
状況（%）（18 歳以上 65 歳未満）

	2010	2013	2019
夫在宅・妻在宅	27.2	25.8	29.1
夫在宅・妻在宅無	6.1	6.8	7.3
夫在宅無・妻在宅	49.2	49.2	44.9
夫在宅無・妻在宅無	17.5	19.3	18.7
N	1,305	1,310	907

表 5-4　就業[1]状態，末子年齢，夫の在宅状況別，妻の 19 時から翌
朝 6 時までの在宅割合（%）（18 歳以上 65 歳未満）

	2010	2013	2019
共働き・子どもあり			
夫不在	75	74	72
夫在宅	82	79	80
共働き・末子が 18 歳以下			
夫不在	78	79	76
夫在宅	81	81	81

注：1)　休業中を除く.

　表 5-4 は，共働き夫婦で，子どもの年齢と夫の在宅状況から見た妻の夜間在
宅割合を掲げている．共働きで，子どもがあり，かつ夫が夜間不在の場合，妻
が夜間在宅している割合は約 7 割である．つまり，子どもがいて，夫も妻も夜
間不在である割合は 3 割弱である．子どもがいて夫が在宅している場合，妻の
夜間在宅割合は 8 割前後である．この割合は夫が不在の場合よりも高い．夫が
在宅している方が，妻が不在にしても家庭で問題が生じにくいと考えられるが，
夫が在宅している場合に妻の不在割合が高いという傾向はみられない．

　次に，末子が 18 歳以下の場合でみると，夫が不在の場合に妻が在宅である
割合がわずかに高い．子どもの年齢が成人前であれば，妻が在宅であるよう調
整している可能性が示唆されるが，夫婦 2 人とも不在である割合は 2 割強であ
り，親の管理が夜間行き届かない家庭が一定数存在するといえる．

4.3　夜間在宅と職業

　介護や医療，交通機関など，夜間の就業が必要な職業がある．このような職

表 5-5 職業別, 就業中の回答者の構成割合および 19 時から翌朝 6 時までの夜間在宅割合（％）（18 歳以上 65 歳未満）

	構成割合			在宅割合		
	2010	2013	2019	2010	2013	2019
管理職	6	5	5	30	27	27
運輸・通信作業	4	4	4	44	35	38
専門職	19	20	22	46	41	49
事務職	21	22	22	48	49	53
販売職	12	13	10	52	50	59
技能工	9	7	7	56	49	58
保安・サービス	13	13	10	61	52	54
その他	2	3	7	66	54	69
工場など現場作業者	11	10	10	67	59	60
農林漁業	3	3	2	83	76	64

注：2010 年の在宅割合の小さい順序で掲載されている.

業の従業者は，家庭の状況で就業時間帯を変えることは困難である．従って，夜間在宅状況は職業と関係があると考えられる．**表 5-5** は，職業の構成割合と職業別の夜間在宅割合を掲げている．**表 5-5** の職業は，2010 年の夜間在宅割合が小さい順で掲載されている.

2010 年から 2019 年の期間，職業構成割合に大きな変化はない．最も割合が高いのが事務職と専門職であり，両者とも約 2 割である．これら事務職と専門職は夜間在宅割合が小さい方から 3 番目と 4 番目で，その割合は 5 割程度である．その割合は，分析の期間増加の傾向にある．夜間在宅割合が高いのは，農林漁業や現場作業者である．最も夜間在宅割合が低いのは管理職であり，分析の期間増加の傾向はない．管理職の夜間在宅割合は 3 割前後で，現場作業者の割合に比べ半分以下である.

表 5-5 から，職業によって夜間在宅割合は大きく異なり，職業の特徴は夜間在宅を規定する要因の 1 つであるといえる.

本節の**表 5-1** から**表 5-5** より次がいえる．過半数の夫婦が共働きであり，2010 年から 2019 年の期間その割合は増加した．共働きの夫婦で，子どもがいる場合の夫と妻の夜間在宅の組み合わせをみると，夫と妻がお互いに相手の夜間不在をカバーするという状況はみられない．むしろ，**表 5-4** にみられるように，夫が不在である場合よりも，夫が夜間在宅である場合の方が妻の夜間在宅

第 5 章　夫婦の夜間在宅の規定要因と子ども ── 123

割合は高い．出生動向基本調査によると，2000年代配偶者の知り合ったきっかけの二大項目は，「職場や仕事で」と「友人・兄弟姉妹を通じて」である（国立社会保障・人口問題研究所 2021）．職場や仕事を通じて知り合い，結婚した場合，類似した職業である可能性が高い．夜間在宅かどうかは，家庭の状況でなく職業で規定され，夫婦ともに夜間在宅しやすいか，もしくは，両者ともしにくいという可能性が示唆される．そうであるなら，夜間の就業と共働きが増えていく状況で，就業と家庭の両立が困難になる可能性が示唆される．

5 夜間在宅と子ども

5.1 夜間在宅の規定要因

夜間在宅状況は，子どもの存在など家庭の状況で調整されているのだろうか．また，その調整状況に男女差はあるのだろうか．介護や交通機関など，夜間の勤務が必要な職業の従事者は個人の裁量で夜間在宅状況を調整することは困難であろう．配偶者が調整困難である場合カバーするなど，夫婦で夜間在宅状況を協働して調整しているのであろうか．職業の種類をコントロールしたうえで，子どもの年齢や子ども数によって夜間在宅状況が調整されているのか，男女差があるのか，配偶者の夜間在宅状況は影響するのかを多変量解析によって検証する．

分析の従属変数は，夜間在宅状況を表す変数である．これは，JGGS の「通常，平日に家を出る時刻」と「通常，平日に帰宅する時刻」に関する情報から構築されている．就業している個人に限定した場合，家を出る時間は主に勤務開始時刻で決まる．一方，帰宅時間は，勤務終了時刻だけでなく社交などの個人の活動によっても左右される．勤務時間帯と異なり，社交などの個人活動は家庭の状況で調整が相対的に容易である．これらから，夜間在宅の変数の規定要因には，勤務先の状況が反映される勤務時間帯と個人の裁量で調整可能な活動のふたつがあるといえる．

第一に，夜間在宅の規定要因のうち，勤務時間帯は個人の裁量では調整しにくいものの，労働時間について育児支援の法的な措置がある．1つ目は，3歳に達しない子を養育する場合，条件を満たす労働者は所定外労働の免除を請求

できることである．2つ目は，小学校就学前の子を養育する場合，条件を満た
す労働者は法定時間外労働や深夜労働の制限を請求することができる．ただし，
深夜に常態として子を養育できる同居家族がいる場合や所定労働時間の全部が
深夜にある労働者に対し，事業主は請求を拒否できる．3つ目は，3歳未満の
子を養育する，条件を満たす労働者が希望する場合，事業主は短時間勤務やフ
レックスタイム制を講じなければならないことである．これらから，低年齢の
子どもを養育している場合には，勤務時間帯を調整できる可能性があるといえ
る．

　第二に，夜間在宅の規定要因のうち，社交などの個人的活動は個人の裁量で
調整しうるものである．子どもを養育している場合，自宅外での個人活動を減
らして在宅時間を増加させることは可能である．

　以上から，夜間在宅状況を説明する変数として，まず，就業時間帯を規定す
る職業を説明変数として使用する．次に，子どもを養育している場合夜間在宅
の必要性が増すため，子どもの養育状況を表す変数として末子年齢を使用する．
子どもの養育状況を表す変数のカテゴリーは，6歳未満，6歳から12歳未満，
12歳から20歳未満，子どもなしと末子20歳以上の4つとする．そして，配
偶者の夜間在宅状況を説明変数として加える．配偶者が夜間在宅していれば，
社交などの夜間の行動を制限する動機が働きにくいと考えられる．また，深夜
労働の制限請求の要件に，深夜に状態として子を養育できる同居家族がいない
ことがあることも理由である．なお，配偶者が就業していない場合，夜間在宅
しているとみなした．

　職場では年齢によって求められる役割が違い，それが業務量や就業時間帯に
影響すると考えられることから，本人年齢を説明変数に加える．また，本人年
齢は年次によって1年ずつ変化する変数であるため，タイムトレンドを捕捉す
る変数でもある．

5.2　統計モデル

　夜間在宅の規定要因である職業や社交などの個人活動の種類は，個人の選好
によって影響を受ける．個人は自身の選好に合う職業を選択する．また，社交
好きか否かで，個人が社交に費やす時間は異なる．本章が使用するデータの期

間, 2010 年から 2019 年の期間で, 個人の選好が変わるとは考えにくく, 個人の選好は個人の固定効果であると考えられる. この固定効果を考慮し, 統計モデルは固定効果モデルおよび変量効果モデルを使用する.

　従属変数は, 19 時から翌朝 6 時まで在宅している場合に 1, 在宅していない場合ゼロのバイナリ変数である. 固定効果モデルが式(5-1), 変量効果モデルが式(5-2) である.

固定効果モデル

$$y_{it} = bX_{i,t} \quad + F_i \quad + \quad v_{i,t} \quad (5\text{-}1)$$

　　i：個人, t：時間, $X_{i,t}$：説明変数, F_i：固有効果, $v_{i,t}$：誤差項

変量効果モデル

　変量効果モデルは, 固定効果が説明変数と相関しないと仮定し, 固定効果を誤差項 u に含める.

$$y_{it} = bX_{i,t} \quad + F_i \quad + \quad v_{i,t} \quad = bX_{i,t} \quad + \quad u_{i,t} \quad (5\text{-}2)$$

　　i：個人, t：時間, $X_{i,t}$：説明変数, $u_{i,t}$：誤差項

　固定効果と説明変数との間との相関は, ハウスマン検定によって判断する. 説明変数と固定効果が相関をもつ可能性は十分に考えられる. 例えば, 職業は固定効果である個人の選好と関係があると考えられる. 子どもをもつかどうか, 何人もつか, 子どもをもつタイミングも個人の選好と関係がある.

　それぞれの統計モデルで, 従属変数と説明変数の関係には男女で決定構造に差異がある可能性もある. 男性と異なり女性は将来の育児を考え育児しやすい職業を選択し, 個人の選好と職業の相関が強い可能性も考えられる. また, 前節から, 配偶関係や子どもの存在で, 男性はほとんど在宅状況がかわらず, 女性が在宅状況を調整しているといえた. これらから, 男女で夜間在宅の決定構造が違う可能性が高く, 男女を分けて分析する.

5.3 多変量解析の結果

固定効果モデルと変量効果モデルを使用し，夜間在宅確率と子どもとの関係について分析を行う．**表 5-6** は，分析に使用した変数の定義と記述統計量を示している．**表 5-6** から，男女で職業分布に違いがあるといえる．夫の職業は突出して高い割合を占める職業はなく，幅広く分布している．分布割合が高い職業は，専門職，管理職，事務職，技能工，現場作業者であり，おおよそ 10% から 20% 弱の割合である．一方，妻の約 25% が専門職と事務職の 2 つに分布しており，これら 2 つの職業が妻の職業の半数を占める．

就業中の夫の配偶者は 8 割が夜間在宅している一方で，就業中の妻の配偶者で夜間在宅しているのは 4 割である．妻が就業している場合，半数を超える家庭で両親が夜間不在になりやすい状況である．

固定効果モデルによる推定結果を**表 5-7** に掲げている．ハウスマン検定の結果，変量効果モデルが棄却されたため，変量効果モデルの推定結果は省略した．ハウスマン検定の結果，個人の固定効果と説明変数の間には相関関係があると推測される．すなわち，男女とも，個人の選好は，職業選択や子どもをもつタイミングに関連するといえる．

職業による夜間在宅確率の違いは，夫の専門職のみで統計的に有意な結果が得られた．夫が専門職であると，夜間在宅確率が低い．妻でも，専門職であると夜間在宅確率は低いが，統計的に有意な結果ではない．

子どもと夜間在宅確率の関係をみると，夫と妻で大きく異なる．夫の場合，**表 5-7** の M1 では，末子年齢が 6 歳未満と幼いときに，最も夜間在宅確率が低く，次いで，末子が 6 歳から 12 歳のとき，そして，3 番目に低いのが 12 歳から 20 歳のときである．子どもなしや子どもが成年である場合に，最も夜間在宅確率が高い．言い換えると，末子年齢が低いほど，夫は夜間不在であるという結果である．これは，子どもとの関係というよりむしろ，夫の年齢との関係であると考えられる．2015 年において，男性の年齢別に嫡出出生率をみると，男性が 30 歳から 34 歳のときに出生率が最も高く，次いで 25 歳から 29 歳，3 番目に高いのが 35 歳から 39 歳である（国立社会保障・人口問題研究所 2023）．子どもが幼い時期には，多くの夫が 20 歳代後半から 30 歳代で，就業経験を蓄積している，あるいは，中核的な社員として長時間労働をしている可能性が考

表5-6　多変量解析に使用した変数の定義と記述統計量（18歳以上65歳未満）

説明変数	夫			妻		
	平均	SD	範囲	平均	SD	範囲
専門職	0.18	0.38	0-1	0.23	0.42	0-1
管理職	0.15	0.36	0-1	0.01	0.11	0-1
事務職 [†]	0.18	0.39	0-1	0.26	0.44	0-1
販売職	0.06	0.24	0-1	0.16	0.37	0-1
保安・サービス	0.05	0.22	0-1	0.16	0.37	0-1
運輸・通信作業	0.07	0.26	0-1	0.01	0.07	0-1
技能工	0.14	0.34	0-1	0.01	0.11	0-1
工場など現場作業者	0.11	0.32	0-1	0.09	0.29	0-1
農林漁業	0.02	0.15	0-1	0.02	0.15	0-1
その他	0.02	0.15	0-1	0.04	0.20	0-1
未成年末子6歳未満	0.17	0.38	0-1	0.10	0.30	0-1
6歳≦　<12歳	0.18	0.38	0-1	0.17	0.38	0-1
12歳≦　<20歳 [†]	0.23	0.42	0-1	0.25	0.43	0-1
子どもなし・末子20歳以上	0.42	0.49	0-1	0.48	0.50	0-1
配偶者夜間在宅	0.84	0.37	0-1	0.40	0.49	0-1
本人年齢	48	10	21-64	48	9.4	21-64
N（延べサンプル数）	5,179			4,012		

注：†：レファレンス.

えられる.

　そこで，夫の年齢を説明変数として加えたモデルが，**表5-7**のM2である. 夫本人の年齢を説明変数として加えると，末子年齢を表す説明変数の統計的有意性がなくなり，本人の年齢が統計的に有意な推定係数をもつ. 夫の年齢が高いほど，夜間在宅確率は高まるというものである. 年齢が高く，定年の年齢に近くなるほど，早く帰宅する確率が高まるという結果が示された.

　次に，妻の場合，妻本人の年齢を説明変数として加えたM4において，本人の年齢には統計的な有意性はない. M3およびM4において，末子の年齢と妻の夜間在宅確率との間には統計的に有意な関係がある. 末子年齢が12歳以上または子どもがいない場合に比べ，子どもが12歳未満の場合には妻の夜間在宅確率は高い. 就業中の妻は，12歳未満の子どもがいると夜間在宅確率が高くなるよう就業を調整しているといえる. 末子が6歳未満の場合と比べ6歳以上12歳未満の場合の方が，妻の夜間在宅確率はわずかに高い. 子どもが6歳未満の場合には，保育園の延長保育，夜間保育のサービスが存在することが関

128——II　働き方と親子関係

表 5-7 夜間在宅確率に関する固定効果モデルによる推計値（18歳以上65歳未満の就業中の有配偶者：2010-2019年）

説明変数	夫 推定係数		妻 推定係数	
	M1	M2	M3	M4
専門職	-0.72#	-0.66#	-0.07	-0.06
管理職	-0.16	-0.09	0.36	0.32
事務職 †				
販売職	0.05	-0.03	0.11	0.10
保安・サービス	-0.14	-0.16	0.16	0.17
運輸・通信作業	0.13	0.08	-14.77	-14.66
技能工	0.05	0.06	0.90	0.93
工場など現場作業者	0.28	0.30	0.26	0.28
農林漁業	-0.20	-0.56	14.31	14.37
その他	0.78	0.54	0.17	0.24
未成年末子6歳未満	-0.81*	0.42	1.60**	1.50**
6歳≦ <12歳	-0.55*	0.17	1.72**	1.65**
12歳≦ <20歳 †				
子どもなし・成年	0.71**	-0.02	-0.04	0.05
配偶者夜間在宅	0.53*	0.52*	0.83**	0.85**
本人年齢		0.15**		-0.02
N	1,077		780	
LR chi2 (13)	36.03	83.15	65.00	65.66
Prob > chi2	0.001	0.000	0.000	0.000
Log likelihood	-367.668	-344.110	-247.130	-246.803

注：1) †：レファレンス.
　　2) **：$p<0.01$, *：$p<0.05$, #：$p<0.1$.
　　3) ハウスマン検定で変量効果モデルが棄却されたため，変量効果モデルは省略.

連している可能性が考えられる.

6　おわりに

　就業と子育ての両立の観点からみると，両立に困難があるのは昼間よりも夜間であるだろう．昼間には保育園や学校などの機関があるものの，夜間，特に深夜の保育サービスの供給には限りがある．本章の分析の結果，職業をコントロールしたうえで，子どもの年齢によって夜間在宅の調整をしているのは主に妻であるといえる．日本では，性別による役割分業が強固であり，国際的にみて男性の育児時間が短いことは，多くの先行研究によって指摘されているが，

夜間の家庭内活動のニーズに応じているのも，主に女性である．

　夫と妻それぞれの職業構成をみると，大きな違いがある．男性は様々な職業に就いているが，有配偶女性が就いている職業には偏りがある．また，職業と個人の選好に相関が検出されたことから，家庭の責任を負うという将来の見通しが女性の職業選択に影響し，偏りを生み出している可能性を示唆する．結婚して子どもをもてば職業生活に制限がかかるという見通しが，そもそも女性の職業選択に影響している可能性である．

　日本の労働市場では，最終学歴卒業直後の就職がその後の職業生活に大きく影響する．日本の労働市場は流動性が低いため，育児などでいったん離職した場合正規雇用で再就職するのはたやすくない．そこで，卒業直後の就職活動で将来の見通しを十分に考慮する必要性が高く，その時点で，性別分業の考え方が職業選択に影響しているとすれば，日本の性別分業が強固で変わりにくい要因の1つとなりうる．

　就業と子育ての両立支援として子どもをもった夫妻の支援に焦点が当たりがちであるが，子どもの有無にかかわらず誰もが家庭の状況で就業を調整しやすい環境整備が必要ではないであろうか．就業を調整して昇進にデメリットがあるなどのリスクが大きいとき，そのリスクを夫妻両者が負うことは家族の生活のためには危険である．どちらか片方がリスクを冒すとすれば，これまで女性であり，代わりに男性は家庭の状況によらず仕事に強くコミットし，子どもが幼い時も夜間在宅確率が低い．子どもの成長過程にかかわることができないことは，男性にとっても好ましいことではないだろう．

[参考文献]

大石亜希子（2015）「母親の非典型時間帯労働の実態と子どもへの影響」労働政策研究・研修機構『子育て世帯のウェルビーイング：母親と子どもを中心に』JILPT資料シリーズ，146: 21-44.

大石亜希子（2017）「24時間週7日経済におけるワーク・ライフ・バランス」法政大学大原社会問題研究所『大原社会問題研究所雑誌』701: 24-39.

国立社会保障・人口問題研究所（2021）「出生動向基本調査」（https://www.ipss.go.jp/）（2023年6月12日アクセス）．

国立社会保障・人口問題研究所（2023）「人口統計資料集2023」（https://www.ipss.go.jp/）（2023年6月12日アクセス）．

総務省統計局（2021）「令和 3 年社会生活基本調査」（https://www.stat.go.jp/data/shakai/2021/kekka.html）（2023 年 6 月 12 日アクセス）.

山本勲・黒田祥（2014）『労働時間の経済分析：超高齢社会の働き方を展望する』日本経済新聞出版社.

第6章　世代間の家族紐帯の日本的特徴と規定要因

福田亘孝

1　はじめに

2020年の国勢調査によると日本における核家族世帯数は約3000万世帯であり，総世帯の約54%を占めるに至っている（総務省統計局 2022）．核家族世帯の占める割合は既に1960年の国勢調査において56%に達しており，この値だけに注目するならば日本の家族の約5割が核家族であり，最も多く見られる世帯類型であると言える．しかし，核家族が大多数を占めていたとしても，個々の家族が他の親族から孤立している（Parsons 1949）とは必ずしも言えない．実際，個々の家族や世帯は空間的には離れていても，コミュニケーションやサポートによって相互行為を行いながら存在している（Reher 1998）．例えば，East London の労働者階級では地理的に世帯が分離している成人した娘と母親が相互サポート関係の強い紐帯を保持していることが明らかにされている（Townsend 1957；Young and Willmontt 1957）．つまり，個々の家族が構造的には独立して存在していたとしても，機能的に「孤立化」しているわけではない（Adams 1968；Fischer 1986；Hill *et al.* 1970）．むしろ，個々の家族は相互行為をしながら結び付き，相互依存のネット・ワークの中に存立している．換言するならば，現代の家族は空間的に離れていても紐帯を維持しコミュニケーションやサポートを相互に行う「修正拡大家族（Modified Extended Family）」であり（Litwak 1960），家族間の結び付きや紐帯を把握することは家族の特質を理解する上で不可欠の要素である（Bengtson 2001）．

しかし同時に，家族の連帯（紐帯）のパターンは成員の社会経済的地位や属

性によって大きな差異があることも知られている．例えば，母親と成人子の相互支援やコミュニケーションの水準は息子よりも娘の方が高いことが指摘されている（Suitor *et al.* 2006）．また，学歴の高い成人子ほど親との接触頻度が少なくなる傾向があることも指摘されている（Greenwell and Bengston 1997；Grundy and Shelton 2001；Shelton and Grundy 2000）．要するに，親や子どもの特性によって「家族連帯（Family Solidarity）」には大きな差異が見られる．これまで日本における家族の紐帯関係についてはいくつか研究が行われてきているが，多くは世代間の「家族連帯（紐帯）」の特徴を記述するにとどまっており（菅谷 1985；菅谷・長山 1987），世代間に見られる紐帯の規定要因についてはほとんど分析されていない．しかし，高齢化が進行し，老親のみの世帯も増加しつつある日本社会において家族の世代間の紐帯関係はケアやサポートの基礎としても重要になっており，その規定要因を明らかにすることは家族成員の Well-being の維持や改善に不可欠である．

　こうした点をふまえ，本章では世代間の「家族連帯（紐帯）」の特徴と規定要因を分析する．家族成員相互の結び付きは親子のように世代間の垂直的連帯（紐帯）ときょうだいのように親族の水平的連帯（紐帯）の2つがあるが，本章では成人子と親の世代間の「家族連帯」について検討する．本章では第2節で世代間の「家族連帯」に影響を与える要因について理論的な検討を行う．続く第3節では本章で用いるデータと分析方法について説明する．第4節では世代間の「家族連帯」の規定要因についての分析結果を示す．そして，最後の第5節では本章の分析の要約と結論を述べる．

2　「家族連帯」の規定要因

　家族成員は世代間でコミュニケーションやサポートなどの相互行為を行いながら結び付いている（Lawton *et al.* 1994b）．この相互行為は情緒的アタッチメントや家族に関する規範・期待によって動機づけられ，社会経済的資源の共有，共住関係，対面的・非対面的コミュニケーションなどを成立させている（Silverstein and Bengtson 1997）．そして，この相互行為の結果として成人子と親の間には世代間の連帯（紐帯）関係が形成される．Bengtson and Roberts

(1991) は家族の連帯関係の構成要素を 6 つに分類している．まず第一の要素は「Associational Solidarity」であり家族成員間で行われる相互行為による連帯である．これは対面（face-to-face）による訪問や面会によるコミュニケーションと電話やメールなどによる非対面によるコミュニケーションの頻度を指標として家族間の結び付きの程度や特徴が把握される．第二の要素は「Affectual Solidarity」と呼ばれる成員間で抱かれる肯定的な感情であり，親密性や愛情の程度によって示される連帯である．第三の要素は「Consensual Solidarity」であり家族成員が持っている意識や態度の類似性によって測られる結合である．第四の要素は「Functional Solidarity」であり家族間で行われる社会的資源の交換や心理的サポートによって形成される紐帯関係である．第五の要素の「Normative Solidarity」は家族関係や世代関係に対する成員のコミットメントの水準であり，コミットメントが強いほど家族連帯が強くなる．第六の要素は「Structural Solidarity」と言われ，世帯構造や居住形態の違いによって示される家族の紐帯関係である．さらに，これら 6 つの要素はより包括的な 3 つのカテゴリーに集約することが可能である（Silverstein and Bengtson 1997）．すなわち，「Affectual Solidarity」「Consensual Solidarity」「Normative Solidarity」の 3 つは家族成員の意識や感情から捉えた紐帯の強度や特徴と見なすことができる．他方，「Associational Solidarity」や「Structural Solidarity」は成員間の結び付きに影響を与える接触行為の機会の構造や特質から家族間の結合関係を把握しており，「Functional Solidarity」は手段的，心理的なケアやサポートの行為が持っている内容や機能から家族の紐帯を特徴づけている．簡潔に言うならば，「家族連帯」は (1) 結合の意識，(2) 結合の機会，(3) 結合の機能の 3 つの視点から特徴を把握することができる．当然のことながら，これら 3 つの要素は個々に独立しているのではなく相互に依存した関係にある．例えば，家族間でやりとりされる支援やサポートの種類，質，量は世帯構造や居住形態などの機会の構造に依存するし，他方，家族成員間のケアやサポートのタイプは個人の社会経済的資源に影響されると同時に意識や規範にも影響される（Kalmijn and Dykstra 2006；Lye 1996）．

　これまで，こうした「家族連帯」の特徴を規定する要因は主に 3 つの視点から分析されてきた（Bengtson and Roberts 1991；Dykstra *et al.* 2006；Rossi and

Rossi 1990；Silverstein 2006)．第一番目は構造的要因から家族の紐帯を説明するアプローチである (Kalmijn 2006)．既に述べたように，「家族連帯」は家族成員間の相互行為を基礎にして成立する．それゆえ，このアプローチでは相互行為を促進したり，阻害したりする構造的要因によって家族間の結び付きの特徴を説明する．例えば，親と子どもの対面による直接的な訪問や面会の頻度は両者の居住距離に影響され，相互の住居が離れれば離れるほどコストや時間がかかるため，親子で面会する頻度は減少する．すなわち，家族の居住距離という構造的要因によって相互行為が制約され，結果的に家族紐帯の特徴が規定されることになる．しかし注意しなければならないのは，居住距離が家族の社会経済的属性と強く関連している点である (Greenwell and Bengtson 1997；Lawton *et al.* 1994a；Lin and Rogerson 1995；Rogerson *et al.* 1997；Smith 1998)．具体的には，家族成員の社会経済的地位が高くなるほど住居が離れる傾向があるため，居住距離そのものが構造的要因として直接，家族の連帯に影響を与えているのか，それとも居住距離は社会経済的地位の代理変数に過ぎず，真の要因は社会経済的属性に起因するのか簡単には識別できない (Grundy and Shelton 2001)．

第二番目は家族成員のニーズとそれに対する供給能力から家族の紐帯の特徴を説明するアプローチである (Eggebeen and Davey 1998；Fingerman *et al.* 2009, 2011；Giarusso *et al.* 2004；Silverstein 2006)．周知のとおり，それぞれの家族はライフ・サイクルに応じたケアやサポートのニーズを持っている．例えば，老親は日常生活の様々な場面で介助が必要になる場合が多いだろうし，就学前の子どもを持つ若い親は育児の補助を必要とするかもしれない．また，家族が必要とするサポートには身体的なケアだけでなく，経済的な支援や心理的なサポートも含まれる．要するに，「家族連帯」のパターンは家族がどんなニーズを必要とし，それを家族によってどの程度充足するかに依存する．従って，ケアやサポートに対する需要は世代や家族の紐帯関係に影響を与える要素と言える．他方で，ケアやサポートには時間や労力などの経済的，非経済的なコストが伴う．それゆえ，提供される支援の質や量は家族が保有している社会経済的資源にも影響される．他の条件が同じならば，社会経済的資源を潤沢に保有している家族はサポートを多く供給するだろうし，反対に社会経済的資源に乏

しい家族はあまり多くのサポートを提供することが困難である．これらの点を勘案すると，家族の紐帯関係は成員のニーズと供給力に規定されることになる．言いかえるならば，このアプローチは家族の間に見られる相互行為を交換関係から説明するものであり，Homans（1974）の社会的行為の理論を紐帯関係に応用していると考えることができる．

　言うまでもなく，個人が必要とするケアやサポートは公的な社会保障や福祉システムによっても供給されており，公的支援の水準によって家族の支援パターンが影響を受けることは充分ありうる．実際，Welfare Regime のタイプの違いによって家族間の私的サポートのパターンに差があり，公的支援の厚いノルディック諸国と比べて支援の少ない南欧諸国で家族による支援が大きくなる傾向が指摘されている（Albertini *et al.* 2007；Esping-Andersen 1999）．しかし，ケアやサポートが公的なシステムによって完全に代替されるケースは考えにくく，Welfare Regime のタイプにかかわらず，程度の違いはあっても家族がケアやサポートの重要な供給主体であることは否定できない．従って，福祉国家の発達した現代社会においても家族のニーズとその充足は連帯関係に影響を与える要因と言える．

　第三番目は世代関係や家族関係に関する規範や意識から紐帯を説明するアプローチである（Ikkink *et al.* 1999）．すなわち，社会には家族や世代関係に関する規範や価値意識が存在している（Dwyer *et al.* 1994）．例えば，Filial Duty や Filial Obligation という言葉で表現されるように子どもが親に対してすべきことについて，明示的，あるいは暗黙的な期待を家族成員が持っている（Brody *et al.* 1984）．従って，成員同士が多くのケアや支援を期待する意識や価値観を持っている場合には家族関係への関わりも大きくなり，連帯関係も強くなるであろう．反対にケアや支援をあまり期待しない意識を持つ場合には家族への関わりは小さくなり連帯関係も弱くなると考えられる．実際，子どもは親を積極的に支援すべきだと考える成人子は，そう考えない成人子と比べて，親の世話をより多く行う傾向があることが指摘されている（Seelbach 1984）．したがって，こういった世代関係や家族関係に関する規範や価値観は家族成員の相互行為への動機づけに影響を与え，結果的に「家族連帯」の特徴やパターンを規定することになる．

第 6 章　世代間の家族紐帯の日本的特徴と規定要因 —— 137

現代の日本の家族の連帯関係を考える場合，特に重要なのは第二番と第三番目のアプローチである．なぜならば，第一に，日本では高齢化が急速に進行し世代関係が変化している．実際，男性の平均寿命は 1960 年の 65.3 歳から 2019 年には 81.4 歳になり，20 歳近く伸びている．女性の平均寿命も同じ期間に 70.2 歳から 87.5 歳へと伸びており，長寿化が進んでいる（国立社会保障・人口問題研究所 2021）．こうした長寿化は親と子どもが併存する期間を長期化し親子が関わる時間を増大させると同時に高齢した親の世話や支援の必要性も増大させる．従って，長寿化は家族相互の支援関係の変化を通じて，成人子と親との紐帯を変容させる可能性がある（Kalmijn and De Vries 2008）．加えて，少子化の進行により親が持つ子どもの数も減少している．実際，結婚持続期間が 15-19 年の夫婦の完結出生児数は 1972 年には 2.20 人だったが 2015 年には 1.94 人にまで低下している（国立社会保障・人口問題研究所 2017）．こうした家族規模の縮小は親が保有する潜在的な社会経済的資源の減少を意味しており，世代間支援の供給力の変化を通じて親子の関わり方を変化させる要因となり得る．

第二の理由として，未婚化や晩婚化の進展が理由として挙げられる．日本の平均初婚年齢は 1970 年には男性が 26.9 歳，女性が 24.2 歳であったが，2019 年には前者が 31.2 歳，後者が 29.6 歳になっている（国立社会保障・人口問題研究所 2021）．加えて，50 歳時の未婚者割合は 2015 年には男性が 23.4％，女性が 14.1％であり生涯未婚率も上昇傾向にある．成人の未婚期間の長期化と未婚者数の増大は親子間の社会経済的，心理的な依存を高める傾向があり，結果的に世代間の紐帯関係に変化をもたらす可能性がある．さらに，離婚率の上昇や一人親世帯の増加は成人子のケアや支援に対するニーズの変化をもたらすことになる．従って，これらの結婚・出生パターンの変化や家族構造の変化は世代間の家族の結び付きにも影響を及ぼすと考えられる（Furstenberg 1981）．

第三の理由として，人々の家族や世代関係に関する価値観や規範も変化している点である（西岡 2000）．すなわち，戦前からの家父長制や直系家族制のもとに存在していた老親扶養や親子同居などに対する人々の意識が変化している．例えば，「年老いた親の介護は家族が担うべきだ」という考えに「全く賛成である」と「どちらかといえば賛成」を合わせた肯定的な意識を持つ女性の割合は，1998 年には 74.8％であったが，2008 年には 63.3％に低下し，2018 年には

45.2％になっている（国立社会保障・人口問題研究所 2011, 2018）．また，同じ期間に「年をとった親は子ども夫婦と一緒に暮らすのがよい」という考えに肯定的な意識を持つ回答者の割合は 50.4％から 34.3％にまで大幅に減少している．こうした意識の変化は老親へのコミットメントが低下していることを示唆しており，家族連帯の基礎となる相互行為への家族成員の動機づけの弱体化と考えることができる．従って，家族や世代に関する価値や規範の変化が家族の紐帯関係に影響を与えている可能性は充分ある．

要するに，上述した寿命の伸長，少子化，パートナー関係の変容は家族間のケアや支援のニーズや供給能力を変える一方で，人々の意識の変容は家族成員相互の関わり方への動機づけをこれまでと異なったものにし，結果的に家族の紐帯に影響を与えることは充分にあり得る．従って，成人子と親の連帯関係の特徴と規定要因を明らかにすることは現代日本における家族関係を考える上で極めて重要であると言える．

3　データと分析方法

本章の分析では「結婚と家族に関する国際比較調査（JGGS）」の第 1 次調査から第 5 次調査までのデータを使用する．分析対象は第 1 次調査の時点で 20 歳以上 50 歳未満であった調査対象者である．これらの対象者は第 5 次調査までにサンプルに脱落が生じている．脱落によるバイアスを避けるために，本分析では逆確率重み付け（Inverse Propensity Score Weighting）を用いる（Guo and Fraser 2014）．さらに，分析では Rossi and Rossi（1990）に倣って成人子の世代を G2，成人子の親の世代を G1，成人子の子どもの世代を G3 と標記する．従って，本分析の対象者は G2 世代に該当する．加えて，本研究では自分の G1世代と配偶者の G1 世代との「家族連帯」を比較して検討するため，分析対象者は有配偶の回答者に限定した．また，成人子と親との「家族連帯」が分析の中心であるので，両親が 1 人も生存していない回答者は分析対象から除外した．この結果，最終的には 4690 人の回答者を分析対象とした．

既に述べたように，家族の連帯関係の特徴は意識，機会，機能の 3 つの側面から把握することができるが，本章では 3 つのうちの紐帯の機会を「家族連

帯」の指標とする．具体的には「結婚と家族に関する国際比較調査」では，過去1年間に親とface-to-faceで会った頻度を回答者に尋ねており，これを従属変数とする．親子間の面会頻度については「(1) ほとんど毎日，(2) 週に数回，(3) 月に1-3回，(4) 年に4-6回，(5) 年に2-3回，(6) 年に1回，(7) 1回もなし」のうちから1つを選択する形式になっており，分析では面会頻度が多くなるほど値が大きくなるように反転させている．さらに，分析では回答者本人の父親と母親との面会頻度，回答者の配偶者の父親と母親との面会頻度それぞれを従属変数として個別に検討する．

　既に述べた様に，成人子の親との直接的な面会は「Associational Solidarity」の1つであり，家族の連帯関係の特徴を機会から測る尺度である．同時に，親と成人子がface-to-faceで会う際には世代間で援助や支援などの相互行為が行われる場合が多い．従って，直接的な面会の頻度が多くなるほど家族成員間での世話や心理的サポートの機能が大きくなると推測される．従って，成人子の親と面会頻度はケアや支援といった機能面から見た家族連帯の指標とも考えられ，面会頻度の上昇は援助や支援の増大と見なすことができる．これらの点を考慮すると成人子の親との直接的な面会頻度は家族の紐帯関係の分析に適した変数と言える（Kalmijn 2006；Lye 1996）．

　他方，本分析のモデルで用いる説明変数は3つのグループに分けられる．まず，一番目のグループは家族成員のニーズについての変数である．既に述べたように，「家族連帯」は成員のニーズとそれに対する供給に規定される可能性が高いので，ニーズ要因の影響を吟味する．具体的には，(1) 親（G1世代）の年齢，(2) 親の健康状態の2つである．言うまでもなく，親が高齢になるほど日常的生活を営む上で世話や援助などの身体的支援や経済的援助が必要になる可能性が高く，支援ニーズは年齢の上昇にともなって増大する．同様に，介護が必要な状態にある親は必要ない親よりも世話が必要になる．仮に，家族の紐帯関係がニーズに左右されるのであれば，これらの変数は親子の面会頻度に影響すると予想される．

　第二番目のグループは家族成員の社会経済的資源の供給についての変数である．既に述べたように，家族の紐帯関係は財・サービスや心理的サポートの交換関係と見なすことができる．したがって，「家族連帯」のパターンはニーズ

のみならず家族成員が提供できる社会経済的資源の量やタイプにも影響されると考えられる．本分析では夫の収入を G2 世代から G1 世代への経済的資源の供給能力，他方，妻の労働時間を G2 世代から G1 世代への日常生活の補助や世話の供給制約の変数として検討する．すなわち，G2 世代は自分たち家族とG1 世代の家族とで競合するニーズに対して有限な社会経済的資源を分配することでニーズの充足を行っている．他の条件が等しいならば，供給側の G2 世代の家族の保有する社会経済的資源の量が多く制約の少ないほど経済的，心理的サポートの供給量は多くなり世代間の連帯関係は強くなると考えられる．反対に社会経済的資源が相対的に少なければ連帯関係は弱くなるであろう．従って，夫の収入が多いほど，また，妻の労働時間が少ないほど面会頻度は多くなると予測される．

　第三の変数のグループは世代関係についての価値意識である．すなわち，『結婚と家族に関する国際比較調査』では「成人した子どもが経済的に困っている時，親は援助すべきだ」と「親が経済的に困っている時，成人した子どもは親を助けるべきだ」の 2 つの意見項目について回答者は，(1) 賛成，(2) どちらかといえば賛成，(3) どちらともいえない，(4) どちらかといえば反対，(5) 反対の中から自分の考えに最も近い選択肢を 1 つ選んで回答する．本分析ではこれら 2 つの項目のそれぞれについて最も肯定的な回答をした場合を 5 点，最も否定的な回答をした場合を 1 点とし，2 つの値の合計を回答者の価値意識得点とした．従って，この価値意識得点は 2 点から 10 点の値をとり，得点が高くなるほど「家族連帯」に肯定的な意識が強く，低くなるほど意識が弱くなる．また，2 つの意見項目のカッパ係数 (Cohen's Kappa) は 0.34 であり，ある程度の一致性が認められる (Landis and Koch 1977)．

　コントロール変数として，(1) 回答者の性別，(2) きょうだい数，(3) 親の住居との距離，(4) 親の配偶状態，(5) 回答者の出生コーホート，(6) 6 歳以下の孫 (G3 世代) の有無を使用する．既に述べたように，成人子と親との紐帯関係はジェンダーによって差があることが知られている (Suitor *et al.* 2006)．それ故，説明変数の影響を正確に検討するには回答者の性別をコントロールする必要がある．回答者のきょうだい数は G2 世代の社会経済的資源の総供給量の変数として使用した．すなわち，他の条件が等しいならば，きょうだい数が

多くなるほど親への社会経済的資源の潜在的供給総量は増大し，その結果，成人子1人あたりの供給量は相対的に低くなるはずである．こうしたG2世代の社会経済的資源の総量の影響をコントロールするために回答者のきょうだい数をモデルに入れている．他方，成人子と親の住居の距離は両者の面会頻度を規定する構造的要因である．両者の住居の距離が離れるほど会うために必要となる時間，費用，労力などのコストが上昇するので，面会頻度は減少すると予想される．本分析では成人子が親の住居にまで行くのにかかる時間を住居の距離の代理変数と見なし使用する．また，親（G1世代）が有配偶である場合，高齢になっても夫婦で協力しながら日常生活を送ることができる可能性が大きい．しかし，離別や死別によって無配偶になった親は有配偶の親よりも成人子（G2世代）からの支援をより必要とするであろう．さらに，成人子のライフステージによっても家族の連帯関係は影響されるであろう．従って，親の配偶状態と回答者の出生コーホートを統制変数として使用した．他方，就学前の小さな子ども（G3世代）がいる場合，成人子（G2世代）は育児などのサポートのために親（G1世代）の援助を必要とするかもしれない．反対に，小さな子ども（G3世代）の世話に時間や労力が必要なために成人子は親と会う機会を減少させる可能性もある．前者の場合には成人子と親の面会頻度が増え促進要因であるが，後者の場合には減少するはずであり抑制要因になる．この点を考慮し，6歳以下の孫（G3世代）の有無をコントロール変数とした．

　本章ではLinear Mixed Model（Fress 2004）を用いた分析を行う．というのは，世代間の紐帯は成人子と親との間でこれまでに経験された相互行為や親子関係の特質にも影響される．従って，「家族連帯」には個体間の異質性が大きい可能性を否定できない．本章の分析ではLinear Mixed Modelを用いることでこうした異質性の影響を個々の個体のrandom interceptとしてコントロールした上で独立変数の影響を吟味する．

4　家族紐帯の特徴

　本節ではLinear Mixed Model分析の結果を検討する前に，主要な変数と世代間の面会パターンの関連を記述的分析によって明らかにする．**表6-1**は自分

の親との面会頻度を性別ごとに示している．全体として，男性も女性も自分の
親との面会頻度はパネル調査の wave ごとに大きく変化はしていない．例えば，
男性では「年に 2-3 回」会う人の割合は父親でも母親でも 10% 前後で安定し
ており，個々の wave で大きな変化はない．同様に女性でも自分の父親に年に
2-3 回会う回答者はほぼ 8% ぐらいであり，母親では 7% 前後を維持している．

　同様に，配偶者の親との面会頻度についても自分の親よりは変動しているが，
はっきりしたトレンドは観察されない（表 6-2）．例えば，男性で「年に 1 回」
ぐらい配偶者の父親会う人の割合は 5 回の調査を通じて 7% 前後であり，配偶
者の母親では 6% 前後になっている．他方，女性では「年に 1 回」会う人の割
合は調査時期が遅くなるほど，わずかながら減少する傾向が配偶者の父親にも
母親にも見られるが，低下の割合は極めて小さくかなり安定している．Wave
1 から Wave 2 にかけて脱落（attrition）によりサンプル数が減少しており，こ
の影響も考慮しなければならないが，表 6-1 と表 6-2 を見る限りは時間の経過
にともなって親との面会頻度が極端に変化する傾向はないと言えよう．

　次に親（G1 世代）のニーズ要因である年齢について表 6-3 で検討しよう．
まず，自分の親の年齢と面会頻度の関係は性別によって異なった傾向が見られ
る．具体的には男性では親の年齢が上昇しても面会頻度はあまり変化しないの
に対して，女性では親が高齢になるにつれて面会頻度が増加している．例えば，
自分の父親に 1 年間に 4-6 回会う男性の割合は，親の年齢が 64 歳以下では
14.6% であるが，75 歳以上でも 12.5% であり 2 ポイントの変化にとどまってい
る．対照的に女性では自分の父親に 1 年間に 4-6 回会う割合は親が 64 歳以下
では 7.6% であるが，75 歳以上では 14.2% にまで 2 倍近く増加している．

　同様に自分の母親に 4-6 回会う男性の割合は 64 歳以下では 14.7%，75 歳以
上でも 11.6% であり大きな変化は観察されない．他方，女性で自分の母親に 1
年間に 4-6 回会う人の割合は母親が 64 歳以下では 8.2% であるが，75 歳以上
になると 13.6% へ 5 ポイント以上も増えている．

　対照的に，配偶者の親の場合にはこうした回答者の性別による違いがはっき
りとは見られない（表 6-4）．男性の成人子では配偶者の父親や母親に会う回数
は親の年齢によってあまり異ならない．男性が 1 年間に 2-3 回配偶者の父親に
会う人の割合は 15% 前後，配偶者の母親でも 15% 前後である．同様に，女性

第 6 章　世代間の家族紐帯の日本的特徴と規定要因 —— 143

表 6-1　自分の親との面会頻度

男　性

面会頻度	自分の父親（%）					自分の母親（%）				
	Wave 1	Wave 2	Wave 3	Wave 4	Wave 5	Wave 1	Wave 2	Wave 3	Wave 4	Wave 5
1回もなし	5.0	3.7	3.8	5.3	3.5	4.1	3.5	3.7	3.1	1.6
年に1回	6.5	5.6	5.6	5.8	4.4	7.1	4.4	5.6	4.8	5.1
年に2-3回	10.8	10.8	9.1	10.6	11.4	10.5	11.9	9.3	10.9	9.4
年に4-6回	12.8	14.5	11.3	12.6	17.1	12.9	14.9	12.2	12.8	13.4
月に1-3回	23.7	26.0	23.3	25.9	21.8	22.0	23.6	21.7	24.1	24.9
週に数回	11.3	12.3	11.5	11.2	14.9	11.4	11.9	11.2	12.1	11.8
ほとんど毎日	29.9	27.1	35.5	28.7	26.9	32.2	29.8	36.3	32.3	33.8
N	1,231	657	558	642	316	1,806	839	900	927	491

女　性

	自分の父親（%）					自分の母親（%）				
	Wave 1	Wave 2	Wave 3	Wave 4	Wave 5	Wave 1	Wave 2	Wave 3	Wave 4	Wave 5
1回もなし	4.0	3.8	3.3	3.7	5.2	2.6	2.3	2.5	2.3	3.3
年に1回	5.0	3.7	4.1	4.5	3.6	5.1	4.1	4.1	3.7	3.0
年に2-3回	9.8	8.2	7.3	8.0	7.6	8.9	6.8	7.7	6.9	6.9
年に4-6回	13.5	10.8	11.6	10.9	14.7	13.6	10.5	12.6	11.5	12.3
月に1-3回	23.5	24.1	26.7	26.6	25.5	24.9	25.8	26.1	27.1	26.7
週に数回	12.9	12.7	14.6	15.4	15.2	13.7	12.9	14.1	14.9	14.8
ほとんど毎日	31.4	36.7	32.5	31.1	28.3	31.2	37.5	33.0	33.7	33.1
N	2,168	1,395	1,057	1,254	619	3,026	1,718	1,577	1,711	974

表 6-2　配偶者の親との面会頻度

男　性

面会頻度	配偶者の父親（%）					配偶者の母親（%）				
	Wave 1	Wave 2	Wave 3	Wave 4	Wave 5	Wave 1	Wave 2	Wave 3	Wave 4	Wave 5
1回もなし	7.1	6.9	7.5	5.6	6.3	4.8	3.4	4.9	5.0	5.3
年に1回	7.7	6.8	8.0	7.6	6.6	7.1	5.9	7.7	6.4	7.1
年に2-3回	14.7	16.0	14.4	12.6	17.9	14.0	15.6	13.9	12.4	15.7
年に4-6回	20.3	16.6	18.5	20.6	20.3	20.6	19.4	20.1	19.6	18.6
月に1-3回	31.2	32.7	31.4	31.6	27.2	31.1	32.4	29.5	32.6	25.0
週に数回	9.6	11.0	10.4	12.9	12.2	10.4	11.6	11.7	13.2	15.7
ほとんど毎日	9.3	10.1	9.9	9.1	9.6	12.1	11.6	12.2	10.8	12.6
N	1,126	664	589	674	335	1,560	844	974	1,005	548

女　性

	配偶者の父親（%）					配偶者の母親（%）				
	Wave 1	Wave 2	Wave 3	Wave 4	Wave 5	Wave 1	Wave 2	Wave 3	Wave 4	Wave 5
1回もなし	6.0	5.2	6.3	6.4	10.4	5.2	4.6	5.9	5.3	8.3
年に1回	8.3	7.4	6.5	6.4	5.8	7.8	6.5	6.0	6.8	6.7
年に2-3回	11.5	11.1	12.6	11.2	15.3	11.2	11.3	12.9	11.7	13.5
年に4-6回	14.1	14.5	14.0	16.8	12.4	13.9	13.3	12.8	15.0	13.5
月に1-3回	23.1	25.7	20.5	24.9	21.1	21.9	25.2	18.9	22.7	22.0
週に数回	11.1	8.6	12.0	11.6	11.9	10.8	9.3	10.3	11.3	10.0
ほとんど毎日	26.1	27.5	28.2	22.6	23.1	29.2	29.8	33.2	27.3	26.0
N	1,193	812	650	778	412	1,706	1,063	1,035	1,097	628

144 ── II　働き方と親子関係

表 6-3　本人の親の年齢との面会頻度（第 1 回調査のみ）

男　性

面会頻度	自分の父親の年齢（%）			自分の母親の年齢（%）		
	64 歳以下	65-74 歳	75 歳以上	64 歳以下	65-74 歳	75 歳以上
1 回もなし	4.3	4.3	3.1	2.7	3.2	3.2
年に 1 回	4.1	5.8	5.9	4.3	4.7	5.7
年に 2-3 回	8.9	11.1	10.2	9.2	9.9	10.7
年に 4-6 回	14.6	13.5	12.5	14.7	14.0	11.6
月に 1-3 回	29.1	24.5	21.4	28.1	23.7	20.2
週に数回	12.9	13.0	10.9	13.8	12.6	9.8
ほとんど毎日	26.1	28.0	36.0	27.3	32.0	38.9
N	652	1,004	980	1,033	1,289	1,452

女　性

面会頻度	自分の父親の年齢（%）			自分の母親の年齢（%）		
	64 歳以下	65-74 歳	75 歳以上	64 歳以下	65-74 歳	75 歳以上
1 回もなし	2.8	4.0	3.8	1.5	3.1	3.0
年に 1 回	2.5	4.4	4.7	2.0	4.5	5.1
年に 2-3 回	5.4	9.5	10.3	5.2	8.8	8.5
年に 4-6 回	7.6	14.3	14.2	8.2	14.6	13.6
月に 1-3 回	20.9	27.3	29.3	21.2	28.9	29.2
週に数回	14.0	14.2	15.2	13.6	14.1	15.3
ほとんど毎日	46.8	26.4	22.5	48.4	26.1	25.4
N	2,107	1,765	1,464	2,868	2,179	2,236

表 6-4　配偶者の親の年齢との面会頻度（第 1 回調査のみ）

男　性

面会頻度	配偶者の父親の年齢（%）			配偶者の母親の年齢（%）		
	64 歳以下	65-74 歳	75 歳以上	64 歳以下	65-74 歳	75 歳以上
1 回もなし	4.8	4.8	8.3	3.0	4.2	5.5
年に 1 回	6.4	8.0	7.3	4.8	7.1	7.7
年に 2-3 回	13.0	16.1	14.3	11.8	14.7	14.9
年に 4-6 回	16.6	20.8	18.7	19.2	22.2	17.8
月に 1-3 回	34.3	30.6	29.7	34.1	30.4	27.7
週に数回	15.7	10.3	9.9	16.4	10.4	12.2
ほとんど毎日	9.2	9.5	11.9	10.7	11.1	14.3
N	731	1,067	835	1,158	1,300	1,428

女　性

面会頻度	配偶者の父親の年齢（%）			配偶者の母親の年齢（%）		
	64 歳以下	65-74 歳	75 歳以上	64 歳以下	65-74 歳	75 歳以上
1 回もなし	3.4	4.6	7.2	3.9	4.3	6.5
年に 1 回	4.7	7.1	6.6	5.7	6.9	6.1
年に 2-3 回	11.2	10.8	12.8	10.2	13.1	11.3
年に 4-6 回	15.0	15.6	13.2	15.1	13.9	12.2
月に 1-3 回	31.7	24.4	18.3	30.0	21.3	18.5
週に数回	12.5	11.2	9.9	12.7	10.7	8.7
ほとんど毎日	21.6	26.4	32.1	22.4	29.9	36.8
N	775	1,189	1,176	1,154	1,518	1,855

第 6 章　世代間の家族紐帯の日本的特徴と規定要因 —— 145

でも配偶者の父親や母親の年齢によって面会頻度に大きな変化が見られない.

　親の健康状態と面会頻度の関係にも同様にジェンダー差が認められる（**表6-5**）．すなわち，男性では自分の親の健康状態が異なっていても面会頻度にあまり大きな違いはない．「ほとんど毎日」のカテゴリー以外では，父親や母親に介護や看病が必要であっても，必要でなくても親と会うパターンはほぼ同じである．他方，女性では自分の親に介護や看病が必要な場合に面会の回数が多くなる傾向がある．この傾向は母親の場合に特に顕著で，例えば，週に数回会う人の割合は，介護や看病が必要な場合では 21.3% であるのに対して不要な場合は 12.9% にとどまっている．こうした結果は，自分の親の世話や看護が娘に担われ，健康状態が良くない場合に父親や母親と会う回数が増大する傾向があることを示唆している.

　しかし，性別による面会パターンの差は配偶者の親でははっきりしない（**表6-6**）．男性が配偶者の父親や母親と会う回数は親に介護や看病が必要であっても，必要でなくてもあまり異なっていない．同様に女性が配偶者の親と会う回数も健康状態とはほとんど関連がなく，介護や看病が必要になり支援ニーズが高くなっても会う回数が必ずしも増加するわけではない.

　続いて，成人子（G2 世代）から G1 世代への支援の供給サイドの変数である妻の労働時間と夫の年収について **表 6-7** と **表 6-8** で検討しよう．全体としては，自分の親との面会頻度は妻が週に 35 時間以上働いている場合に低いが，「ほとんど毎日」自分の父親や母親と会う割合だけは労働時間が 35 時間以上で大きくなっている（**表6-7**）．例えば，自分の母親と「年に 2-3 回」会う割合は，妻が働いていない場合は 8.5% であるが，35 時間以上働いている場合には 6.1% に減少する．しかし，「ほとんど毎日」自分の母親と会う妻の割合は非就業の場合は 26.6% に過ぎないが，35 時間以上では 46.2% にまで上昇する．母親（G1 世代）は孫（G3 世代）の世話をすることで就労している娘（G2 世代）の子育てをサポートすることが可能であろう．このため，35 時間以上就業しているケースで自分の母親と毎日会う比率が大きくなっているのかもしれない．同様に，配偶者の親との面会頻度でも全体的には非就業の妻の面会頻度が多く，「週に数回」配偶者の父親に会う割合は 13.2%，母親に会う割合は 11.8% である．しかし，ほとんど毎日，配偶者の親と会う割合は 35 時間以上就業している妻の方

表 6-5 本人の親の健康状態との面会頻度（第 1 回調査のみ）

男　性

面会頻度	自分の父親の健康状態（%）		自分の母親の健康状態（%）	
	介護・看病が必要	介護・看病が不要	介護・看病が必要	介護・看病が不要
1 回もなし	3.1	4.7	3.2	3.5
年に 1 回	8.1	5.6	7.0	5.5
年に 2-3 回	11.2	10.5	11.5	10.3
年に 4-6 回	11.7	13.4	13.1	13.1
月に 1-3 回	25.9	24.2	23.6	22.8
週に数回	14.2	11.5	12.1	11.5
ほとんど毎日	25.9	30.2	29.4	33.3
N	394	3,006	771	4,177

女　性

面会頻度	自分の父親の健康状態（%）		自分の母親の健康状態（%）	
	介護・看病が必要	介護・看病が不要	介護・看病が必要	介護・看病が不要
1 回もなし	3.3	3.9	2.5	2.5
年に 1 回	2.7	4.5	5.0	4.1
年に 2-3 回	7.9	8.6	6.4	7.9
年に 4-6 回	13.5	12.1	11.9	12.4
月に 1-3 回	28.4	24.6	28.3	25.5
週に数回	19.8	13.2	21.3	12.9
ほとんど毎日	24.4	33.2	24.6	34.7
N	585	5,895	1,151	7,828

表 6-6 配偶者の親の健康状態との面会頻度（第 1 回調査のみ）

男　性

面会頻度	配偶者の父親の健康状態（%）		配偶者の母親の健康状態（%）	
	介護・看病が必要	介護・看病が不要	介護・看病が必要	介護・看病が不要
1 回もなし	7.9	6.6	6.6	4.4
年に 1 回	10.8	7.2	7.5	6.8
年に 2-3 回	17.7	14.7	14.0	14.2
年に 4-6 回	15.2	19.7	16.9	20.3
月に 1-3 回	30.0	31.3	24.9	31.5
週に数回	9.4	11.1	15.2	11.5
ほとんど毎日	9.0	9.6	14.8	11.3
N	277	3,093	650	4,248

女　性

面会頻度	配偶者の父親の健康状態（%）		配偶者の母親の健康状態（%）	
	介護・看病が必要	介護・看病が不要	介護・看病が必要	介護・看病が不要
1 回もなし	6.6	6.3	6.6	5.4
年に 1 回	7.5	7.1	8.4	6.6
年に 2-3 回	12.7	11.9	9.9	12.2
年に 4-6 回	12.4	14.8	12.6	13.9
月に 1-3 回	19.6	23.8	21.2	22.4
週に数回	12.1	10.8	12.9	10.0
ほとんど毎日	29.1	25.4	28.4	29.5
N	347	3,486	770	4,730

第 6 章　世代間の家族紐帯の日本的特徴と規定要因 —— 147

表6-7　妻の労働時間と親との面会頻度（第1回調査の女性回答者のみ）

面会頻度	自分の父親（%）労働時間（週）				自分の母親（%）労働時間（週）			
	働いていない	1-14時間	15-34時間	35時間以上	働いていない	1-14時間	15-34時間	35時間以上
1回もなし	4.8	3.2	4.5	3.0	2.8	1.8	3.3	2.1
年に1回	5.3	4.4	5.3	3.0	5.2	4.3	5.5	2.7
年に2-3回	9.0	9.7	10.0	7.1	8.5	8.8	8.9	6.1
年に4-6回	12.5	15.5	15.2	9.7	12.8	14.1	14.5	10.1
月に1-3回	27.3	28.5	26.6	21.4	27.1	28.1	28.5	22.8
週に数回	16.1	14.6	15.8	10.9	17.0	17.0	15.1	9.9
ほとんど毎日	25.1	24.3	22.6	45.0	26.6	26.0	24.3	46.2
N	2,009	569	1,352	2,563	2,978	766	1,889	3,373

面会頻度	配偶者の父親（%）労働時間（週）				配偶者の母親（%）労働時間（週）			
	働いていない	1-14時間	15-34時間	35時間以上	働いていない	1-14時間	15-34時間	35時間以上
1回もなし	5.1	7.3	7.1	7.3	4.7	4.6	6.6	6.2
年に1回	7.5	9.4	8.1	5.2	7.2	8.5	7.3	5.6
年に2-3回	12.2	12.8	12.4	11.0	12.4	13.3	13.1	9.8
年に4-6回	14.9	16.4	16.7	11.6	14.2	16.6	14.8	11.4
月に1-3回	27.1	20.3	20.3	22.2	24.9	19.9	20.1	21.2
週に数回	13.2	10.4	10.5	8.4	11.8	10.6	10.6	8.6
ほとんど毎日	20.1	23.4	25.0	34.4	24.9	26.6	27.5	37.2
N	1,421	384	954	1,086	2,031	519	1,348	1,631

　が非就業の妻よりも大きく，父親では34.4%，母親では37.2%に達している．

　夫の収入については，金額が高くなるほど自分の親との面会頻度が減少する傾向がある．例えば，自分の父親と年に2-3回しか会わない夫の割合は年収300万未満では8.1%であるが600万円以上では15.5%に増加するが，反対に週に数回も会う割合は13.9%から9.4%に減少する．同様に，配偶者の母親と年に2-3回しか会わない割合は年収300万円未満では10.8%に過ぎないが600万円以上では16.6%にまで上昇するが，週に数回も会う人の割合は15.6%から8.7%に低下している．

　最後に価値意識と面会頻度について見てみよう．表6-9は家族関係についての価値意識得点の平均点と面会頻度を示している．まず，自分の親については男性も女性も面会の回数が多いほど価値意識得点の平均値が僅かながら高くなっている．例えば，自分の父親と1年に1回しか会わない男性の平均値は6.8，女性の平均値は6.8であるが，週に数回も会う男性は7.1，女性は6.9に上昇している．配偶者の親でも同様の傾向が見られ，得点は面会頻度が多くなるほど

148 ── II　働き方と親子関係

表 6-8　夫の収入と親との面会頻度（第 1 回調査の男性回答者のみ）

面会頻度（%）	自分の父親（%）年収			自分の母親（%）年収		
	300 万円未満	300 万円以上600 万円未満	600 万円以上	300 万円未満	300 万円以上600 万円未満	600 万円以上
1 回もなし	4.3	4.9	3.9	3.4	3.5	3.3
年に 1 回	3.4	5.0	8.8	4.4	4.8	7.7
年に 2-3 回	8.1	8.4	15.5	7.7	8.4	14.6
年に 4-6 回	10.1	13.9	13.8	11.0	13.1	14.3
月に 1-3 回	23.1	26.3	22.3	20.9	25.4	20.9
週に数回	13.9	12.6	9.4	13.8	11.8	10.0
ほとんど毎日	37.2	29.0	26.3	38.8	32.9	29.2
N	584	1,671	1,067	912	2,218	1,712

面会頻度	配偶者の父親（%）年収			配偶者の母親（%）年収		
	300 万円未満	300 万円以上600 万円未満	600 万円以上	300 万円未満	300 万円以上600 万円未満	600 万円以上
1 回もなし	6.2	6.1	7.9	5.0	4.2	4.9
年に 1 回	6.5	6.6	9.4	6.5	6.0	8.3
年に 2-3 回	10.5	14.7	16.9	10.8	13.5	16.6
年に 4-6 回	14.6	17.7	24.4	15.8	18.6	23.8
月に 1-3 回	35.3	32.6	27.1	31.3	32.6	27.6
週に数回	12.7	12.3	7.7	15.6	13.0	8.7
ほとんど毎日	14.2	10.2	6.6	15.0	12.0	10.2
N	569	1,664	1,074	898	2,272	1,650

表 6-9　価値意識と親との面会頻度（第 1 回調査のみ）

面会頻度	自分の父親（%）価値意識得点の平均値		自分の母親（%）価値意識得点の平均値		配偶者の父親（%）価値意識得点の平均値		配偶者の母親（%）価値意識得点の平均値	
	男性	女性	男性	女性	男性	女性	男性	女性
1 回もなし	6.7	6.7	6.6	6.7	7.0	6.6	7.0	6.6
年に 1 回	6.8	6.8	6.9	6.8	6.9	6.9	7.0	6.9
年に 2-3 回	7.0	6.7	6.9	6.7	6.8	6.7	6.9	6.8
年に 4-6 回	7.0	6.8	7.0	6.8	7.0	6.7	7.0	6.7
月に 1-3 回	7.0	6.8	7.0	6.8	7.0	6.9	7.0	6.8
週に数回	7.1	6.9	7.1	6.8	7.1	7.0	7.1	7.0
ほとんど毎日	7.1	7.1	7.1	7.1	7.0	6.8	6.9	6.9
N	3,404	6,493	4,963	9,006	3,388	3,845	4,931	5,529

高くなっている．こうした結果を見る限り，得点が高く「家族連帯」に肯定的な意識の人ほど親と会う回数が増え，反対に否定的な意識を持つ人ほど回数が少なくなる関係が見られる．

5 家族紐帯の規定要因

前節では世代間の面会パターンの特徴を記述したが，本節では Linear Mixed Model による分析を行う．**表6-10** は本人の親との面会頻度の分析結果である．まず，モデル1で父親について見てみると妻の労働時間が少ないと父親と会う頻度が多くなる傾向がある．特に妻が非就業であったり労働時間が14 時間以下では 0.1 ポイント前後，面会頻度が有意に上昇している．対照的に夫の年収では影響が明確でない．モデル2では夫の年収が最も低い 299 万円以下のグループで有意な効果が認められるが，それ以外のグループでは回帰係数は有意でない．従って，供給側の要因では収入よりも時間が面会頻度に強い影響を与えることが示唆される．さらに，女性は男性よりも父親と会う回数が有意に高くなっている．これらの結果をふまえると，父親との紐帯関係は主に女性によって担われており，担い手の労働時間が少なく制約が弱い場合に面会頻度が多くなると言える．

親（G1世代）の状態については，父親の年齢は非線形の関係を示しており，年齢の一次の項は回帰係数が負であるが二次の項は正である．つまり，父親の年齢が上昇すると会う回数が当初は低下するが，ある年齢以後は上昇に転ずる関係がある．加えて，父親の健康状態も有意な効果があり（モデル2），看病や介護が必要な場合に会う回数が多くなっている．親と子どもが面会する目的はいろいろあるが，世話や日常生活の支援は重要な要素の1つであろう．であるならば，**表6-9** で見られるように，健康状態が悪いほど面会頻度が増加しているのは子どもが face-to-face で親に会って世話やサポートを行っている可能性を示唆している．従って，親へ支援のニーズに応じて子どもは会う回数を変化させていると推測される．

予想どおり，居住距離は面会頻度に有意な影響を示している．すなわち，父親の住居が離れれば離れるほど会う回数は減少しており，構造的要因も家族紐

150——Ⅱ　働き方と親子関係

表 6-10　本人の親との面会頻度

	父　親		母　親	
	モデル1 回帰係数	モデル2 回帰係数	モデル3 回帰係数	モデル4 回帰係数
親の年齢	-0.109***	-0.102***	-0.089***	-0.082***
親の年齢×親の年齢	0.001***	0.001***	0.001***	0.001***
親の配偶状態				
（両親とも健在）				
一方だけ健在	-0.004	-0.054	0.061*	-0.037
親との居住状態				
（同居）				
30分以内	-1.282***	-1.274***	-1.341***	-1.346***
30-59分	-2.189***	-2.216***	-2.192***	-2.253***
60分以上	-3.453***	-3.472***	-3.537***	-3.575***
親の健康状態				
（看病・介護不要）				
看病・介護必要		0.131**		0.251***
本人の性別				
（男性）				
女性	0.139***	0.147***	0.184***	0.218***
妻の労働時間（週）				
非就業	0.092***	0.094***	0.066**	0.082***
14時間以下	0.135***	0.137***	0.095***	0.132***
（15-34時間）				
35時間以上	0.053	0.058	0.026	0.045
夫の年収				
299万円以下	0.059	0.087*	0.045	0.082*
300-599万円	-0.004	-0.003	0.023	0.016
（600万円以上）				
本人のきょうだい数	-0.060**	-0.053*	-0.067***	-0.056***
本人の出生コーホート				
（1960年以前）				
1961-65年	-0.082	-0.064	-0.070	-0.095
1966-70年	-0.162	-0.143	-0.140	-0.153
1971年以降	-0.063	-0.066	-0.068	-0.069
6歳以下の子どもの有無				
（なし）				
あり	0.095***	0.090***	0.083***	0.086***
家族意識得点	0.027**	0.030**	0.016**	0.020**
定数項	10.436*	10.727*	9.859***	9.738***
Intra-class Correlation Coefficient	0.60	0.60	0.56	0.56
Log likelihood	-6450.26	-5989.09	-8774.46	-6478.84
N	4,690	4,690	5,289	5,289

注：#：$p<0.15$，*：$p<0.10$，**：$p<0.05$，***：$p<0.01$.
　　（　）はレファレンス・カテゴリー.

帯に影響を与えている．他方，きょうだい数が増えるほど父親と会う回数は少なくなる．既に述べたように，きょうだい数が多いほど親が必要とする社会経済的，心理的資源の供給者の数は増える．親の支援ニーズの総量が同じならば，きょうだい数が多いほど子ども1人あたりの供給量は相対的に少なくなるはずである．従って，きょうだいの数が多い場合は1人の子どもが親との面会頻度も少なくなると推測される．さらに，6歳以下の子ども（G3世代）がいるほど面会頻度が有意に増加している．既に述べた様に，理論的には孫（G3世代）の存在は成人子（G2世代）が親（G1世代）と会う機会を促進する要因にもなり得るし，抑制する要因にもなりうる．しかし，**表6-9**の結果を見る限りは促進要因になっている．対照的に，親の配偶状態は有意な効果がなく，父親が有配偶であっても無配偶でもあっても成人子との面会する回数に差はない．

　家族についての価値意識は面会頻度に対して正の効果を示しており，世代間の紐帯をより重視する考えをもつ成人子ほど親と会う回数も多くなる傾向がある．具体的には，成人子が援助を必要としている場合に親は助けるべきだと考える人ほど，また，親が支援を必要としている場合に成人子は援助すべきだと考える人ほど面会頻度は有意に上昇する．こうした結果を見る限り，世代間の紐帯関係は支援ニーズと支援資源の供給要因だけでなく，家族関係についての意識によっても影響されることを示している．

　上述した変数の影響は自分の母親についてもほぼ同じである．すなわち，モデル3でも母親の年齢は面会頻度と非線形の関係であり，回帰係数は一次の項は負であるが二次の項は正である．また，母親が看病や介護を必要としている場合に会う回数は多くなる（モデル4）．一方，男性よりも女性の方が，また，妻の労働時間が少ないほど母親との面会頻度は多くなっている．しかし，母親の配偶状態や夫の年収は面会の回数にほとんど影響を持っていない．また，6歳以下の孫（G3世代）がいたり，世代間の相互支援を重視する意識を持つ人ほど自分の母親と会う回数が多くなっている．反対に，きょうだい数が多くなると母親と会う回数は低下する．こうした結果を見る限り，紐帯関係の規定要因は自分の父親と母親でほぼ同じであり，親（G1世代）の支援ニーズと成人子（G2世代）の支援供給力に影響されると同時に，価値意識にも左右されている．

152——II　働き方と親子関係

続いて**表 6-11** で配偶者の親について見てみよう．自分の親の場合との顕著な違いは，配偶者の親の支援ニーズに関係した変数の影響が全体的に弱くなっている点である．具体的には親の健康状態は父親との面会にも母親との面会にも有意な効果はなく（モデル 6 とモデル 8），配偶者の親が看病や介護が必要かどうかは会う回数と関係していない．さらに，親の年齢については母親では有意な影響が見られたが，父親では一次の項も二次の項も 10% 水準で有意でなく加齢は面会頻度とあまり関係していない．興味深いのは配偶状態は父親についは有意な影響が見られるが（モデル 6），母親については有意な影響がほとんどない点である．すなわち，配偶者の父親が無配偶の場合には子どもは積極的に会うが，配偶者の母親にはこの効果が見られない．言いかえるならば，配偶者の母親が存在する場合には成人子はあまり積極的に親との紐帯関係をもたず，血族関係と姻族関係で世代間の連帯に違いが見られる．

　対照的に，配偶者の親では成人子（G2 世代）の変数の影響が相対的にはっきりしている．すなわち，自分の親では効果が弱かった夫の年収が配偶者の親では強い影響を示している．具体的には年収 600 万円以上のグループと比べて，299 万円以下で 0.10 ポイント，300 万円以上 599 万円以下のグループでは 0.17 ポイント面会頻度が高く（モデル 6），所得が低いと親と会う回数が多くなる．換言するならば，成人子の経済的資源が相対的に少ない場合，配偶者の親との紐帯関係が強くなる傾向が見られる．さらに，自分の親の場合と同様に妻の労働時間は配偶者の父親にも母親にも有意な影響を持っており，非就業のグループと週に 14 時間以下しか働いていないグループで面会頻度が多くなっている．こうした結果を見る限り，配偶者の親との連帯関係は成人子（G2 世代）側の要因に強く影響されるが，親（G1 世代）の支援ニーズには殆ど規定されないと言えよう．つまり，配偶者の親との紐帯関係は成人子の状況に大きく依存している．**表 6-10** で見たように，自分の親との連帯関係は成人子（G2 世代）の要因に加えて親（G1 世代）の状態にも規定されていたが，配偶者の親との関係は限定的な要因によって規定されると言えよう．また，自分の親では有意な効果を持っていた家族意識は配偶者の親では有意にない．換言するならば，親への援助や子への援助についての価値意識は自分の親にのみ影響を与えている．

　既に述べたように，自分の親との連帯関係は支援ニーズや支援供給力だけで

第 6 章　世代間の家族紐帯の日本的特徴と規定要因 —— 153

表 6-11　配偶者の親との面会頻度

	父　　親		母　　親	
	モデル5 回帰係数	モデル6 回帰係数	モデル7 回帰係数	モデル8 回帰係数
親の年齢	-0.058#	-0.045	-0.098***	-0.096***
親の年齢×親の年齢	0.001#	0.001	0.001***	0.001***
親の配偶状態				
（両親とも健在）				
一方だけ健在	0.087	0.281*	0.083#	0.122
親との居住状態				
（同居）				
30分以内	-1.516***	-1.503***	-1.564***	-1.550***
30-59分	-2.248***	-2.215***	-2.275***	-2.257***
60分以上	-3.509***	-3.487***	-3.578***	-3.573***
親の健康状態				
（看病・介護不要）				
看病・介護必要		0.021		0.064
本人の性別				
（男性）				
女性	0.135**	0.138**	0.019	0.007
妻の労働時間（週）				
非就業	0.125***	0.128***	0.097***	0.106***
14時間以下	0.133***	0.164***	0.100**	0.121**
（15-34時間）				
35時間以上	0.048	0.041	-0.009	-0.019
夫の年収				
299万円以下	0.098*	0.110*	0.106**	0.102*
300-599万円	0.167**	0.172**	0.079**	0.135**
（600万円以上）				
配偶者のきょうだい数	-0.095***	-0.097***	-0.087***	-0.099***
本人の出生コーホート				
（1960年以前）				
1961-65年	-0.121	-0.088	-0.013	0.017
1966-70年	-0.140	-0.142	-0.090	-0.029
1971年以降	-0.072	-0.060	0.016	0.083
6歳以下の子どもの有無				
（なし）				
あり	0.123***	0.125***	0.127***	0.129***
家族意識得点	0.008	0.013	0.001	0.001
定数項	8.840***	8.431***	10.506***	10.179***
Intra-class Correlation Coefficient	0.53	0.54	0.51	0.50
Log likelihood	-6422.58	-5763.36	-9283.81	-6770.04
N	4,069	4,069	4,795	4,795

注：# : $p<0.15$，* : $p<0.10$，** : $p<0.05$，*** : $p<0.01$.
　　（　）はレファレンス・カテゴリー.

なく価値意識にも影響されていた．これらの要因の影響をさらに検討するために**表 6-12**では交互作用を検討している．分析結果の解釈を容易にするため，モデル 9 とモデル 10 では価値意識得点を高いものから上位 1/3，中位 1/3，下1/3 位の 3 つのグループに分けている．まず，介護や看護が不要な父親では世代間の相互支援について否定的な意識をもつ人より肯定的な意識を持つ人の方が面会頻度が大きくなっている．「看病・介護不要×下位」と比べて「看病・介護不要×中位」では 0.13 ポイント，「看病・介護不要×上位」では 0.17 ポイント値が高くなっている．しかし，父親に介護や看護が必要な場合は個人の意識は面会の頻度にはっきりした影響を及ぼしていない．言いかえるならば，父親が健康な場合は世代間の連帯関係は成人子の価値意識に影響されるが，父親の健康状態が悪く支援ニーズが高い場合，成人子は価値意識にかかわらずほぼ同じ程度の連帯関係を持っている．他方，母親に看病や介護が不要な場合は価値意識の下位のグループと中位のグループで面会する回数に有意な差が見られず，世代間支援に肯定的意識を持つ上位グループのみ 0.12 ポイント頻度が高くなっている．対照的に，看病や介護を必要としている母親では価値意識のグループ間で面会頻度に明確な差がみられない．つまり，母親の支援ニーズが低い場合に価値意識は家族の連帯関係に影響を与えるが，ニーズが高い場合には影響を殆ど与えない．

　次に，妻の労働時間と家族意識の交互作用を見てみると非就業の場合には価値意識は父親と会う回数に明確な影響を示していない（**表 6-13**）．妻が非就業の場合，世代間の相互支援について否定的な意識をもつ人も肯定的な意識を持つ人も父親と会う頻度に有意な差がない．しかし，妻が就業していると価値意識によって面会頻度に差が見られる．週に 34 時間以下の就業で世代間の相互支援に否定的な意識を持っている下位グループでは 0.29 ポイント，35 時間以上の就業の下位グループでは 0.22 ポイント面会頻度が少ない．換言すると，時間に余裕があるならば肯定的な意識でも否定的な意識でも父親と会う回数に差はないが，余裕がない場合には親子関係や世代関係に対する意識によって面会頻度は異なる．母親との面会についても父親と同様の傾向が見られ，就業時間によって価値意識の影響は異なっている．具体的には，妻が非就業であったり，週に 34 時間以下しか働いていない場合は価値意識が異なっていても母親

表6-12 本人の親との面会頻度（親の健康状態との交互作用）

	父　親	母　親
	モデル9 回帰係数	モデル10 回帰係数
親の年齢	-0.109***	-0.080***
親の年齢×親の年齢	0.001***	0.001***
親の配偶状態		
（両親とも健在）		
一方だけ健在	-0.037	-0.018
親との居住状態		
（同居）		
30分以内	-1.271***	-1.337***
30-59分	-2.212***	-2.247***
60分以上	-3.462***	-3.564***
本人の性別		
（男性）		
女性	0.145***	0.216***
妻の労働時間（週）		
非就業	0.056*	0.041
（34時間以下）		
35時間以上	0.021	0.007
夫の年収		
299万円以下	0.084*	0.076*
300-599万円	-0.003	0.014
（600万円以上）		
本人のきょうだい数	-0.053**	-0.056*
本人の出生コーホート		
（1960年以前）		
1961-65年	-0.071	-0.106
1966-70年	-0.145	-0.158
1971年以降	-0.069	-0.074
6歳以下の子どもの有無		
（なし）		
あり	0.095***	0.093***
親の健康状態×家族意識得点		
（看病・介護不要×下位）		
看病・介護不要×中位	0.126**	0.071
看病・介護不要×上位	0.173*	0.122*
看病・介護必要×下位	0.272#	0.486#
看病・介護必要×中位	-0.228	-0.279#
看病・介護必要×上位	-0.037	-0.215#
定数項	10.304*	9.766*
Intra-class Correlation Coefficient	0.60	0.56
Log likelihood	-5983.10	-6502.45
N	4,690	5,309

注：#：$p<0.15$，*：$p<0.10$，**：$p<0.05$，***：$p<0.01$.
　　（　）はレファレンス・カテゴリー.

156 —— II　働き方と親子関係

表 6-13　本人の親との面会頻度（妻の労働時間との交互作用）

	父　親	母　親
	モデル 11 回帰係数	モデル 12 回帰係数
親の年齢	-0.101***	-0.081***
親の年齢×親の年齢	0.001***	0.001***
親の配偶状態		
（両親とも健在）		
一方だけ健在	-0.037	-0.019
親との居住状態		
（同居）		
30 分以内	-1.273***	-1.339***
30-59 分	-2.211***	-2.247***
60 分以上	-3.469***	-3.568***
親の健康状態		
（看病・介護不要）		
看病・介護必要	0.123**	0.245***
本人の性別		
（男性）		
女性	0.145***	0.216***
夫の年収		
299 万円以下	0.081*	0.074*
300-599 万円	-0.004	0.013
（600 万円以上）		
本人のきょうだい数	-0.053**	-0.056**
本人の出生コーホート		
（1960 年以前）		
1961-65 年	-0.071	-0.102
1966-70 年	-0.141	-0.154
1971 年以降	-0.066	-0.071
6 歳以下の子どもの有無		
（なし）		
あり	0.092***	0.091***
妻の労働時間×家族意識得点		
（非就業×下位）		
非就業×中位	-0.069	-0.121
非就業×上位	0.049	-0.042
34 時間以下×下位	-0.290**	-0.198
34 時間以下×中位	0.274#	-0.243
34 時間以下×上位	0.193	0.173
35 時間以上×下位	-0.221**	0.149
35 時間以上×中位	0.210	0.225*
35 時間以上×上位	0.169	0.211*
定数項	10.446*	9.766*
Intra-class Correlation Coefficient	0.60	0.56
Log likelihood	-5983.10	-6503.76
N	4,690	5,309

注：# : $p<0.15$,　* : $p<0.10$,　** : $p<0.05$,　*** : $p<0.01$.
　　（　）はレファレンス・カテゴリー.

第 6 章　世代間の家族紐帯の日本的特徴と規定要因 —— 157

に会う回数に明確な差は見られない．しかし，妻の就業時間が週35時間以上の場合には世代間の紐帯に肯定的な意識を持っている上位グループで0.21ポイント，中位グループで0.23ポイント面会頻度が有意に高くなっている．従って，父親と同様に母親に対しても成人子は時間的余裕があれば価値意識にかかわらず，ほぼ同じ程度の世代間の連帯関係を保持しているが，時間的な制約が強くなると価値意識によって紐帯関係が変わると言える．

6 おわりに

本章では「家族連帯（Family Solidarity)」の特徴と規定要因をパネル・データを用いて検討した．具体的には成人子と親の面会の頻度を世代の連帯（紐帯）関係の尺度として分析を行った．本章の分析結果から得られた知見は次の様にまとめることができる．第一に，自分の親については親世代のニーズ要因が連帯関係に影響を与えていた．すなわち，父親や母親が高齢になったり，介護や看護が必要な場合に成人子は親により頻繁に会い紐帯関係が強くなる傾向がみられた．第二に妻の労働時間が長くなるほど自分の親と会う回数は少なくなっていた．言いかえるならば，成人子の社会経済的資源の供給制約が大きくなるほど，世代間の連帯は弱くなる傾向が見られる．第三に親子間の相互支援に肯定的な価値意識を持つ成人子ほど自分の親と頻繁に会っていた．さらに，価値意識は親の健康状態と妻の労働時間に交互作用が見られた．すなわち，親の健康が良好だと子どもの価値意識が面会頻度に影響を与えるが親への支援ニーズが高いと価値意識は殆ど影響を与えない．また，妻の労働時間が長い場合に価値意識は親との面会頻度により強い影響を持っていた．

これに対して，配偶者の親については支援ニーズ要因は紐帯関係に影響を与えていなかった．同様に家族意識にも明確な効果は見られなかった．むしろ，配偶者の親との紐帯関係で重要だったのは，成人子の社会経済的状態であった．具体的には，夫の収入が低いほど親と会う回数が多く低所得層ほど連帯関係が強かった．また，妻の労働時間が長いほど面会頻度は少なくなる傾向が見られた．

既に述べた様に，親と成人子がface-to-faceで会う際には世代間で援助や支

158——II 働き方と親子関係

援が行われる場合が多い．従って，面会頻度は親と成人子の支援関係を反映していると考えることも可能であろう．であるならば，本章の分析から次のような示唆を得ることができよう．すなわち，加齢や健康状態の悪化などの支援ニーズが上昇すると自分の親への援助が増える可能性があるが，成人子の労働時間が相対的に長く供給制約が大きい場合には援助の増加を実現するのが難しい．今後，高齢化の進行によって親への支援ニーズが増大する一方，人口減少による労働力の減少を補完するために成人子の就業が拡大すると親への支援の制約は大きくなる．この結果，家族による世代間支援の需給ギャップは拡大する可能性が高い．従って，このギャップを埋めるための支援制度や雇用制度の確立が日本の少子高齢社会では必要になると考えられる．

[参考文献]

国立社会保障・人口問題研究所（2011）『現代日本の家族変動：第4回全国家庭動向調査』国立社会保障・人口問題研究所.

国立社会保障・人口問題研究所（2017）『現代日本の結婚と出産：第15回出生動向基本調査報告書』国立社会保障・人口問題研究所.

国立社会保障・人口問題研究所（2018）『現代日本の家族変動：第6回全国家庭動向調査』国立社会保障・人口問題研究所.

国立社会保障・人口問題研究所（2021）『人口統計資料集（2021年版）』国立社会保障・人口問題研究所.

菅谷よし子（1985）「世代間ギャップと世代間関係分析：ベングッソンの場合」森岡清美・青井和夫『ライフコースと世代』垣内出版，pp. 200-237.

菅谷よし子・長山晃子（1987）「家族連帯の世代比較：接触関係と情緒関係」森岡清美・青井和夫『現代日本人のライフコース』日本学術振興会，pp. 344-361.

総務省統計局（2022）『令和2年国勢調査報告』総務省.

西岡八郎（2000）「日本における成人子と親の関係：成人子と老親の居住関係を中心に」『人口問題研究』56(3): 34-55.

Adams, B. N. (1968) *Kinship in an Urban Setting*, Markham Publishing.

Albertini, M., Kohli, M. and Vogel, C. (2007) "Intergenerational Transfers of Time and Money in European Families: Common Patterns-Different Regimes?" *Journal of European Social Policy*, 17(4): 319-334.

Bengtson, V. L. (2001) "Beyond the Nuclear Family: The Increasing Importance of Multigenerational Bonds," *Journal of Marriage and Family*, 63(1): 1-16.

Bengtson, V. L. and Roberts, R. E. L. (1991) "Intergenerational Solidarity in Aging Families: An Example of Formal Theory," *Journal of Marriage and Family*, 53(4): 856-870.

Brody, E. M., Johnsen, P. T. and Fulcomer, M. C. (1984) "What Should Adult Children Do for Elderly Parents? Opinions and Preferences of Three Generations of Women," *Journal of Gerontology*, 39(6): 736-746.

Dwyer, J. W., Lee, G. R. and Jankowski, T. B. (1994) "Reciprocity, Elder Satisfaction, and Caregiver Stress and Burden: The Exchange of Aid in the Family Caregiving Relationship," *Journal of Marriage and Family*, 56(1): 35-43.

Dykstra, P. A., Kalmijn, M., Knijn, T. C. M., Komter, A. E., Liefbroer, A. C. and Mulder, C. H. (eds.) (2006) *Family Solidarity in the Netherlands*, Dutch University Press.

Eggebeen, D. J, and Davey, A. (1998) "Do Safety Nets Work? The Role of Anticipated Help in Times of Need," *Journal of Marriage and Family*, 60(4): 939-950.

Esping-Andersen, G. (1999) *Social Foundations of Postindustrial Economies*, Oxford University Press.

Fingerman, K. L., Miller, L., Birditt, K. S. and Zarit, S. H. (2009) "Giving to the Good and the Needy: Parental Support of Grown Children," *Journal of Marriage and Family*, 71(5): 1220-1233.

Fingerman, K. L., Pitzer, L. M., Chan, W., Birditt, K. S., Franks, M. M. and Zarit, S. H. (2011) "Who Gets What and Why? Help Middle-Aged Adults Provide to Parents and Grown Children," *Journal of Gerontology: Social Sciences*, 66B(1): 87-98.

Fischer, L. R. (1986) *Linked Lives: Adult Daughters and their Mothers*, Harper & Row.

Frees, E. W. (2004) *Longitudinal and Panel Data: Analysis and Applications in the Social Sciences*, Cambridge University Press.

Furstenberg, F. F. Jr. (1990) "Remarriage and Intergenerational Relations," in R. W. Fogel, E. Hatfield, S. B. Kiesler and E. Shanas (eds.), *Aging: Stability and Change in the Family*, Academic Press, pp. 115-142 .

Giarrusso, R., Feng, D. and Bengtson, V. L. (2004) "The Intergenerational-Stake Phomenon over 20 Years," *Annual Review of Gerontology and Geriatrics*, 24: 55-76.

Greenwell, L. and Bengtson, V. L. (1997) "Geographic Distance and Contact Between Middle-aged Children and Their Parents: The Effects of Social Class Over 20 Years," *The Journals of Gerontology, Series B*, 52B(1): S13-S26.

Grundy, E. and Shelton, N. (2001) "Contact between Adult Children and Their Parents in Great Britain 1986-99," *Environment and Planning A*, 33(4): 685-697.

Guo, S. and Fraser, M. W. (2014) *Propensity Score Analysis: Statistical Methods and Applications*, Sage.

Hill, R., Foote, N., Aldous, J., Carlson, R. and MacDonald, R. (1970) *Family Development in Three Generations: A Longitudinal Study of Changing Family Patterns of Planning and Achievement*, Schenkman.

Homans, G. C. (1974) *Social Behavior: Its Elementary Forms*, Harcourt Brace Jovanovich.

Ikkink, K. K., Tilburg, T. v. and Knipscheer, K. C. P. M. (1999) "Perceived Instrumental Support Exchanges in Relationships Between Elderly Parents and Their Adult Children: Normative and Structural Explanations," *Journal of Marriage and Family*, 61(4): 831-844.

Kalmijn, M. (2006) "Educational Inequality and Family Relationships: Influences on Contact and Proximity," *European Sociological Review*, 22(1): 1-16.

Kalmijn, M. and Dykstra, P. A. (2006) "Differentials in Face-to-Face Contact between Parents and their Grown-Up Childreni," in P. A. Dykstra, M. Kalmijn, T. C. M. Knijn, A. E. Komter, A. C. Liefbroer and C. H. Mulder (eds.), *Family Solidarity in the Netherlands*, Dutch University Press, pp. 63-88.

Kalmijn, M. and De Vries, J. (2008) "Change and Stability in Parent-Child Contact in Five Western Countries," *European Journal of Population*, 25(3): 257-276.

Landis, J. R. and Koch, G. G. (1977) "The Measurement of Observer Agreement for Categorical Data," *Biometrics*, 33(1): 159-174.

Lawton, L., Silverstein, M. and Bengtson, V. L. (1994a) "Affection, Social Contact, and Geographic Distance between Adult Children and Their Parents," *Journal of Marriage and Family*, 56(1): 57-68.

Lawton, L., Silverstein, M. and Bengtson, V. L. (1994b) "Solidarity between Generations in Families," in V. L. Bengtson and R. A. Harootyan (eds.), *International Linkages: Hidden Connections in American Society*, Springer, pp. 19-42.

Lin, G. and Rogerson, P. A. (1995) "Elderly Parents and the Geographic Availability of their Adult Children," *Research on Aging*, 17(3): 303-331.

Litwak, E. (1960) "Geographic Mobility and Extended Family Cohesion," *American Sociological Review*, 25: 385-394.

Lye, D. N. (1996) "Adult Child-Parent Relationships," *Annual Review of Sociology*, 22: 79-102.

Parsons, T. (1949) "The Social Structure of the Family," in R. N. Anshen (ed.), *The Family: Its Function and Destiny*, Harper, pp. 173-201.

Reher, D. S. (1998) "Family Ties in Western Europe: Persistent Contrasts," *Population and Development Review*, 24(2): 203-234.

Rogerson, P. A., Burr, J. A. and Lin, G. (1997) "Changes in Geographic Proximity between Parents and their Adult Children," *International Journal of Population Geography*, 3(2): 121-136.

Rossi, A. S. and Rossi, P. H. (1990) *Of Human Bonding: Parent-Child Relations Across the Life Course*, Aldine de Gruyter.

Seelbach, W. C. (1984) "Filial Responsibility and the Care of Aging Family Members," in W. H. Quinn and G. A. Hughston (eds.), *Independent Aging: Family and Social Systems Perspectives*, Aspen Systems Corporation, pp. 92-105.

Shelton, N. and Grundy, E. (2000) "Proximity of Adult Children to their Parents in Great Britain," *Journal of Population Geography*, 6(3): 181-195.

Silverstein, M. (2006) "Intergenerational Family Transfers in Social Context," in R. H. Binstock and L. K. George (eds.), *Handbook of Aging and the Social Sciences*, Elsevier, pp. 165-180.

Silverstein, M. and Bengtson, V. L. (1997) "Intergenerational Solidarity and the Structure of Adult Child-Parent Relationships in American Families," *American Journal of Sociology*, 103 (2): 429-460.

Smith, G. C. (1998) "Residential Separation and Patterns of Interaction between Elderly Parents and their Adult Children," *Progress in Human Geography*, 22 (3): 368-384.

Suitor, J. J., Pillemer, K. and Sechrist, J. (2006) "Within-Family Differences in Mothers' Support to Adult Children," *Journal of Gerontology: Social Sciences*, 61B (1): S10-S17.

Townsend, P. (1957) *The Family Life of Old People: An Inquiry in East London*, Routledge & Kegan Paul.

Young, M. and Willmott, P. (1957) *Family and Kinship in East London*, Penguin Books.

III　家族と世代の国際比較

第7章 Sequence Analysisによる家族経歴の 国際比較

日本・フランス・ドイツ

福田亘孝

1 はじめに

家族の多様化は先進国において様々に論じられている．日本だけを見てみても，例えば，野々山（1989, 1996）は高度成長期以後，日本社会では個人がどのようなタイミングで，誰と結婚し，子どもを何人持ち，どんな居住形態をとるかといった家族についての選択肢が増え，多様化が進んでいると指摘している．同様に，目黒（1990）も現代社会では家庭生活が人生の様々な時期に様々な形態で営まれ，個人によって選択できるライフ・スタイルとなり，家族が多様化していると述べている．

こうした家族の変化は大きく2つの視点から把握することが可能である．1つ目は家族構成や世帯構造の複雑化や多様化として理解する視点であり，構成要素の変化を中心に据えている．2つ目は個人のライフコースの複雑化や多様化として理解する視点であり，個人が経験するライフ・イベントが複雑になり，特定の役割への移行の有無やタイミングの変化から捉える視点である．Janet GieleとGlen Elder（1998）によればライフ・コースは個人が人生において経験するイベントや役割移行の経歴であり，ライフ・コースの変動には家族経歴の変化も含まれる．従って，家族経歴の多様化は家族の多様化であると同時にライフ・コースの多様化と見なすことができる．

他方で，家族の多様化は繰り返し主張されてはいるがライフ・コースの視点から多様化ついて充分な研究は行われているとは言い難い．確かに，家族形態や役割移行について選択可能な範囲は拡大しているであろう．しかし，選択可

能性の増大が直ちに実際の家族経歴の多様化を引き起こすとは必ずしも言えない．選択することが可能であっても現実には選択しない，あるいは，できないことは十分にあり得る．さらに，ライフ・コースはイベント経験や役割移行の経歴であり，その多様化を考えるには，1つのライフ・イベントだけでなく幾つかのライフ・イベントの連続した軌跡（Trajectory）の変化に注目する必要がある．従って，日本において実際に家族の多様化やライフ・コースの変動が生じているのかを検討するには家族経歴の軌跡やパターンに注目した分析が必要になる．加えて，家族経歴は個人の社会経済的属性から影響を受けると同時に，個人が存在する社会的コンテクストにも左右される．従って，家族の多様化を検討するには，個体の属性のみならず国際比較分析が有益である．換言するならば，他の先進国と家族経歴の軌跡を比較することによって日本の家族の多様化の特徴をより明確にすることができる．これらの点を考慮し，本章では家族経歴の軌跡に注目し，日本，フランス，ドイツの比較分析を行う．以下においては，第2節で現代社会におけるライフ・コースの変動について理論的な検討を行う．続いて，第3節で本分析で用いる分析手法とデータについて説明を行う．第4節から第6節では日本，フランス，ドイツの分析の結果を提示し家族経歴の特徴とその規定要因を検討する．そして最後に国際比較分析の結果をふまえてライフ・コースの変動について国際比較の観点から考察する．

2　ライフ・コースの脱標準化と差異化

　ライフ・コースの変動については様々に表現されており（Brückner and Mayer 2006），De-standardization（Mayer and Müller 1986），Individualization（Beck and Beck-Gernsheim 2002），Differentiation（Mayer 1991），Pluralization（Zapf 1991）などの言葉が使われている．これらが示している内容は微妙に異なってはいるが，大きく2つに分けることができる．すなわち，個体間でライフ・コースのパターンが異なるようになることを意味する De-standardization（脱標準化）や Individualization（個人化）と個体が生涯において色々なライフステージを経験するようになることを表す Differentiation（差異化）や Pluralization（複雑化）である（Brückner and Mayer 2006；Shanahan 2000）．言いかえるなら

ば，前者はライフ・コースの個体間の多様化であり，後者はライフ・コースの個体内での多様化と考えることができる．従って，ライフ・コースの多様化にはこれら2つの視点からの吟味が必要になる．

　ライフ・コースの多様化は先進国では1970年代以降に顕著になりつつあると考えられている（Modell and Goodman 1990）．具体的には1960年代までは1つのライフ・ステージから別のライフ・ステージへの移行が画一的で年齢によって強く規定される「Age-Graded 社会」であったが（Kohli 1986），1970年代以降はライフ・ステージや役割の移行に多様性が高まり，年齢よりも個人の選択に基づく傾向が強くなったと考えられている（Model *et al.* 1976；Robette 2010；Widmer and Ritschard 2009）．こうした変化によって家族経歴も個人による選択性が高まり，家族の多様化が進行したと主張されている（Billari and Liefbroer 2010；Elzinga and Liefbroer 2007；Lesthaeghe 1995）．

　ライフ・コースの多様化の背景として，まず，教育水準の変化を指摘することができる（Hogan 1981）．先進国では高等教育への進学率が上昇し高学歴化が進んでいる．実際，文部科学省の「学校基本調査」によれば，日本の短大や大学への進学率は1970年には23.6% だったが2015年に56.5% になり2.4倍も増加している．特に，女性の短大・大学への進学率が大きく上昇しており1970年の17.7% から2015年の56.6% へ3.2倍も増大しているが，同じ時期に男性の進学率は29.2% から56.4% へと1.9倍の増大に過ぎず，女性の進学率は男性を上回るペースで上昇している．同様の傾向はドイツやフランスでも見てとれる．フランスでは高等教育進学率が2000年の31.4% から2020年の49.4% へ，ドイツでも同じ期間に22.5% から35.7% に上昇しており，両国でも高学歴化が進行している（Eurostat 2022）．

　他の条件が等しければ，学歴水準の上昇は労働市場における賃金稼得力の上昇に繋がる．例えば，2020年の学歴による所定内給与を見てみると，30-34歳の大卒女性（正規社員）では月額28万1400円なのに対して，同年齢の高卒女性（正規社員）では21万5400円であり，前者は後者の1.3倍である．同様に，同年齢の大卒男性の平均給与は月額29万4600円であるが，同年齢の高卒男性（正規社員）は26万3900円にすぎない（厚生労働省 2022）．同様に，高等教育卒業者の一年間の平均所得は2020年のドイツで3万9968ユーロ，フランスで

は3万2168ユーロであるが,後期中等教育卒業者の一年間の平均所得は前者で2万9411ユーロ,後者では2万3264ユーロであり,高等教育卒業者の年間所得が約1.3倍高い.さらに,学歴水準の上昇は就業機会にも影響を与える.特に,高学歴化と並行して家庭外で就労する女性が増える傾向が顕著である.日本では25歳から64歳までの女性の就業率は,1970年には53.6%であったのが2020年には75.0%にまで上昇している(総務省 2022).同様にフランスでは25歳から64歳までの女性の就業率は1975年には53.2%だったが2020年には75.5%へ,同じ期間にドイツの女性では46.7%から79.0%へ大きく上昇しており(OECD 2022),どの国も就業率の上昇が目立っている.

こうした社会経済的変化が家族経歴に及ぼす影響としては2つの点に注目する必要がある.第一に高学歴化による賃金稼得力の上昇は経済的自立性を高め,ライフ・コースの選択の幅を拡大させる.特に,女性にとっては結婚して専業主婦になるコース以外に経済的に自立した就業者にとどまる選択の可能性を高める.この結果,妻役割や母役割への移行が複雑になりライフ・コースの多様化に繋がる.第二に,女性の就業機会の拡大によって伝統的な性別役割分業関係の維持が困難になり,就業役割と家族役割を新たな形式で両立させることが必要になる.この結果,個人や家族の状況に適した働き方や家事・育児のあり方を模索させ(野々山 1999),ライフ・イベントの経験やライフ・ステージの移行が伝統的で定型的なものから,複数の選択肢の中から個人が適したパターンを選ぶ傾向が強まり,家族経歴の多様化が進行する.

社会経済的変化に加えて,ライフ・コースの多様化の背景として,第二に,価値意識の変化を上げることができる.周知のとおり,戦後,多くの先進国は経済が成長し「豊かな社会」を実現させるに至った.さらに,社会政策や経済政策を通じて福祉国家を発展させ社会的なリスクも相対的に軽減している.こうした豊かで安定した社会の成立は,急速ではないが着実に人々の意識をより非伝統的で個人主義的な方向へと変化させ,人々は以前とは異なった意識に基づいて行動する傾向が強くなる.すなわち,社会の安定度が低くリスクが高い段階では集団の伝統的価値や規範の拘束力が強い.しかし,社会の安定が増しリスクが低減するにつれて,こうした価値や規範の統制力が弱くなり個人の選択の自由が拡大する.この結果,伝統的価値や規範よりも個人の嗜好や選好が

行動の決定において重視され，人々の行動は個人主義的傾向が強まる（Inglehart 1977, 1990, 1997）．

　こうした意識の変化によって家族経歴の多様化が進行することになる（Beck and Beck-Gernsheim 2002；Beck *et al.* 1994；Beck 1986；Sennett 1998）．すなわち，家族に関する伝統的価値や規範が弱まるにつれて，結婚する，あるいは，子どもを持つという行為が社会の慣習や規範として当然で当たり前の行為ではなく，自分の選好や価値観に基づいて個人によって選択される行為と見なされるようになる．この結果，もし自分の価値観や選好に合わないならば，結婚しなかったり，子どもを持たずに生涯を過ごすようなライス・スタイルが選択されたりする傾向が強まる．例えば，「世界価値観調査（World Values Survey）」の結果によると，日本で「結婚は時代遅れの制度である」という意見を支持した人の割合は 1990 年には 4.8% であったが，2000 年には 7.4% に増加している．この考えを支持する人の割合はフランスでも 1990 年には 27.1% であったが 2017 年には 34.8% に上昇しており，ドイツでは 2008 年の 3.9% から 2017 年には 8.4% になっている．こうした変化は伝統的で当たり前な制度としての結婚が次第に弱くなり，パートナー形成が個人の選好に委ねられるようになってきていることを示唆している．従って，意識構造が非伝統的で個人志向的な色彩を強めるにつれて，家族経歴は選択的になり多様になる傾向が見られる．

　しかしながら，高学歴化や就業機会の変化が直ちにライフ・コースの多様化を引き起こすとは必ずしも限らない（Buchmann 1989；Brückner and Mayer 2006；Smelser and Halpern 1978）．進学率の上昇による高学歴化は就業するのに必要な教育資格の高度化をもたらす．このため，より多くの人がより長い期間にわたって就学し，学校教育終了後に労働市場に参入するライフ・コースが制度化される．こうした学校教育と労働市場の結び付きの強化によって，1 つのライフ・ステージから別のライフ・ステージへの移行，あるいは，人生におけるイベント経験や役割移行のタイミングやパターンが画一化し共通したものになり，むしろ，ライフ・コースが「標準化（Standardization）」する可能性もある．特に，学校システムは年齢階梯的な組織であり，入学や卒業が年齢で規定される傾向が強い．従って，高学歴化によってより長い期間にわたって教育システムに包含されることによって多様化よりもライフ・コースが年齢に強く

第 7 章　Sequence Analysis による家族経歴の国際比較 —— 169

規定される「Age-Graded」化を促進させる可能性も否定できない.

　同様に，就業機会についても労働市場においてどんな形態の雇用が増加しているかによってライフ・コースに及ぼす影響は異なる．例えば，安定的で失業のリスクが低い職業への就業機会が増加するならば，変動が相対的に少なく標準的な職業キャリアを経る可能性が高まり，ライフ・コースの多様化はあまり進まないであろう．反対に，雇用が不安定的で失業のリスクが高い職業が増加するならば，職業キャリアの変動が大きくなりライフ・ステージの移行が多様になるであろう．実際，パートタイム就業は正規雇用よりも雇用が不安定であり，パートタイム就業の増大は職業経歴の多様性を増大させることが指摘されている（Berger *et al.* 1993；Kohli 1986）．職業経歴と家族経歴は結び付きが強いので，前者の変動が増大すれば後者の変動も大きくなるはずである．さらに，雇用の安定的な職業に高い学歴層が就き，雇用の不安定な職業に学歴の低い層が就くならば，前者と比べて後者のライフ・コースの変動が大きくなる可能性がある．このため，家族経歴の変動は全ての集団で一様に生じるのではなく，社会経済的属性によって多様化に違いが生じることになる．仮にそうであるならば，ライフ・コースは多様化よりも格差化が生じていることになる.

　加えて，福祉国家や社会保障制度の発達は価値意識の変化を通じてライフ・コースの多様化を促進する反面，それ自体は多様化を抑制する可能性を持っている．すなわち，福祉国家の発展は法律による権利や義務の規定を通じて，あるいは，公的な財やサービスの給付を通じて，個人の生活に対する国家の関与を強める．例えば，老齢年金の給付時期や給付額は退職の時期や退職後の生活のあり方を左右するであろうし，公的医療保険制度の発達は疾病リスクを低下させ，病気による就学や就業の中断を経験する人を減少させるであろう．また，育児休業制度や保育サービスの拡充は子どもを持つ，持たないといった家族形成に影響を及ぼすであろう．実際，2017 年の社会保障給付費における家族分野の占める割合は日本が 7.0%，ドイツが 8.5%，フランスが 8.9% であり，国家の家族の生活への関与は大きい（国立社会保障・人口問題研究所 2021）．特に，日本に比べてドイツやフランスの割合が大きく，より家族に国家が強く関与する傾向がある．また，現代の福祉国家が提供する財やサービスは一定の要件を満たす個人に対しては区別なく給付される制度になっている．このため，福祉

国家や社会保障制度の発達による財やサービスの公的給付は社会的資源の分配をより平準化することで，人生において経験する社会的リスクを低減させ，ライフ・イベントの経験の画一化を促進する可能性がある（Beck 1986）．従って，福祉国家や社会保障制度の発達は豊かな社会を実現させ価値意識を変化させ家族経歴の多様化を促進する一方で，個人の生活への公的関与を強め社会的リスクを低下させることで，ライフ・ステージや役割移行のバリエーションを低下させ，ライフ・コースを標準化させる可能性がある（Mayer and Schoepflin 1989）．

これらの点を考慮すると，先進国では教育水準の上昇や意識構造の変化によって家族経歴は多様化すると同時に，福祉国家の発達により標準化したり個人の社会経済的属性による格差が生じる可能性も考えられる．従って，先進国における家族の多様化はデータを用いて国際比較で検討する必要がある．

3　データと分析方法

ライフ・コース研究では「移行（Transition）」と「軌跡（Trajectory）」の2つの視点から分析が行われる（Aisenbrey and Fasang 2010）．前者はある役割から別の役割へ，あるいは，あるライフ・ステージから別のステージへの移行のタイミングやリスクを検討しており，主にイベント・ヒストリー分析が用いられる．イベント・ヒストリー分析は時間の経過にともなって発生するイベントの生起確率をセンサーされた対象も含めて柔軟に分析できるという長所を持っている．しかし，イベント・ヒストリー分析では分析対象となる被説明変数は主に結婚や出産といった個々のイベントであり，離散的なイベント経験や役割移行の分析には適しているが，ライフ・コース全体のパターンを俯瞰して吟味するのが難しい．他方，ライフ・コースの軌跡の分析では連続する役割移行のパターンや複数イベントの連鎖の過程を総体として把握することを目的とし，Sequecne Analysis が用いられることが多い．この手法はイベント・ヒストリー分析のようにイベント発生過程を確率的に検証したり，センサーされた個体を含むサンプルを処理するにはあまり適した方法ではない（Abbott 2000；Wu 2000）．しかし，役割移行や連続するイベントの時間に沿った生起や配列パター

ンの異質性や類似性を全体として分析するには適した方法である．すなわち，ある時点から別の時点までのライフ・コースの軌跡が個体間でどの程度異なっているのか，さらに，その差異はコーホートや個人の属性と関連があるかを吟味する場合には有効な手法である．

　社会学において用いられる代表的な Sequence Analysis の方法としては「最適マッチング（Optimal Matching）法」をあげることができる（Abbott and Tsay 2000）．この手法は生物学の分野で 1970 年代から遺伝子の塩基配列の相異を分析するために導入され，1980 年代後半に Andrew Abbott を中心にして社会学で用いられるようになった手法である（Abbott 1983, 1995）．代表的な研究としては，イギリスとアイルランドの階層移動（Halpin and Chan 1998），イギリスのロイズ銀行の昇進システム（Stovel *et al.* 1996），18 世紀ドイツの音楽家の職歴（Abbotte and Hrycak 1990），女性の金融専門職のキャリア・パターン（Blair-Loy 1999），職業経歴と退職の関係（Han and Moen 1999）についての研究などが挙げられる．さらに職歴研究以外では，福祉国家の発達過程の国際比較分析（Abbott and DeViney 1992）やアメリカにおける地理的移動の分析（Stovel and Bolan 2004）といった研究にも用いられている．また，日本においては渡邊（2004）が SSM 調査のデータに最適マッチング法を使い職歴パターンの分析を試みている．

　最適マッチング法では 2 つの個体のライフ・コースの軌跡の距離（非類似度）は，一方のライフ・ステージの配列を他方の配列に一致させるために必要な変換のコストによって測定される．この変換は「置換（substitution）」，「削除（deletion）」，「挿入（insertion）」の 3 つの操作によって行われ，それぞれの操作にはコストが伴う．そして，一方の配列を他方の配列に一致させるのに必要なコストを 2 つの配列の距離とみなす．ただし，これら 3 つの操作によって 2 つの配列を一致させる変換の仕方は多数あり，最適マッチング法では複数ある変換の仕方の中で最もコストの小さい変換の仕方を両者の配列の距離として採用する．そして，ライフ・コース研究では，この距離を個体間の非類似度の尺度とし，この値が大きいほどライフ・コースが個体間で多様化しているとみなす．

　最適マッチング法をライフ・コースの分析に用いる場合には 3 つの点に注意

する必要がある．第一点目は置換，削除，挿入の3つの操作に割り当てるコストの値の決定である．すなわち，これら3つの操作にはそれぞれ1回行った際のコストが割り当てられ，配列が一致するまでに必要な回数のコストの合計値が個体間の距離になるが，それぞれの操作のコストに割り当てる値が異なると個体間の距離も異なってしまう．例えば，置換のコストの値が低く削除と挿入の値が高い場合と，置換コストが高く，削除と挿入の値が低い場合では，同じ2つの個体の非類似度が異なってしまう（Hollister 2009；Lesnard 2014）．このため，ライフ・コースのパターンが同一でも置換，削除，挿入の値によって非類似度が異なる可能性がある．コストの値の決定方法は幾つか提案されているが，より妥当な値を3つの操作のコストに割り振るには分析に用いるデータの役割移行のパターンから計算するのが望ましい（Gauthier *et al.* 2009）．従って，本分析でも実際のデータから計算されたコストの値を用いて個体間の距離を求める．第二点目として，個体間のライフ・コースの非類似度（距離）の定義である．最適マッチング法ではイベント経験やライフ・ステージの配列を一致させるのに必要なコストの合計を個体間の相違度と考えている．しかし，これ以外にも個体間の距離が提案されており（Elzinga 2014；Lesnard 2010），距離の定義が異なれば個体間の異質性のパターンも変わってくる．特に，遺伝子の分析のように塩基配列の順序のみから類似性を判別する場合には距離の定義によって個体間の類似性が大きくかわるが，ライフ・コースでは人生のどの時点でどのイベントを経験するかを分析しており，時間と順序の2つから類似性を検討している．こうした場合には配列を一致させるのに必要なコストの合計を用いる方がより適切に個体間の距離を測定できる（Halpin 2014）．この点を考慮し，本分析ではコストの値に基づく距離を用いて個体間の非類似度の分析をおこなう．第三点目として個体内での変動の吟味である．上述したように，最適マッチング法は個体間の役割移行やライフ・ステージの配列の非類似度を分析しており，これが大きいほど個体間のライフ・コースは多様化していることになる．しかし同時に，ライフ・コースの多様化は個体内の役割移行やライフ・ステージの複雑化も検討する必要がある．例えば，以前と比べて，人々が人生においてより多くの役割やステージを経験するならばライフ・コースは多様化していると考えることができる．最適マッチング法は個体間の多様化を測定す

第7章　Sequence Analysis による家族経歴の国際比較 —— 173

ることは可能であるが，こうした個体内の多様化を把握するのが難しい．個体
内での複雑化や多様化を測定する尺度はいくつかあるが（Raab and Struffolino
2023），本章では式（7-1）で定義されるエントロピー（Shannon 1948）を用い
て個体内での多様化の分析を行う（Elzinga 2010；Studer *et al.* 2011）．すなわ
ち，個体が一生において経験するライフ・ステージが c 種類あり，あるステー
ジ j に留まる期間の比率を p_j とするとライフ・コースにおけるエントロピーは

$$h(p_1, p_2, \cdots p_c) = \sum_{j=1}^{c} -p_j \log_2 p_j \quad \cdots \quad (7\text{-}1)$$

と表現される（Widmer and Ritschard 2009）．式（7-1）の値が大きいほど個体
内のライフ・ステージの複雑性が大きくなり，反対に 0 で最も小さくなり全期
間で 1 つのステージしか経験しないことになる．本分析ではこのエントロピー
の値を用いて個体内の多様性を検討する．

　本章の分析では Generations and Gender Survey（GGS 調査）のドイツ，フ
ランス，日本の第 1 回目のデータを用い，分析対象は調査時点での年齢が 50
歳以上 70 歳未満の回答者である．分析対象者数は日本が 3820 サンプル，フラ
ンスが 4131 サンプル，ドイツが 3517 サンプルである．家族経歴において配偶
者との離別や再婚の経験は重要な役割移行であり，ライフ・コースの多様化を
検討する場合も検討の対象にすることが望ましい．しかし，これら 3 つの国の
調査すべてで離死別や再婚についての十分な情報を得ることが残念ながらでき
ないため，これらの経歴については分析から除いている．従って，本分析では
(1) 有配偶／無配偶（未婚・離死別），(2) 無子／子ども 1 人／子ども 2 人を
組み合わせた合計 6 個のステージへの移行のパターンを扱う．

　本分析では 2 つの従属変数を家族経歴の多様化の指標として分析を行う．第
一番目の従属変数は最適マッチング法を求めた個体間の距離である．具体的に
は，各国のデータ・セットの役割移行のパターンから求めた値を置換，削除，
挿入の操作に割り当て，この値に基づいて計算された配列の変換コストの合計
値を個体間の非類似度とした．さらに，この距離に対してウォード法でクラ
スター分析を行い個体のグループ分けを行った．最適なクラスターの数の決定
には Average Silhouette Width（ASW）と Weighted Average Silhouette Width
（ASWw）を指標にして決定した（Kaufman and Rousseeuw 2005；Studer 2013）．

これら2つの指標は−1から1の値をとり，より大きい値のクラスター数が最適なクラスターになる．第二番目の従属変数は式（7-1）によって求められたエントロピーであり，値の大きい個体ほど人生においてライフ・ステージの変動が大きく多様性が高い.

　家族経歴の規定要因の分析では説明変数として，第一に回答者本人の最終学歴を用いる．既に述べたように，教育水準は家族経歴の多様化において重要な要素であり，この変数の効果を検討する．具体的には（1）中学・高校，（2）専門学校，（3）短大・大学・大学院の三分類にした．第二に本分析では回答者の出生コーホートを説明変数として用いた．前節で論じたように家族経歴の変化には政府の福祉政策や社会保障制度が影響を与える可能性がある．先進国では戦後に福祉国家が大きく発展したことにより国家の関与が増大し，家族経歴のパターンに影響を及ぼしているならば，出生コーホートの従属変数に対する影響が異なると予想される．第三に，性別や同棲経験は家族経歴に大きな差異をもたらすと考えられるので分析モデルに含めた．また，本分析では回答者の15歳時点の父親の職業をコントロール変数として用いた．既に述べたように，価値意識は家族経歴に影響を与える要因であるが，本分析で使うデータには回答者の価値意識を時系列で測定した変数がなく，直接，価値意識の影響を分析することは不可能である．このため，意識は個人の定位家族に影響されると仮定し，父親の職業（出身階層）を本人の価値意識の代理変数と見なした．さらに，家族経歴は回答者の定位家族の経済的状況にも左右される可能性が高く，この影響をコントロールするためにも親の職業をコントロール変数として用いた.

　本分析では，最初にクラスターやエントロピーと上述した変数の関係を記述的に分析し関連を把握する．次に，クラスターの規定要因を吟味するためにMulti-Logit回帰分析を用いる．加えて，エントロピーの値は予備的な分析によって0に集中する分布が観察されたので，分析では以下のDouble-Hurdelモデル（Cragg 1971）を用いる.

$$d_i = a_1 + \beta_1 z_1 + \cdots + \beta_K z_K \quad d_i = \begin{cases} 1 \text{ if } y_i > 0 \\ 0 \text{ if } y_i = 0 \end{cases} \quad \cdots \quad (7\text{-}2)$$

$$y_i = a_2 + \beta_1 x_1 + \cdots + \beta_l x_l \quad \text{if } d_i > 0 \quad \cdots \quad (7\text{-}3)$$

このモデルは式（7-2）の Selection モデルと式（7-3）の Outcome モデルから構成されている．変数 d は y が 0 より大きい場合 $d=1$ をとり，$y=0$ では $d=0$ になる．式（7-2）では d の確率をプロビット・モデルで推定する．式（7-3）は y が 1 より値が大きい場合を説明するモデルで説明変数 x で応答変数 y を推定する．エントロピーを従属変数にした分析ではこのモデルを用いて説明変数の影響を吟味する．

4　日本の家族経歴の特徴と規定要因

図 7-1 は日本の 18 歳から 50 歳までの家族経歴を男性と女性で比較している．男性も女性も 20 歳代から未婚状態の比率が次第に減少し，子どもを持つ人の割合が増大している．実際，50 歳で有配偶で子どもを 2 人もっている人の割合は男性が 73.1%，女性が 76.7% であり圧倒的に多い．他方，50 歳時点に有配偶で無子の人の比率は男性が 7.4%，女性が 5.8% であり，後者より前者が僅かに多いが，全体としては少数派にとどまっている．

次に，学歴ごとの家族経歴を図 7-2 で見てみよう．まず，50 歳時点の未婚者の割合は「高校以下」と「短大・大学」では約 4% であるのに対して，「専門学校・高専」では 7.6% であり，中間の学歴層で未婚の人の割合が多くなっている．さらに，この年齢の「有配偶＋子ども 1 人」と「有配偶＋子ども 2 人」を合計した割合は，「短大・大学」が 87.6%，「専門学校・高専」が 79.9%，「高校以下」85.3% であり，パートナーがいて子どもをもつ人は中間の学歴層で低くなっている．他方，「無配偶＋子ども 1 人」と「無配偶＋子ども 2 人」を合計した一人親の割合は「高校以下」と「専門学校・高専」では，ほぼ 4% であるが，「短大・大学」は 3% 弱であり，学歴の低い層で一人親の人がやや多くなる傾向が見られる．

最後に出生コーホートごとの家族経歴のパターンを見てみよう（図 7-3）．未婚の割合は 1950 年以降の出生コーホートで増えている．50 歳時点での未婚者割合は 1939 年以前の出生コーホートでは 3.1%，1940-44 年コーホートで 3.2%，1945-49 年コーホートで 4.2% に過ぎなかったのが 1950 年以降の出生コーホートは 7.3% に増加している．他方，「有配偶＋無子」の割合は全てのコーホート

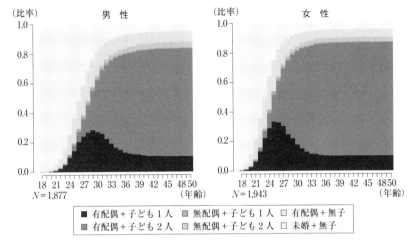

図 7-1　家族経歴の男女比較（日本）

において6%前後であまり大きな変化は見られない．さらに，35歳時点での「有配偶+子ども2人」の割合は1940-44年コーホートでは73.0%であるのに対して，1950年以降のコーホートでは68.5%に減少しており，若いコーホートほど出産タイミングが遅くなる傾向が見てとれる．他方，「無配偶+子ども1人」と「無配偶+子ども2人」を合計した50歳時点の一人親の割合は，1939年以前の出生コーホートでは5.0%であるのに対して，1940-44年コーホートで3.7%，1945-49年コーホートで3.4%，1950年以降の出生コーホートは3.1%であり大きな変化は観察されない．

図7-4は最適マッチング法で計算された個体間の距離（非類似度）によってライフ・コースのパターンをクラスターに分けたものである．最適クラスター数はASWとASWwに基づき，最も当てはまりの良い4つのクラスターへの分割を採用している．各クラスターの特徴を見てみると，クラスター1は20歳代から未婚者の割合が減少し30歳代になると結婚して子どもを持つ人が増加し始める．そして，40歳代以降は子どもを2人持つ人がほとんどである．従って，クラスター1は「有配偶+子ども2人」の家族経歴を持つグループと言える．クラスター2も20歳代から結婚する人が増大するが30歳代以降になっても子どもを持つ人はおらず，「有配偶+無子」のクラスターと見なすことが

第7章　Sequence Analysisによる家族経歴の国際比較 —— 177

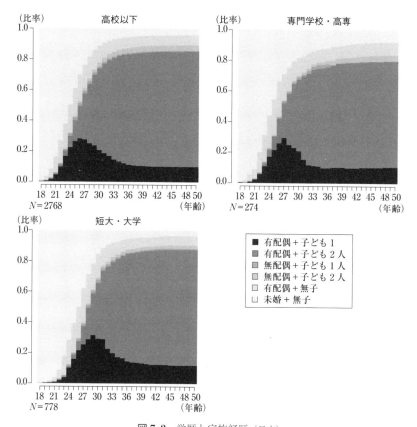

図 7-2 　学歴と家族経歴（日本）

できる．クラスター1やクラスター2と同様に，クラスター3も年齢の上昇にともなって結婚して子どもを持つ人の割合が増大するが40歳代以降も子どもは1人にとどまっており，クラスター3は「有配偶＋子ども1人」のグループである．最後のクラスター4では半数以上が「未婚＋無子」であり，残りは無配偶で子どもを持っている人たちであり有配偶はいない．従って，クラスター4は「無配偶」を特徴とするグループである．

　主要な独立変数との関連を吟味するために，**表7-1**では出生コーホートごとのクラスターの割合を示している．クラスター1（有配偶＋子ども2人）はコーホートによって若干の変動はあるが，全体として割合が安定しておりクラスタ

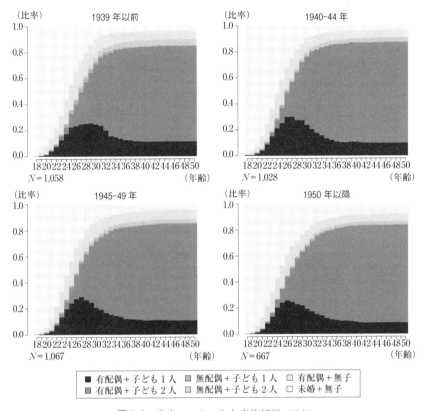

図 7-3 出生コーホートと家族経歴（日本）

ー・サイズも最も大きく，最も標準的な家族経歴のパターンである．従って，結婚して2人子どもを持つライフ・コースは依然として典型的なライフ・コースと言える．他方，クラスター2（有配偶＋無子）とクラスター3（有配偶＋子ども1人）は若いコーホートでやや低下する傾向があり，前者のクラスターは1939年以前のコーホートでは6.0%であったが1950年以降のコーホートでは4.8%に，後者は10.8%から8.1%に低下している．しかしながら割合の変動は極めて小さく，結婚していても「子どもを持たない」あるいは「子どもは1人だけ」というライフ・コースには殆ど変化がない．興味深いのは，クラスター4（無配偶）の割合がコーホートが若くなるにつれて増加しており，配偶者なし

第7章 Sequence Analysis による家族経歴の国際比較 —— 179

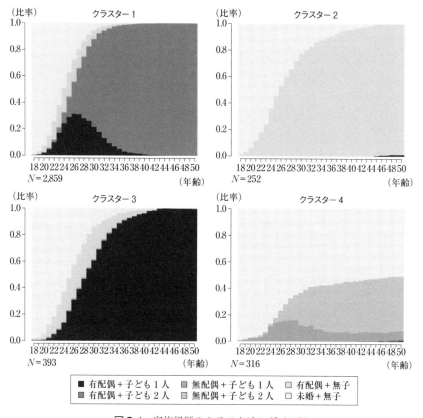

図 7-4　家族経歴のクラスタリング（日本）

で人生の大半を過ごす人が増える傾向が見られる．さらに，カイ二乗検定では有意水準 1% で独立性が棄却されており出生コーホートと家族経歴のタイプには関連が見られる．一方，各コーホートの質的変動指数（Index of Qualitative Variation）を見ると 1940-44 年コーホートの値が最も小さい．このコーホートは 1960 年代に 20 歳代を過ごした人達であり，家族経歴のタイプの同質性が相対的に大きい．しかし，全体としては質的変動指数は若いコーホートでもそれほど大きくなく，ライフコースの個体間の多様化は殆ど進んではいない．むしろ，1940-44 年コーホートのみが質的変動指数が小さく多様性が低い．

次に，学歴と家族経歴クラスターの関係を表 7-2 で見てみると，「有配偶 +

表7-1　出生コーホートと家族経歴（日本）

出生コーホート	家族経歴のタイプ（%）				質的変動指数
	クラスター1	クラスター2	クラスター3	クラスター4	
1939年以前	74.9	6.0	10.8	8.3	0.56
1940-44年	79.7	5.0	8.4	6.8	0.47
1945-49年	75.4	6.8	9.9	7.9	0.55
1950年以後	75.5	4.8	8.1	11.7	0.54
N	2,859	252	393	316	

表7-2　学歴と家族経歴（日本）

学　歴	家族経歴のタイプ（%）				質的変動指数
	クラスター1	クラスター2	クラスター3	クラスター4	
中学・高校	77.1	5.6	8.8	8.5	0.52
専門学校・高専	70.1	8.4	8.8	12.8	0.64
短大・大学	76.3	5.5	11.7	6.6	0.53
N	2,859	252	393	316	

子ども2人（クラスター1）」のグループはどの学歴でも70%以上の人が経験する家族経歴であるが，特に，中学・高校卒と短大・大学卒での割合が大きく低学歴層と高学歴層でより多く見られるライフ・コースである．対照的に「無配偶（クラスター4）」は「専門学校・高専」での割合が大きく，このライフ・コースは中間層の学歴で多くなる傾向がある．「有配偶＋無子（クラスター2）」は「短大・大学」や「中学・高校」より「専門学校・高専」で割合が相対的に大きい．また，「有配偶＋子ども1人（クラスター3）」は「短大・大学」での割合が高く，高学歴層で多い家族経歴である．他方，質的変動指数は専門学校卒が最も大きく，「中学・高校」や「短大・大学」では小さい．言いかえるならば，個体間のライフ・コースの多様化は中間の学歴層で大きく，それに比べて高学歴層や低学歴層では家族経歴の同質性が高くなる傾向がある．

　続いて，エントロピーによって個体内の多様化について検討しよう．**表7-3**では個体のエントロピーの値を4つのグループに分けて，出生コーホートとの関係を検討している．すなわち，エントロピーの「平均±0.5×標準偏差未満」の範囲にある個体を「グループ1」，「平均±0.5×標準偏差以上から平均±1.0×

表7-3　出生コーホートと家族経歴のエントロピー（日本）

出生コーホート	エントロピーのグループ（%）				質的変動指数
	グループ1	グループ2	グループ3	グループ4	
1939年以前	45.2	32.5	13.8	8.5	0.89
1940-44年	47.9	33.4	11.1	7.7	0.86
1945-49年	47.4	30.4	12.9	9.3	0.88
1950年以後	44.8	31.5	12.3	11.4	0.90
N	1,775	1,221	480	344	

標準偏差未満」の個体を「グループ2」，「平均±1.0×標準偏差以上から平均±1.5×標準偏差未満」を「グループ3」，「平均±1.5×標準偏差以上」を「グループ4」にしている．

　まず，グループ1の割合は1939年以前のコーホートから1940年代コーホートにかけて上昇しており標準的なライフ・ステージを経験する人の割合が僅かながら増加する．しかし，1950年以降のコーホートでは比率が減少に転じている．対照的に，グループ2とグループ3はコーホート間で僅かに割合が変化するがほぼ一定である．これに対してグループ4は1950年以後のコーホートで割合が増加し，高いエントロピーの値を持った人が増えている．言いかえるならば，若いコーホートではグループ1の割合が減少しグループ4の割合が増大している．また，質的変動指数は1940-44年コーホートで値が低下し，その後のコーホートではやや上昇している．

　さらに，表7-4で学歴との関係を見てみると，「短大・大学」カテゴリーではグループ1の割合が低く，グループ2とグループ3の比率が高くなる．対照的に，「中学・高校」ではグループ1の値が大きく，グループ2とグループ3が低い．従って，後者と比べて前者は非標準的なライフ・コースを経験する人が多い．「専門学校・高専」はグループ4の割合が大きく，グループ2とグループ3がやや低い．さらに，グループ1の値は「短大・大学」と「中学・高校」の間になっている．つまり，中間層の学歴グループは高いエントロピーのグループと低いエントロピーのグループに二極化しつつあると言える．

　続いて，個体間のライフ・コースの規定要因の検討しよう．表7-5はクラスター1（有配偶＋子ども2人）を基準カテゴリーにしたMulti-Logit回帰の結果

表 7-4 学歴と家族経歴のエントロピー（日本）

学 歴	エントロピーのグループ（%）				質的変動指数
	グループ 1	グループ 2	グループ 3	グループ 4	
中学・高校	48.1	31.0	11.9	9.0	0.87
専門学校・高専	44.2	31.8	12.4	11.7	0.90
短大・大学	41.7	35.4	14.9	8.1	0.90
N	1,775	1,221	480	344	

表 7-5 家族経歴のパターンの Multi-Logit 分析（日本）

	モデル 1	モデル 2	モデル 3
	クラスター 2	クラスター 3	クラスター 4
	クラスター 1 回帰係数	クラスター 1 回帰係数	クラスター 1 回帰係数
出生コーホート			
（-1939）			
1940-44	-0.25	-0.15	-0.37
1945-49	0.05	-0.15	-0.29
1950-	-0.33	-0.30	-0.28
本人学歴			
中学・高校	0.14	-0.17	0.78***
専門学校・高専	0.14	0.12	1.29***
（短大・大学）			
父親職業			
専門・管理	-0.47*	0.17	0.42
（事務・販売）			
マニュアル	-0.33	-0.09	0.50*
農林漁・自営	-0.36*	-0.06	0.13
性別			
（男性）			
女性	-0.41**	-0.02	-0.38**
同棲経験ダミー	0.95***	0.41*	0.90***
定数項	-2.13***	-1.76***	-3.41***
Log likelihood		-2113.75	
サンプル数		3,820	

注： *** : $p<0.01$，** : $p<0.05$，* : $p<0.10$.
　　（　）はレファレンス・カテゴリー.

第 7 章　Sequence Analysis による家族経歴の国際比較──183

である．まず，モデル1に注目するとクラスター2（有配偶＋無子）になる確率は同棲経験のある場合に大きくなっている．具体的には，同棲経験の無い場合と比べて約2.6倍高い確率でクラスター2になっている．近年，日本でも同棲が増加する傾向がみられるが，これらの人たちは伝統的な家族形態やライフ・コースに対する心理的コミットメントが低いと考えられる．このため，結婚しても子どもを持たないライフ・コースであるクラスター2になる可能性が大きいのかもしれない．他方，学歴は有意な影響が見られず殆ど影響してない．しかし，父親の職業が「専門・管理」職ではクラスター2になる確率が約40％減少し，「農林漁・自営」業では約30％有意に低く，これらの階層出身者は結婚して無子を選択する可能性が低い．また，男性と比べて女性はクラスター2／クラスター1のオッズ比が35％ほど低い．他方，クラスター3（有配偶＋子ども1人）には顕著な影響を示す社会経済変数がなく，同棲経験があるとクラスター3になる可能性が1.5倍有意に大きくなる．従って，社会経済的属性は結婚して子どもを1人しか持たないライフ・コースの選択に影響を与えていない．クラスター4（未婚／無配偶）は「専門学校・高専」でオッズ比が3.6倍，「中学・高校」で2.2倍大きく，高学歴層よりも低学歴層でこの家族経歴になる確率が高い．さらに，同棲を経験した場合は2.5倍ほどオッズ比が大きい．また，出生コーホートはすべてのモデルで有意な効果が無く，世代によって家族経歴のパターンに明確な変化が生じていない．この結果を見る限り，戦後の福祉国家の発達は個体間のライフ・コースの多様化と明確な関連がないようである．

　表7-6は個体内のライフ・ステージの多様化を検討するためのエントロピーを従属変数としてDouble-Hurdleモデルを行った結果である．説明変数の従属変数への効果はOutcomeモデルやSelectionモデルの回帰係数から直接解釈するのが難しいので条件付き平均効果によって吟味する．まず，「専門学校・高専」と「短大・大学」は正の有意な効果を持っており「中学・高校卒」と比べてエントロピーが大きい．従って，高学歴層でより複雑化したライフ・ステージを経験する傾向がある．対照的に，父親職業の条件付き平均効果はいずれのグループも有意になっていない．また，出生コーホートが古いほど平均効果は有意な正の値でありエントロピーが大きくなる傾向がみられる．さらに，女性

表7-6　エントロピーの Double-Hurdle 回帰分析（日本）

	Outcome モデル 回帰係数	Selection モデル 回帰係数	条件付き 平均効果
出生コーホート			
-1939	-0.01	1.42***	0.05**
1940-44	-0.03**	1.15***	0.03*
1945-49	-0.03***	0.69**	0.02
（1950- ）			
学歴			
（中学・高校）			
専門学校・高専	0.03*	-0.60	-0.01
短大・大学	0.05***	0.23	0.06***
父親職業			
専門・管理	0.01	0.17	-0.01
（事務・販売）			
マニュアル	-0.02*	0.14	-0.01
農林漁・自営	-0.03*	0.38	-0.01
性別			
（男性）			
女性	-0.07***	1.85	-0.07***
定数項	0.90***	1.38*	
Log likelihood		-208.91	
サンプル数		3,820	

注：***：$p<0.01$，**：$p<0.05$，*：$p<0.10$.
　　（　）はレファレンス・カテゴリー.

は男性と比べて平均効果が有意な負の値でありエントロピーが低い．従って，ライフ・ステージの変動の大きな家族経歴の経験は学歴や性別によって異なっており，特定の社会集団で顕著になっている．

5　フランスの家族経歴の特徴と規定要因

　図7-5 はフランスの 18 歳から 50 歳までの家族経歴のパターンを男性と女性で比較している．まず第一に注目すべき特徴は「無配偶＋子ども 1 人」と「無配偶＋子ども 2 人」の割合が男性より女性でかなり大きい点である．50 歳時点に注目すると「無配偶＋子ども 1 人」は男性では 6% に過ぎないが女性では 10% に達している．同様に，「無配偶＋子ども 2 人」は男性で 17.2% であるのに対して女性では 28.2% であり 10% 以上も多くなっている．対照的に，「有配

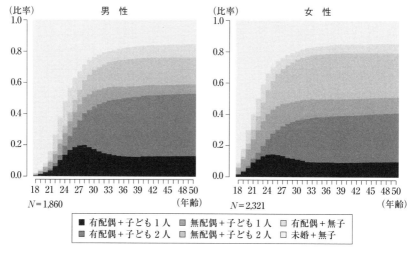

図 7-5　家族経歴の男女比較（フランス）

偶＋子ども1人」と「有配偶＋子ども2人」の割合は女性よりも男性で多くなっている．例えば，50歳時点の「有配偶＋子ども1人」の比率は男性が13.1％，女性が9.8％であり，「有配偶＋子ども2人」では男性が40.0％であるのに対して女性は31.1％にとどまっている．また，「未婚＋無子」の割合は男女で大きく異なってはいない．こうした特徴からみると，女性よりも男性はパートナーと子どもを持つライフ・コースを経験する傾向が強い．

続いて，図7-6で学歴と家族経歴の関係を見てみよう．「未婚＋無子」の比率は「短大・大学」カテゴリーで大きい．「高校以下」と「専門学校・高専」の50歳時の「未婚＋無子」の割合は13％前後に過ぎないが「短大・大学」では20.8％に達しており，高学歴層でパートナーのいないライフ・コースが多く見られる．一方，無配偶で子どもを持つパターンは低学歴層で多く見られる．実際，「無配偶＋子ども2人」の50歳での割合は「高校以下」で25.2％であるが，「専門学校・高専」では21.1％，「短大・大学」では20.1％になっている．同様に「無配偶＋子ども1人」も「高校以下」が8.3％，「専門学校・高専」が8.5％，「短大・大学」が7.6％であり高学歴層で少ない．また，「有配偶＋子ども1人」と「有配偶＋子ども2人」を合計した値も学歴が低い層で割合が多く，

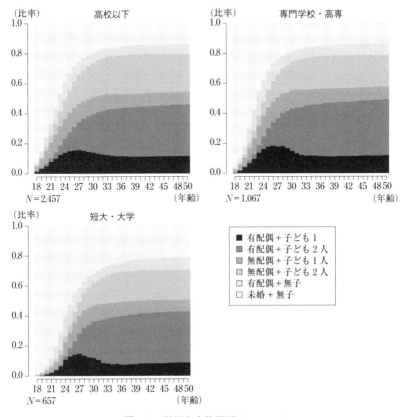

図 7-6　学歴と家族経歴（フランス）

　50 歳時点では「高校以下」で 46.1％，「専門学校・高専」で 49.3％であるが，「短大・大学」では 42.9％に過ぎない．こうした特徴からみると，フランスでは低い学歴層は，有配偶であれ無配偶であれ子どもを持つパターンが多い一方で，高い学歴層では結婚していても，いなくても子どもを持たないパターンが多くなる傾向が見られる．

　図 7-7 は出生コーホートごとの家族経歴を示している．まず注目すべき特徴は「有配偶＋無子」と「有配偶＋子ども 1 人」の比率が 1950 年以降の出生コーホートで増加している点である．例えば，50 歳時の「有配偶＋無子」の割合は 1950 年以降のコーホートでは 13.5％に達しているが，1945-49 年コーホ

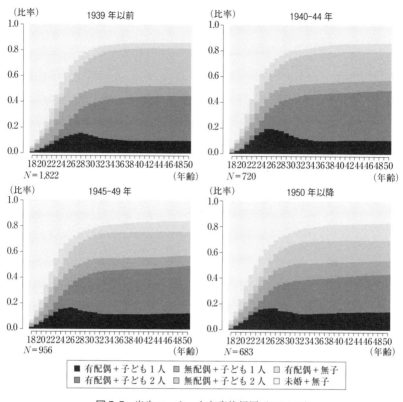

図7-7 出生コーホートと家族経歴（フランス）

ートでは8.5％に過ぎない．同様に，「有配偶＋子ども1人」は1950年以降のコーホートで14.2％，1945-49年コーホートで12.5％になっている．対照的に，1950年以降のコーホートでは「有配偶＋子ども2人」は減少している．実際，1940-44年コーホートの50歳の「有配偶＋子ども2人」の割合は38.9％にも達しているが，1950年以降のコーホートでは29.1％に減少する．さらに，50歳時の「無配偶＋子ども1」と「無配偶＋子ども2」を合計した値は1940-44年コーホートで30.2％，1950年以降のコーホートで26.3％であり両者に大きな差はない．1950年以降に生まれた人が20歳代になるのは1970年代からであり，フランスの少子化は婚姻内出生力の低下が大きく影響していることがこれらの結果から推察できる．

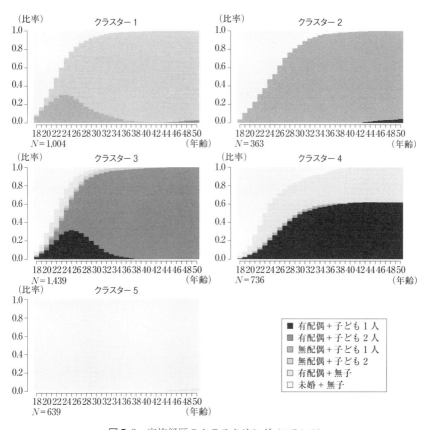

図 7-8　家族経歴のクラスタリング（フランス）

図 7-8 はこれまで述べてきた家族経歴のパターンを分類するために行ったクラスター分析の結果である．クラスター数が 5 個で ASW の値が 0.69，ASWw が 0.69 で最も大きく最適であった．それぞれのクラスターの特徴を見てみると，クラスター 1 は 20 歳代前半から無配偶で子どもを持つ割合が増加するが，20 歳代後半から「無配偶 + 子ども 1 人」が低下し始め「無配偶 + 子ども 2 人」が増加し 40 歳以後は殆ど全てがこのパターンになっており，「無配偶 + 子ども 2 人」のクラスターである．同様に，クラスター 2 も 20 歳代から「無配偶 + 子ども 1 人」が増加し 40 歳ぐらいでほぼすべてがこの形態であり「無配偶 + 子

第 7 章　Sequence Analysis による家族経歴の国際比較 —— 189

ども1人」のクラスターと考えられる。クラスター3はサイズが最も大きく標準的な家族経歴のパターンである。このクラスターでは20歳代後半から未婚者が減少し始め、結婚して1人目の子どもを持つ割合が増加する。その後、40歳前後で2人目の子どもを持っており「有配偶＋子ども2人」のグループと言えよう。クラスター4は40歳ぐらいから「有配偶＋無子」と「有配偶＋子ども1人」の比率が拮抗しており「有配偶＋無子／子ども1人」を特徴としている。最後のクラスター5は全年齢にわたって無配偶によって独占されており、「未婚＋無子」のクラスターである。

　表7-7は出生コーホートごとのクラスターの割合を示している。クラスター1（無配偶＋子ども2人）はコーホートが若くなるにつれて着実に割合が減少しており、1939年以前のコーホートの29.3％から1950年以後のコーホートでは16.5％になっている。対照的にクラスター2（無配偶＋子ども1人）の割合は若いコーホートで増加しており、1939年以前のコーホートの7.9％から1950年以後のコーホートでは11.3％へ上昇している。これらの変化は無配偶であっても持つ子どもの数が減少する傾向があることを示唆している。他方、クラスター3（有配偶＋子ども2人）はコーホートが若くなるほど割合が低下しており、1950年以降のコーホートでは28.3％に減少している。反対にクラスター4（有配偶＋無子／子ども1人）とクラスター5（未婚＋無子）は若いコーホートで比率が増大している。特に、クラスター4は1939年以前コーホートでは13.9％に過ぎなかったが1950年以後のコーホートでは25.9％に達している。これらの特徴を見る限り、フランスでは結婚して子どもを2人持つライフ・コースが減少する一方で、結婚はしても子どもを持たない、あるいは、結婚をしないライフ・コースが若いコーホートで増加している。カイ二乗検定の結果でも家族経歴のタイプと出生コーホートは有意水準1％で帰無仮説が棄却され、ライフ・コースはコーホートごとにパターンが異なっている。さらに、質的変動指数も僅かに若いコーホートで大きく、個体間の多様化が進行しているようである。

　次に、**表7-8**で学歴とクラスターの関係を見ると、クラスター2（無配偶＋子ども1人）とクラスター3（有配偶＋子ども2人）の割合は学歴カテゴリー間で殆ど差が見られず、特定の学歴層に集中してはいない。しかし、クラスター1（無配偶＋子ども2人）の比率は「中学・高校」で最も多く26.0％であり、パ

表 7-7 出生コーホートと家族経歴（フランス）

出生コーホート	家族経歴のタイプ（%）					質的変動指数
	クラスター1	クラスター2	クラスター3	クラスター4	クラスター5	
1939 年以前	29.3	7.9	34.9	13.9	14.1	0.93
1940-44 年	23.3	8.1	37.9	16.5	14.2	0.94
1945-49 年	19.8	8.8	35.4	19.6	16.5	0.95
1950 年以後	16.5	11.3	28.3	25.9	18.0	0.98
N	1,004	363	1,439	736	639	

表 7-8 学歴と家族経歴（フランス）

学 歴	家族経歴のタイプ（%）					質的変動指数
	クラスター1	クラスター2	クラスター3	クラスター4	クラスター5	
中学・高校	26.0	8.6	33.6	17.7	14.1	0.95
専門学校・高専	21.7	9.2	36.6	18.6	13.9	0.95
短大・大学	20.2	8.3	33.9	15.7	22.1	0.96
N	1,004	363	1,439	736	639	

ートナーなしで子どもを2人持つタイプは低学歴層で相対的に多い．同様にクラスター4（有配偶＋無子／子ども1人）も「短大・大学」より「専門学校・高専」や「中学・高校」で割合がやや大きくなっている．クラスター5（未婚＋無子）は「短大・大学」での割合が極めて大きく，結婚もせず，子どもも持たないライフ・コースは高学歴層で多く見られる．しかし，質的変動指数は学歴カテゴリー間で殆ど同じであり，ライフ・コースの個体間の多様化は学歴に関係なく同じ程度に生じているようである．

表7-9 は個体内での多様化を検討するために出生コーホートとエントロピーの関係を示している．エントロピーのグループの分け方は日本の場合と同様の形式で行っている．エントロピーの値が平均的なグループ1の比率はコーホートが若いほど大きくなる傾向がある．例えば，1939 年以前のコーホートではグループ1の割合が36.9％であったのが1950 年以降のコーホートでは41.6％にまで上昇しており，ライフ・ステージが標準的な家族経歴を経験する人が若いコーホートで多くなっている．反対に，グループ2の割合は若いコーホートほど低くなっている．さらに，グループ3ではコーホート間で比率に殆ど差がないのに対して，ライフ・ステージの非標準的なグループ4は若いコーホートで

表7-9 出生コーホートと家族経歴のエントロピー（フランス）

| 出生コーホート | エントロピーのグループ（%） | | | | 質的変動指数 |
	グループ1	グループ2	グループ3	グループ4	
1939年以前	36.9	28.0	16.0	19.2	0.97
1940-44年	38.8	25.3	17.1	18.9	0.96
1945-49年	38.8	25.6	15.8	19.8	0.96
1950年以後	41.6	22.0	15.2	21.2	0.95
N	1,606	1,087	669	819	

表7-10 学歴と家族経歴のエントロピー（フランス）

| 学　歴 | エントロピーのグループ（%） | | | | 質的変動指数 |
	グループ1	グループ2	グループ3	グループ4	
中学・高校	40.3	25.6	15.4	18.7	0.95
専門学校・高専	38.4	26.6	16.4	18.6	0.96
短大・大学	31.5	26.3	17.7	24.5	0.99
N	1,606	1,087	669	819	

割合が大きくなっている．これらの特徴をふまえると，1939年以前のコーホートと比べて1950年以降のコーホートでは変動が少なく相対的に安定したグループ1と変動の大きなグループ4に二極化する傾向が見られる．換言すると，若いコーホートではライフ・コースが標準的な人と非標準的な人に分断されている．

次に，**表7-10**で教育水準とエントロピーの関係を見ると，高学歴層でエントロピーの大きなグループの割合が大きいのに対して，低学歴層では小さなグループの割合が大きい．例えば，グループ1の割合は「中学・高校」では40.3％であるのに対して，「短大・大学」では31.5％に過ぎない．対照的に，グループ4の比率は「中学・高校」では18.7％に過ぎないが「短大・大学」では24.5％に達している．これらの特徴を見る限り，人生において高学歴層は非標準的なライフ・ステージを経験する可能性が高く，低学歴層は標準的なライス・ステージを経験する可能性が高い．さらに，学歴とエントロピーのグループの独立性は有意水準1％で棄却されており，ライフ・ステージの変動と学歴には関連が見られる．

表7-11はフランスのライフ・コースのパターンの規定要因を吟味するため

表 7-11 家族経歴のパターンの Multi-Logit 分析（フランス）

	モデル 1	モデル 2	モデル 3	モデル 4
	クラスター 1	クラスター 2	クラスター 4	クラスター 5
	クラスター 3 回帰係数	クラスター 3 回帰係数	クラスター 3 回帰係数	クラスター 3 回帰係数
出生コーホート				
（-1939）				
1940-44	-0.38**	-0.24	0.19	-0.13
1945-49	-0.82***	-0.27	0.36**	-0.17
1950-	-0.87***	-0.01	0.91**	0.19
本人学歴				
中学・高校	-0.05	0.29	0.27*	-0.34**
専門学校・高専	-0.04	0.41	0.13	-0.35**
（短大・大学）				
父親職業				
専門・管理	0.07	0.02	0.07	0.22
（事務・販売）				
マニュアル	0.51***	0.05	0.14	0.02
農林漁・自営	0.60***	0.19	-0.06*	0.16
性別				
（男性）				
女性	0.68***	0.72***	-0.14	0.19*
同棲経験ダミー	4.56***	4.21***	0.39**	2.76***
定数項	-2.51***	-3.53***	-1.13***	-1.28***
Log likelihood		-4341.12		
サンプル数		4,181		

注：*** : $p<0.01$，** : $p<0.05$，* : $p<0.10$.
　　（　）はレファレンス・カテゴリー.

に，基準カテゴリーをクラスター 3（有配偶＋子ども 2 人）にして行った Multi-Logit 回帰である．まず最初に，クラスター 1（無配偶＋子ども 2 人）は父親の職業がマニュアルと農林漁・自営で偏回帰係数が有意な正の値であり，出身階層が低いと無配偶で子どもを 2 人持つ確率が高くなる傾向が見られる．また，このクラスターは若いコーホートで偏回帰係数が有意なマイナスの値であり，クラスター 1 になる確率が低下している．一方，クラスター 2（無配偶＋子ども 1 人）は本人学歴も父親職業も有意でなく社会経済的属性で差がない．クラスター 4（有配偶＋無子／子ども 1 人）になる確率は若いコーホートほど高く，また，本人学歴が「中学・高校」の低い学歴層でこのクラスターになる可能性

表7-12　エントロピーの Duble-Hurdle 回帰分析（フランス）

	Outcome モデル 回帰係数	Selection モデル 回帰係数	条件付き 平均効果
出生コーホート			
-1939	0.05**	0.15**	0.07***
1940-44	0.02	0.16*	0.04**
1945-49	0.01	0.10	0.02
（1950-　）			
学歴			
（中学・高校）			
専門学校・高専	0.02*	0.01	0.02
短大・大学	0.09***	-0.18**	0.04**
父親職業			
専門・管理	-0.02	-0.08	-0.03
（事務・販売）			
マニュアル	-0.03**	0.03	-0.02
農林漁・自営	-0.02	0.01	-0.01
性別			
（男性）			
女性	0.11***	-0.05	-0.10***
定数項	0.74***	0.94***	
Log likelihood		-1399.08	
サンプル数		4,181	

注：***：$p<0.01$，**：$p<0.05$，*：$p<0.10$.
　　（　）はレファレンス・カテゴリー.

が有意に高い．クラスター5（未婚＋無子）に対しては本人学歴が中学・高校と専門学校・高専で偏回帰係数が有意な負の値であり，非婚で無子のライフ・コースは高学歴層で選択される傾向が強い．また，女性の回帰係数が有意な正の値でありクラスター5になる確率が男性より高い．注目すべき点は，全てのモデルで同棲経験ダミーが有意になっている点である．つまり，同棲は法律婚とは異なったパートナー関係の形成であると同時に，同棲を経験することによって「有配偶＋子ども2人」とは別のライフ・コースを経験する確率も高めている．

　表7-12 は Double-Hurdle モデルによるエントロピーの規定要因の分析結果である．条件付き平均効果は本人学歴が「短大・大学」で有意な正の値であり，「中学・高校」よりもエントロピーの値が高くライフ・ステージの変動が大きくなる．しかし，父親職業には有意な効果が見られず出身階層はライフ・ステ

194——III　家族と世代の国際比較

ージの複雑化に明確な影響を与えていない．さらに，女性は男性よりもエント
ロピーが小さくなる傾向が認められる．これらの結果から判断すると，個体内
の家族経歴は学歴が高いほど変動が大きく，女性と比べて男性は変動の大きな
ライフ・ステージを経験する傾向がある．従って，ライフ・コースの複雑化は
高学歴層や男性でより生じている．また，1950 年以降の出生コーホートより
も 1939 年以前コーホートと 1940-44 年コーホートでエントロピーが高く，個
人や家族に対する国家の関与が増大した戦後生まれよりも，それ以前に生まれ
た場合でライフ・ステージの変動が大きい．この結果から判断する限りは，福
祉制度や社会保障の発達によってライフ・コースの複雑性が減少した可能性が
ある．

6　ドイツの家族経歴の特徴と規定要因

　図 **7-9** はドイツの 18 歳から 50 歳までの家族経歴を男性と女性で比較してい
る．まず，女性と比べて男性は「有配偶＋無子」と「有配偶＋子ども 2 人」の
割合が大きくなっている．例えば，50 歳時の「有配偶＋無子」は女性では 15.4％
であるが男性では 22.9％で 7％ほど多くなっている．同様に，「有配偶＋子ど
も 2 人」は女性で 24.1％であるのに対して男性では 31.1％に達している．加え
て，「有配偶＋子ども 1 人」の割合も女性は 11.4％だが男性は 14.9％であり僅
かに多い．対照的に，「無配偶＋子ども 1 人」と「無配偶＋子ども 2 人」の割
合は男性よりも女性で多く，20 歳代後半から増加し 30 歳後半以降ほぼ変化し
ない．実際，40 歳の時点を比べてみると「無配偶＋子ども 2 人」の比率は男
性では 11.4％であるが女性では 20.7％であり 2 倍近く多い．また，40 歳の「無
配偶＋子ども 1 人」の割合は男性では 7.4％であるのに対して，女性では 12.2
％である．こうした特徴からみると，一人親になる家族経歴は男性より女性で
多く見られる．

　図 **7-10** は学歴グループごとの家族経歴を示している．全体として，高学歴
層で子どもを持つ年齢が遅い傾向が見られる．例えば，「短大・大学」では 20
歳代後半から有配偶で第一子を持つ人が増加し始め 30 歳代末までに第二子を
持つのがほぼ終わっている．他方，「高校以下」では 20 歳代前半から有配偶で

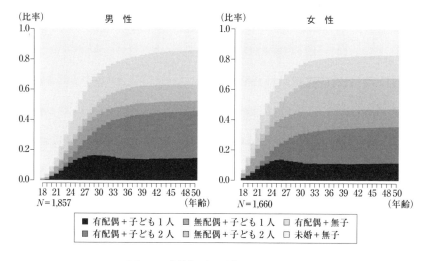

図7-9 家族経歴の男女比較（ドイツ）

第一子を持ち始め30歳代前半には第二子を持ち終わっている．しかし，50歳時点で子どもを2人持っている人の割合が前者は26.8％，後者では29.4％で2つの学歴グループの差はあまり大きくない．言いかえるならば，結婚して子どもを2人持つパターンについては家族形成のタイミングに学歴間で違いが大きい．また，パートナーを持たずに子どもを持つ経歴は低い学歴層で多くみられる．50歳での「無配偶＋子ども1人」と「無配偶＋子ども2人」を合計した値は「高校以下」では31.8％，「専門学校・高専」では25.3％，「短大・大学」では20.9％であり，学歴が低くなるにつれて比率が増大している．従って，教育水準によって一人親になる家族経歴を取るかどうかが大きく異なっている．

続いて，出生コーホートごとの家族経歴を図7-11で見てみよう．まず注目すべき特徴は「有配偶＋無子」の割合が若いコーホートで顕著に増加している点である．50歳における「有配偶＋無子」の割合は1939年以前コーホートで13.1％，1940-44年コーホートで16.7％にすぎないが，1945-49年コーホートでは24.9％，1950年以降では34.1％に達している．従って，若いコーホートほど結婚しても子どもを持たないライフ・コースが増加している．対象的に「有配偶＋子ども2人」の割合は若いコーホートで減少する傾向がある．50歳

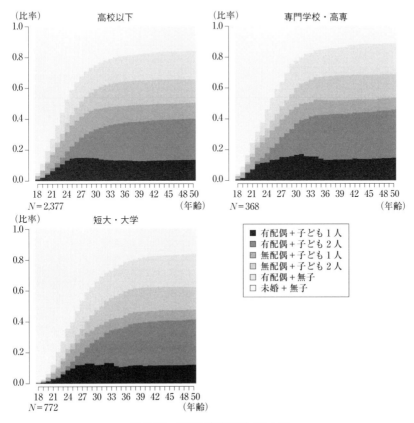

図 7-10　学歴と家族経歴（ドイツ）

時点の値を比べてみると，1939年コーホートと1940-44年コーホートでは約31％であるのに対して，1945-49年コーホートでは24.5％，1950年以降のコーホートでは17.9％にまで大きく低下している．また，「未婚＋無子」，「無配偶＋子ども1人」，「無配偶＋子ども2人」の割合は1940-44年コーホートから大きな変動は見られない．これらの特徴をふまえると，ドイツでは結婚しても子どもを持たない家族経歴をとる人が若い世代で増える傾向がある．

図 7-12 は最適マッチング法による距離（非類似度）に対してクラスター分析を行った結果である．クラスター数が7個の場合でASWの値が0.63，ASWwも0.63で最も大きく，次に大きいのがクラスターが5個の場合でASWの値が

第7章　Sequence Analysisによる家族経歴の国際比較 —— 197

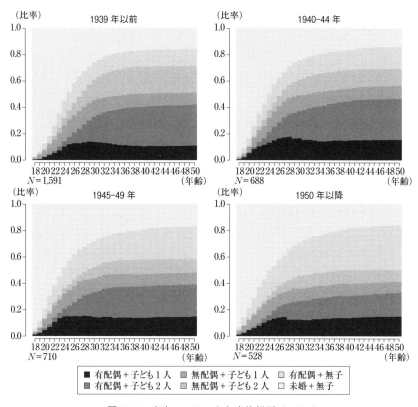

図7-11 出生コーホートと家族経歴（ドイツ）

0.60，ASWwが0.60であり，両者に大きな差は認められない．さらに，フランスの最適クラスター数が5であり，本節では国際比較を容易にするためにドイツも5個のクラスター分類を採用する．

それぞれの特徴を見てみると，クラスター1はほぼ全てが無配偶で，また，子どももいないパターンであり「未婚＋無子」のグループである．クラスター2は「未婚＋無子」の割合が20歳代から減少し始め，その後は無配偶で子ども1人，あるいは子ども2人になっており「無配偶＋子どもあり」のクラスターである．クラスター3，クラスター4，クラスター5でも20歳代から無配偶が低下する．しかし，その後，クラスター3では結婚しても子どもを持たないパターンに収斂しており「有配偶＋無子」のグループとみなすことがで

198 —— III 家族と世代の国際比較

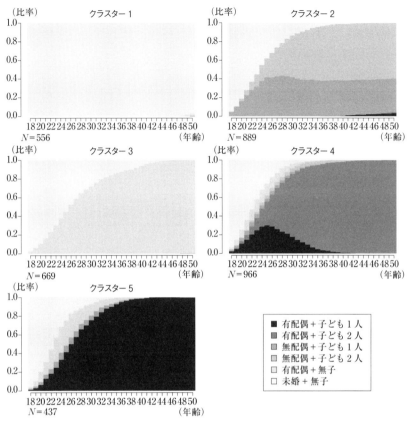

図 7-12 家族経歴のクラスタリング(ドイツ)

表 7-13 出生コーホートと家族経歴(ドイツ)

出生コーホート	家族経歴のタイプ(%)					質的変動指数
	クラスター1	クラスター2	クラスター3	クラスター4	クラスター5	
1939年以前	15.7	30.2	13.0	30.9	10.3	0.95
1940-44年	14.1	23.8	16.6	30.8	14.7	0.97
1945-49年	17.2	20.3	24.4	24.1	14.1	0.99
1950年以後	16.5	19.1	33.3	17.4	13.6	0.97
N	556	889	669	966	437	

きる．クラスター 4 は年齢の上昇にともなって子どもを 2 人もつパターンであり「有配偶 + 子ども 2 人」，クラスター 5 は子どもを 1 人のみもつパターンであり「有配偶 + 子ども 1 人」のクラスターとみなすことができる．

　これらのグループと出生コーホートの関係を表 7-13 で見ると，「クラスター 1（未婚 + 無子）」の比率はコーホート間で若干の変動はあるが比較的安定している．一方，「クラスター 2（無配偶 + 子どもあり）」と「クラスター 4（有配偶 + 子ども 2 人）」は 1945-49 年コーホート以降でかなり低下している．例えば，1939 年以前の出生コーホートと 1950 年以後のコーホートを比べると，クラスター 2 は 30.2％から 19.1％に，クラスター 4 は 30.9％から 17.4％へ大幅に低下している．対照的に「クラスター 3（有配偶 + 無子）」と「クラスター 5（有配偶 + 子ども 1 人）」の割合は若いコーホートほど増加している．特に，クラスター 3 は 1939 年以前コーホートでは 13.0％に過ぎなかったが 1950 年以後コーホートでは 33.3％に大きく上昇している．つまり，ドイツでは結婚して子どもを 2 人持つ人の割合が減少する一方で，若いコーホートほど結婚しても子どもを持たない人や子どもを 1 人だけしか持たない人が増えている．これらの特徴を見る限り，ドイツの少子化は「有配偶 + 無子」や「有配偶 + 子ども 1 人」のライフ・コースの増加によって生じていることが分かる．一方，パートナーを持たずに子どもを持つ一人親の家族経歴は減少している．

　表 7-14 は教育水準とクラスターの関係を示している．まず注目すべきは，中学・高校卒と短大・大学卒で「クラスター 1（無配偶 + 無子）」の比率が大きく結婚しない家族経歴は低学歴層と高学歴層に多くなっている．一方，「クラスター 2（無配偶 + 子どもあり）」の割合は教育水準が低くなるほど高くなり，「短大・大学」カテゴリーでは 22.2％であるが「中学・高校」では 26.5％に達している．この結果を見る限り，一人親は低い学歴層で多く経験される傾向が見られる．また，「クラスター 4（有配偶 + 子ども 2 人）」は「中学・高校」カテゴリーで割合が小さく，結婚して子どもを 2 人持つパターンが相対的に少ない．対照的に，「クラスター 3（有配偶 + 無子）」と「クラスター 5（有配偶 + 子ども 1 人）」では学歴グループ間で比率に大きな差がみられず，結婚しても子どもをもたない，あるいは，結婚しても子どもは 1 人だけの家族経歴は全ての教育水準で同じように見られる．また，質的変動指標は 3 つの学歴カテゴリーでほぼ

表7-14　学歴と家族経歴（ドイツ）

学　歴	家族経歴のタイプ（%）					質的変動指数
	クラスター1	クラスター2	クラスター3	クラスター4	クラスター5	
中学・高校	16.2	26.5	18.3	26.5	12.6	0.98
専門学校・高専	11.4	24.2	20.1	30.4	13.9	0.97
短大・大学	16.7	22.2	20.9	29.2	11.1	0.98
N	556	889	669	966	437	

表7-15　出生コーホートと家族経歴のエントロピー（ドイツ）

出生コーホート	エントロピーのグループ（%）				質的変動指数
	グループ1	グループ2	グループ3	グループ4	
1939年以前	35.5	24.8	18.0	21.8	0.98
1940-44年	44.2	18.2	17.7	19.9	0.93
1945-49年	40.4	23.9	14.5	21.1	0.95
1950年以後	47.7	20.1	12.9	19.3	0.90
N	1,407	796	579	735	

同一であり，家族経歴の多様化は教育水準によってほとんど異なっていない．

　続いて，個体内の多様化について**表7-15**で検討しよう．エントロピーはこの表でも日本と同じ基準で4つのグループに分けられている．まず，コーホートが若くなるにつれてグループ1の値が大きくなり，1939年以前コーホートでは35.5%であったのが1950年以後コーホートでは47.7%に上昇している．対照的にグループ2とグループ3では若いコーホートで割合が小さい．実際，グループ3の1939年以前コーホートの割合は18.0%であったが1950年以後のコーホートでは12.9%にまで低下する．同様に，グループ2の値も1939年以前コーホートの24.8%から1950年以後コーホートの20.1%に減少する．他方でグループ5の値は殆ど変動していない．これらの特徴を見る限り，若いコーホートでは中間層のグループ2とグループ3が減少しグループ1が増加した結果，ライフ・ステージの変動が小さく，標準的なライフ・コースへの集中が認められる．同時に，変動の大きなグループ5は依然として一定の割合を維持している．このため，若いコーホートでは標準的な家族経歴を経験するグループと非標準的な家族経歴を経験するグループに二極化する傾向がある．

　さらに，**表7-16**では標準的なライフ・コースを経験するのは相対的に低い

表7-16　学歴と家族経歴エントロピー（ドイツ）

| 学　歴 | エントロピーのグループ（%） | | | | 質的変動指数 |
	グループ1	グループ2	グループ3	グループ4	
中学・高校	40.8	22.7	15.7	20.8	0.95
専門学校・高専	41.6	24.2	16.9	17.4	0.95
短大・大学	36.9	21.8	18.5	22.8	0.97
N	1,407	796	579	735	

表7-17　家族経歴のパターンの Multi-Logit 分析（ドイツ）

	モデル1	モデル2	モデル3	モデル4
	クラスター1	クラスター2	クラスター3	クラスター5
	クラスター4	クラスター4	クラスター4	クラスター4
	回帰係数	回帰係数	回帰係数	回帰係数
出生コーホート				
（-1939）				
1940-44	-0.20	-0.48***	0.23	0.26
1945-49	0.16	-0.42***	0.88***	0.52***
1950-	0.32*	-0.31*	1.52***	0.76***
本人学歴				
中学・高校	0.04	0.16	-0.01	0.23
専門学校・高専	-0.38*	0.08	-0.06	0.18*
（短大・大学）				
父親職業				
専門・管理	0.25	0.19	0.23	-0.37*
（事務・販売）				
マニュアル	0.01	0.09	0.17	-0.35**
農林漁・自営	-0.25	-0.24	0.02	-0.83***
性別				
（男性）				
女性	0.46***	0.88***	-0.25**	-0.09
同棲経験ダミー	2.80***	3.11***	0.87**	0.40
定数項	-0.93***	-0.75***	-0.86***	-0.86***
Log likelihood		-4404.04		
サンプル数		3,517		

注：***：$p<0.01$，**：$p<0.05$，*：$p<0.10$.
　（　）はレファレンス・カテゴリー.

202 —— III　家族と世代の国際比較

学歴層で多く，グループ1の占める割合は「中学・高校」では40.8％，「専門学校・高専」では41.6％であるが「短大・大学」では36.9％になっている．対照的に，グループ4の割合は「中学・高校」では20.8％，「専門学校・高専」では17.4％であるが「短大・大学」では22.8％になっている．これらの結果をふまえると，標準的な家族経歴を経験するのは低い学歴層で多く，非標準的なパターンを経験するのは高い学歴層で多い．

表7-17は個体間の多様化の規定要因を「クラスター4（有配偶＋子ども2人）」を基準カテゴリーにしてMulti-Logit回帰を用いて分析した結果である．まず，「クラスター1（未婚＋無子）」は1950年以降のコーホートの偏回帰係数が有意でオッズ比が1.37倍大きくなっており，若年層でこの家族経歴を取る人が増えている．教育水準については「専門学校・高専」の偏回帰係数が有意にマイナスであり中間の学歴層では結婚しないライフ・コースになる確率が約30％低い．一方，父親職業には有意な効果が観察されず出身階層の影響は見られない．他方，同棲経験が大きな影響を示しており，同棲を経験しなかった場合と比べて経験した場合はオッズ比が16倍以上も大きく，「クラスター1（無配偶＋無子）」になる可能性がかなり高い．「クラスター2（無配偶＋子どもあり）」に対しては出生コーホートが有意な影響を持っている．クラスター1と同様に「クラスター2（無配偶＋子どもあり）」でも同棲関係ダミーが有意な正の値であり，同棲を経験するとオッズ比が20倍以上も大きくなる．しかし，本人学歴や父親職業は有意な影響がなく社会経済変数による差は見られない．同様に，「クラスター3（有配偶＋無子）」も本人学歴や父親職業には有意な影響はみられないが，出生コーホートが有意な影響を持っている．すなわち，若いコーホートほど有配偶で子どもを持たない家族経歴になる可能性が高く，1939年以前コーホートと比べて1945-49年コーホートでは2.4倍，1950年以降コーホートでは4.6倍ほどオッズ比が大きくなる．また，同棲経験は有意ではあるが，クラスター1やクラスター2より偏回帰係数の値が小さく，影響が相対的に小さい．「クラスター5（有配偶＋子ども1人）」もコーホートが若いほど偏回帰係数が有意に大きく，オッズ比は1945-49年コーホートで1.7倍，1950年以降コーホートで2.1倍大きくなっている．従って，モデル3とモデル4の結果を合わせて考えると，ドイツでは結婚しても子どもをもたない，ある

表7-18　エントロピーの Duble-Hurdle 回帰分析（ドイツ）

	Outcome モデル 回帰係数	Selection モデル 回帰係数	条件付き 平均効果
出生コーホート			
-1939	0.13***	0.06	0.11***
1940-44	0.08***	0.10	0.08***
1945-49	0.04***	-0.01	0.03
（1950-　）			
学歴			
（中学・高校）			
専門学校・高専	0.02	0.14	0.04**
短大・大学	0.07***	-0.01	0.05***
父親職業			
専門・管理	0.02	-0.12	-0.01
（事務・販売）			
マニュアル	-0.03**	-0.04	-0.03**
農林漁・自営	0.01	0.01	0.01
性別			
（男性）			
女性	-0.09***	-0.19***	-0.10***
定数項	0.64***	1.10***	
Log likelihood		-1,246.16	
サンプル数		3,517	

注：***：$p<0.01$，**：$p<0.05$，*：$p<0.10$.
　　（　）はレファレンス・カテゴリー.

いは，結婚しても子どもは1人だけのライフ・コースは若い層で多くなりつつ
ある．しかし，「クラスター5（有配偶＋子ども1人）」は本人学歴が「専門学
校・高専」で偏回帰係数が有意であり中間の学歴層で結婚して子どもが1人だ
けが多くなる．さらに，「クラスター5」に対しては父親職業が「農林漁・自
営」と「マニュアル」で回帰係数が有意にマイナスであり，子どもを1人しか
持たない家族経歴になる確率が小さい．また，同棲経験ダミーは有意な効果が
なく，結婚して子どもを1人だけ持つライフ・コースになる可能性は同棲経験
の有無には影響されない．

　最後に，家族経歴のエントロピーの規定要因について**表7-18**で検討しよう．
条件付き平均効果は本人学歴が高いほど有意に値が大きくなっている．実際，
中学・高校卒と比べて専門学校卒では0.04ポイント，短大・大学卒では0.05ポ
イント，エントロピーが大きくなりライフ・ステージの変動が大きい．さらに，

父親職業は「事務・販売」職と比べて「マニュアル」職でエントロピーが低く，出身階層が低いほどライフ・ステージの複雑化が小さくなる．また，女性は男性よりもエントロピーの値が小さく変動が少ない．こうした結果を見る限り，ドイツにおいて変動の大きいライフ・コースを経験する確率は高学歴，高階層出身の男性で大きくなる傾向が見られる．また，出生コーホートは古い出生コーホートほどエントロピーが大きくライフ・ステージの変動が大きく，戦後の福祉国家の発達によってリスクが軽減されライフ・コースの複雑化が軽減されたのかもしれない．

7 おわりに

　先進諸国では高学歴化や家庭外就業の拡大によって人々の社会経済的地位は近年，大きく変化してきている．これに加え，家族に関する意識も変容してきている．本章ではSequence Analysisを用いてライフ・コースの多様化について日本，フランス，ドイツの比較分析を行った．

　本章の分析によると，第一に，個体間の多様化については，日本では教育水準が低いほど未婚のライフ・コースになる確率は高いが，全体として学歴の影響は限定的であり，高学歴層ほど多様なライフ・コースを経験するとは言えない．従って，本章の分析を見る限り，教育水準の上昇がライフ・コースの多様化に必ずしも帰結しない．また，出身階層や出生コーホートがライフ・コースのパターンに与える影響も弱い．興味深いのは，同棲を経験すると子どもを持たない家族経歴や一人親になる確率が高くなる点である．すなわち，同棲関係はパートナー形成だけでなく子どもの出生までを含むライフ・コース全体のパターンに影響を与えている．他方，個体内の多様化については，ライフ・ステージの複雑化が激しい家族経歴を経験するのは学歴が高く，女性より男性に多い．また，若いコーホートほどライフ・ステージの変動が小さくなる傾向があり，福祉国家の発展はライフ・コースの標準化をもたらした可能性がある．以上の点を考慮すると，日本においては教育水準の上昇はライフ・コースを個体間で多様化させるよりも，様々な家族ステージを人生で経験するライフ・コースの個体内の多様化を進める傾向が見られる．

第二に，フランスでは教育水準が高い層で無配偶で無子の家族経歴が選択される確率が高いが，全体的にライフ・コースへの影響は強くない．一方，出身階層が低いと一人親になる可能性が高くなる．フランスは日本と比べて教育水準や出身階層が家族経歴のパターンに及ぼす影響が相対的にはっきりしており，社会経済的属性によって個体間のライフ・コースが異なっている．さらに，出生コーホートも家族経歴のパターンにかなり影響を与えており，マクロな社会変化によってライフ・コースの変動が生じている可能性が示唆される．また，日本と同様に同棲経験はライフ・コースのパターンに強い影響を与えている．他方，個体内のライフ・ステージの複雑化については，日本と同様にフランスでも高学歴で変動が大きく，より複雑なライフ・ステージを経験する傾向がある．また，古い出生コーホートほど変動が大きく，フランスでは戦後の福祉国家や社会保障の発達がライフ・コースの複雑性を減少させた可能性がある．

　第三に，ドイツでも本人の教育水準や出身階層は個体間の家族経歴パターンにわずかな影響しか持っておらず，一人親や子どもを持たないライフ・コースはすべての社会集団で進む傾向がある．しかし，結婚して子どもを 2 人持つのとは異なったライフ・コースは若いコーホートになるほど選択される傾向が相対的に強い．この点は日本やフランスとは顕著に違っている．また，無子や子どもを 1 人しか持たない家族経歴や一人親は同棲経験がある場合に多く，1 つのライフ・イベントを経験することがライフ・コース全体のパターンに影響を与えている．一方，個体内のライフ・ステージの複雑化は，高学歴や，男性で大きくなる傾向が見られた．また，さらに，若いコーホートほど家族ステージの変動は減少しており，福祉国家の発達によって社会的リスクが軽減されライフ・コースの複雑化が軽減された可能性が示唆される．

　本章の分析結果は先進諸国のライフ・コースの多様化について，以下のような含意を持っている．第一に，ライフ・コースの個体間の多様化はあまり進行しておらず，そのパターンの決定に社会経済的要因が与える影響は限定的である．第二に，ライフ・コースの個体内の多様化は高学歴層で大きく，生涯において変動の大きい複雑なライフ・ステージを経験している．この意味において，ライフ・コースの個体内の多様化は高学歴化と関連している．しかし，低い学歴層ではライフ・コースの個体内の多様化は進んでいない．従って，多様化し

ている集団と多様化していない集団にライフ・コースの二極化が生じていると言うことができる．第三に若いコーホートほどライフ・コースの複雑性が少なくなっており福祉国家の発展による影響が示唆される．

　本章では分析対象を50歳以上にしたため，より若いコーホートについて十分に検討されていない．この世代のライフ・コースの多様化の分析については今後，注意深く研究を進めていく必要があろう．また，離婚や再婚の経歴については十分な検討をすることができなかったので，これらを含めたライフ・コースの詳細な分析は今後の課題としたい．

[参考文献]
厚生労働省（2022）『労働統計年報』厚生労働省.
国立社会保障・人口問題研究所（2021）『社会保障費用統計』国立社会保障・人口問題研究所.
総務省（2022）『労働力調査年報』総務省.
野々山久也（1989）「いま家族に何が起こっているのか」『家族社会学研究』1: 6-14.
野々山久也（1996）「家族新時代への胎動」野々山久也・袖井孝子・篠崎正美編『いま家族に何が起こっているのか』ミネルヴァ書房，pp. 285-305.
野々山久也（1999）「現代家族の変動過程と家族ライフスタイルの多様化」目黒依子・渡辺秀樹編『講座社会学2　家族』東京大学出版会，pp. 153-190.
目黒依子（1990）『結婚・離婚・女の居場所』有斐閣.
文部科学省編（各年次）『学校基本調査報告書：高等教育機関』全国官報販売協同組合.
渡邊勉（2004）「職歴パターンの分析：最適マッチング分析の可能性」『理論と方法』19: 213-234.
Abbott, A.（1983）"Sequences of Social Events: Concepts and Methods for the Analysis of Order in Social Processes," *Historical Methods*, 16: 129-147.
Abbott, A.（1995）"Sequence Analysis: New Methods for Old Ideas," *Annual Review of Sociology*, 21: 93-113.
Abbott, A.（2000）"Reply to Levine and Wu," *Sociological Methods & Research*, 29: 65-76.
Abbott, A. and DeViney, S.（1992）"The Welfare State as Transnational Event: Evidence from Sequences of Policy Adoption," *Social Science History*, 16: 245-274.
Abbott, A. and Hrycak, A.（1990）"Measuring Resemblance in Sequence Data: An Optimal Matching Analysis of Musicians' Careers," *The American Journal of Sociology*, 96: 144-185.
Abbott, A. and Tsay, A.（2000）"Sequence Analysis and Optimal Matching Methods in Sociology: Review and Prospect," *Sociological Methods & Research*, 29: 3-33.

Aisenbrey, S. and Fasang, A. E. (2010) "New Life for Old Ideas: The "Second Wave" of Sequence Analysis Bringing the "Course" Back Into the Life Course," *Sociological Methods & Research*, 38: 420-462.

Beck, U. (1986) *Risikogesellshaft: Auf dem Weg in eine andere Moderne*, Suhrakamp Verlag (東廉・伊藤美登里訳, 1998, 『危険社会』法政大学出版局).

Beck, U. and Beck-Gernsheim, E. (2002) *Individualization: Institutionalized Individualism and its Social and Political Consequences*, SAGE.

Beck, U., Giddens, A. and Lash, S. (1994) *Reflexive Modernization: Politics, Tradition and Aesthetics in the Modern Social Order*, Polity Press.

Berger, P. A., Steinmüller, P. and Sopp, P. (1993) "Differentiation of Life-Courses? Changing Patterns of Labour-Market Sequences in West Germany," *European Sociological Review*, 9: 43-65.

Billari, F. C. and Liefbroer, A. C. (2010) "Towards a New Pattern of Transition to Adulthood?" *Advances in Life Course Research*, 15: 59-75.

Blair-Loy, M. (1999) "Career Patterns of Executive Women in Finance: An Optimal Matching Analysis," *The American Journal of Sociology*, 104: 1346-1397.

Brückner, H. and Mayer, K. U. (2006) "De-Standardization of the Life Course: What it Might Mean? And if it Means Anything, Whether it Actually Took Place?" *Advances in Life Curse Research: The Structure of the Life Course: Standardized? Individualized? Differentiated?*, 9: 27-53.

Buchmann, M. (1989) *The Script of Life in Modern Society*, University of Chicago Press.

Cragg, J. G. (1971) "Some Statistical Models for Limited Dependent Variables with Application to the Demand for Durable Goods," *Econometrica*, 829-844.

Elzinga, C. H. (2010) "Complexity of Categorical Time Series," *Sociological Methods & Research*, 38: 463-481.

Elzinga, C. H. (2014) "Distance, Similarity and Sequence Comparison." in P. Blanchard, F. Bühlmann and J.-A. Gauthier (eds.), *Advances in Sequence Analysis: Theory, Method, Applications*, Springer, pp. 51-74.

Elzinga, C. H. and Liefbroer, A. C. (2007) "De-standardization of Family-Life Trajectories of Young Adults: A Cross-National Comparison Using Sequence Analysis," *European Journal of Population*, 23: 225-250.

Eurostat (2022) "Tertiary Educational Attainment."

Gauthier, J.-A., Widmer, E. D., Bucher, P. and Notredame, C. (2009) "How Much Does It Cost?: Optimization of Costs in Sequence Analysis of Social Science Data," *Sociological Methods & Research*, 38: 197-231.

Giele, J. Z. and Elder, G. H. (eds.) (1998) *Methods of Life Course Research: Qualitative and Quantitative Approaches*, SAGE.

Halpin, B. (2014) "Three Narratives of Sequence Analysis," in P. Blanchard, F. Bühlmann and J.-A. Gauthier (eds.), *Advances in Sequence Analysis: Theory,*

Method, Applications, Springer, pp. 75-103.

Halpin, B. and Chan, T. W. (1998) "Class Careers as Sequences: An Optimal Matching Analysis of Work-Life Histories," *European Sociological Review*, 14: 111-130.

Han, S.-K. and Moen, P. (1999) "Clocking Out: Temporal Patterning of Retirement," *The American Journal of Sociology*, 105: 191-236.

Hogan, D. P. (1981) *Transitions and Social Change: The Early Lives of American Men*, Academic Press.

Hollister, M. (2009) "Is Optimal Matching Suboptimal?" *Sociological Methods & Research*, 38: 235-264.

Inglehart, R. (1977) *The Silent Revolution: Changing Values and Political Styles among Western Publics*, Princeton University Press.

Inglehart, R. (1990) *Culture Shift in Advanced Industrial Society*, Princeton University Press.

Inglehart, R. (1997) *Modernization and Postmodernization: Cultural, Economic, and Political Change in 43 Societies*, Princeton University Press.

Kaufman, L. and Rousseeuw, P. J. (2005). *Finding Groups in Data: An Introduction to Cluster Analysis*, Wiley.

Kohli, M. (1986) "The World We Forgot: A Historical Review of the Life Course," in V. W. Marshall (ed.), *Later Life: The Social Psychology of Aging*, Sage, pp. 271-303.

Lesnard, L. (2010) "Setting Cost in Optimal Matching to Uncover Contemporaneous Socio-Temporal Patterns," *Sociological Methods & Research*, 38: 389-419.

Lesnard, L. (2014) "Using Optimal Matching Analysis in Sociology: Cost Setting and Sociology of Time," in P. Blanchard, F. Bühlmann, and J.-A. Gauthier (eds.), *Advances in Sequence Analysis: Theory, Method, Applications*, Springer, pp. 39-50.

Lesthaeghe, R. (1995) "The Second Demographic Transition in Western Countries: An Interpretation," in K. O. Mason and A.-M. Jensen (eds.), *Gender and Family Change in Industrialized Countries*, Clarendon Press, pp. 1-18.

Mayer, K. U. (1991) "Life Courses in the Welfare State," in W. R. Heinz (ed.), *Theoretical Advances in Life Course Research*, Deutscher Studien Verlag, pp. 171-186.

Mayer, K. U. and Müller, W. (1986) "The State and the Structure of the Life Course," in A. B. Sørensen, F. E. Weinert and L. R. Sherrod (eds.), *Human Development and the Life Course: Multidisciplinary Perspectives*, L. Erlbaum Associates, pp. 217-245.

Mayer, K. U. and Schoepflin, U. (1989) "The State And The Life Course," *Annual Review of Sociology*, 15: 187-209.

Modell, J., Furstenberg, F. and Hershberg, T. (1976) "Social Change and Transition to Adulthood in Historical Perspective," *Journal of Family History*, 1: 7-32.

Modell, J. and Goodman, M. (1990) "Historical Perspectives," in S. S. Feldman and G. R. Elliott (eds.), *At the Threshold: The Developing Aadolescent*, Harvard University Press, pp. 93-122.

OECD (2022) Employment Outlook, OECD.

Raab, M. and Struffolino, E. (2023) *Sequence Analysis*, SAGE.

Robette, N. (2010) "The Diversity of Pathways to Adulthood in France: Evidence from a Holistic Approach," *Advances in Life Course Research*, 15: 89–96.

Sennett, R. (1998) *The Corrosion of Character: The Personal Consequences of Work in the New Capitalism*, Norton.

Shanahan, M. J. (2000) "Pathways to Adulthood in Changing Societies: Variability and Mechanisms in Life Course Perspective," *Annual Review of Sociology*, 26: 667–692.

Shannon, C. E. (1948) "A Mathematical Theory of Communication," *Bell System Technical Journal*, 27: 379–423.

Smelser, N. J, and Halpern, S. (1978) "The Historical Triangulation of Family, Economy, and Education," in J. Demons and S. S. Boocock (eds.), *Turning Points: Historical and Sociological Essays on the Family*, University of Chicago Press, pp. S288–S315.

Stovel, K. and Bolan, M. (2004) "Residential Trajectories: Using Optimal Alignment to Reveal the Structure of Residential Mobility," *Sociological Methods & Research*, 32: 559–598.

Stovel, K., Savage, M. and Bearman, P. (1996) "Ascription into Achievement: Models of Career Systems at Lloyds Bank, 1890–1970," *The American Journal of Sociology*, 102: 358–399.

Studer, M. (2013) *WeightedCluster Library Manual*, Swiss National Centres of Competence in Research.

Studer, M., Ritschard, G., Gabadinho, A. and Müller, N. S. (2011) "Discrepancy Analysis of State Sequences," *Sociological Methods & Research*, 40: 471–510.

Widmer, E. D. and Ritschard, G. (2009) "The De-Standardization of the Life Course: Are Men and Women Equal?" *Advances in Life Course Research*, 14: 28–39.

Wu, L. L. (2000) "Some Comments on "Sequence Analysis an Optima Matching Methods in Sociology: Review and Prospect," *Sociological Methods & Research*, 29: 41–64.

Zapf, W. (1991) "The Role of Innovations in Modernization Theory," *International Review of Sociology*, 2: 83–94.

第8章　結婚に対する意識の国際比較
潜在クラス・モデルによる分析

福田亘孝

1　はじめに

　近年，日本やヨーロッパでは未婚化や晩婚化が進行している（Sobotka and Toulemon 2008；Toulemon *et al.* 2008）．例えば，**図 8-1** で平均初婚年齢の変化を見ると，日本の女性の平均初婚年齢は 1998 年には 26.7 歳だったのが 2017 年には 29.4 歳になり 3 歳ほど上昇している．同じ期間に男性の平均初婚年齢も 28.6 歳から 31.1 歳になっており結婚のタイミングが遅くなっている（国立社会保障・人口問題研究所 2022）．ヨーロッパ諸国でも晩婚化が進行しておりドイツの平均初婚年齢は 1998 年から 2017 年までの期間に男性が 30.1 歳から 34.0 歳へ，女性が 27.2 歳から 31.2 歳へと 4 歳前後上昇している．同様に，フランスでも同じ期間に平均初婚年齢が女性では 28.1 歳から 32.8 歳へ，男性では 30.3 歳から 34.9 歳になっている．従って，結婚タイミングの遅れは先進国で共通に見られる現象である．

　こうした変化に加えて，パートナー関係も変化が見られる．例えば，ヨーロッパの 25 歳から 49 歳までの配偶関係を**表 8-1** で見ると，フランスでは結婚（＝法律婚）をしている男女の割合が 30.8％で最も低く，同棲（＝事実婚）の占める値が最も高く 9.9％になっている．対照的にドイツは結婚（＝法律婚）をしている男女の割合が 55.9％で最も高く，同棲関係にあるカップルは 1.4％で極めて低い．さらに，同棲と結婚を合計した割合がドイツでは 57.3％であるのに対して，フランスでは 40.7％に過ぎずパートナー関係を形成している人の割合も低い．

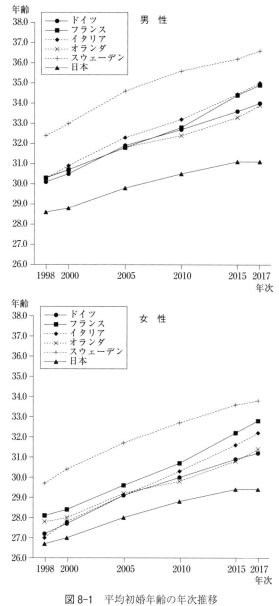

図 8-1　平均初婚年齢の年次推移

出典：Eurostat（https://ec.europa.eu/eurostat/databrowser/view/tps00014/default/table?lang=en）.

表 8-1 ヨーロッパ諸国の配偶関係 (25-49 歳の男女)

(%)

	法律婚	同棲	未婚	離死別	N
フランス	30.8	9.9	43.6	15.7	731
ドイツ	55.9	1.4	35.1	7.6	838
イギリス	47.7	1.0	38.4	12.9	713
スペイン	42.6	8.0	35.9	13.5	549
オランダ	41.6	8.9	40.1	9.4	861
デンマーク	51.1	4.0	34.7	10.2	1,217
スウェーデン	43.0	5.5	40.7	10.8	474

注：2017 年の EVS Dataset から筆者が独自に計算.
出典：European Value Study (https://europeanvaluesstudy.eu/).

　一方，同棲関係の継続期間の中央値はドイツでは 2.24 年であり子どもが生まれると事実婚から法律婚に移行するカップルが多いが，フランスでは 4.28 年であり子どもが生まれても事実婚を継続する傾向が強い (Heuveline and Timberlake 2004). 従って，フランスでは同棲が法律婚の代替的なパートナー関係 (Alternative Marriage) であるのに対して，ドイツでは同棲は法律婚に入る前の準備段階 (Prelude Marriage) となる傾向がある (Toulemon 1997). 他方，2020 年の国勢調査によると日本の 25 歳から 49 歳の男女で結婚している人の割合は 60.6%，未婚者の割合は 34.3% でありドイツに近い値になっている. また，日本の 18-34 歳の未婚者で同棲経験のある人の割合は男性で 5.5%，女性で 7.0% に過ぎず (国立社会保障・人口問題研究所 2017)，単純な比較は難しいがフランスと比べると同棲率がかなり低いことは確かであろう.

　これまで，結婚やパートナー形成は教育水準や就業形態などの社会経済的要因から多くの説明がなされてきた (Dixon 1971). 例えば，結婚後のカップルは経済的に独立した世帯を新たに形成することが多いため，若年失業者の増大や賃金の低下は結婚後の経済生活を悪化させ，世帯の独立可能性を低めることで未婚化や晩婚化を進行させると考えられている (Oppenheimer 1988). あるいは，学生で結婚する若年者は少ないので高学歴化の伸展は結婚年齢の上昇をもたらすとも言われている (Cherlin 2010；Kalmijn 2013). なるほど，経済的要因は婚姻パターンを変化させる要因の 1 つであるが，同時に価値観や意識もパートナー形成の影響も考える必要がある. と言うのは，先進国では結婚などの親密な人間関係に対する人々の意識が大きく変化しており，パートナー関係

に対する伝統的な価値観や社会規範の拘束力が弱くなり，個人の選好やライフ・スタイルに基づいて婚姻関係を形成する傾向が強まっている（Beck *et al.* 1995；Beck-Gernsheim 2002；Giddens 1992；Lesthaeghe 2020）．従って，個人の選好や意識がパートナー関係の変化に影響を与えている可能性は否定できない（van Deth and Scarbrough 1998）．こうした点をふまえ，本章では日本とフランスの結婚に対する意識を国際比較する．以下においては，まず，価値意識と結婚の関連について理論的な検討を行う．続いて，本分析で用いる分析手法とデータについて説明する．そして最後に，分析の結果を提示し，結婚に関する意識の特徴について検討する．

2 パートナー形成と価値意識

結婚や家族の変化については，これまで社会学で様々に指摘されている．例えば，Parsons（1959）の「孤立化する核家族」や Burgess and Locke（1945）の「制度化から友愛へ」は代表的な例であろう．これらは，工業化，都市化，地域移動の増大などによって生じた家族や夫婦関係の変化を表現している．しかし，こうした特徴は家族集団や夫婦関係を全体的に俯瞰したマクロな視点からの把握であり，個人の家族形成やパートナー選択といったミクロなプロセスを分析する場合には必ずしも十分ではない（Wagner 2020）．婚姻関係を形成する，あるいは，婚姻関係を解消する（＝離婚）過程は個人の行為選択でありミクロな視点が必要になる（Coleman 1986；Hedström and Swedberg 1998）．特に，家族形成においてはパートナーの選択や人間関係へのコミットメントを規定する個人の属性や意識の分析が不可欠になる（Levinger 1965；Stanley and Markman 1992）．言うまでもなく，他者と新たな関係を構築したり，現在の関係を解消することによって個人の生活状況や人間関係は大きく変化する．従って，現在の状態と関係が変化した後の状態の比較が意思決定に大きく影響する（Brown 2000）．つまり，現状より結婚後の方が状況が良くなると考えられるならば婚姻関係を形成するであろうし，悪くなると予想されるならば関係を形成しないであろう（Levinger 1999）．例えば，結婚後の所得が結婚前の水準より低下すると予想されるならば婚姻は抑制され，反対の状況なら婚姻は促進され

るであろう（Easterlin 1987；Kalmijn 2007）．換言するならば，「結婚のメリット」とは婚姻関係の形成に伴うコストと便益（benefit）の差であり，前者より後者が多ければメリットが大きく結婚は促進されるが，少なければメリットは少なく抑制される．他方，未婚状態から生じるコストと便益の差が「独身のメリット」であり，前者よりも後者が大きければ結婚は促進されず未婚化や晩婚化が進むことになる（Lewis and Spanier 1982）．実際，これまで結婚についてはコストと便益の視点から多くの分析が行われている（Levinger 1965, 1980, 1982, 1999）．例えば，Becker（1973, 1974）は結婚することで，夫婦が家庭内労働と家庭外の市場労働に関して，それぞれが生産性が高く比較優位にある労働に特化し分業することで，夫婦が生み出す便益が未婚状態より大きくなる場合に婚姻関係が形成されると論じている．同様に，男性の賃金水準，女性の家庭外就業や賃金稼得力などの視点からの分析（Oppenheimer and Lew 1995；Oppenheimer et al. 1997；Oppenheimer 2000）も結婚の経済的なコストと便益からの説明とみなすことができる．

　しかし，注意すべき点は結婚のコストや便益の大きさは所得や雇用などの客観的な要素だけでなく個人の主観的な評価や選好（Preference）にも大きく依存していることである（Hakim 2003a, 2003b）．すなわち，交換理論によれば個人が婚姻関係にコミットメントし，パートナーとの相互行為することでコストと便益が生じるが（Blau 1986；Homans 1974；Ross et al. 1975），相互行為から生じるコストと便益に対する評価は個人の選好や意識によって異なる．例えば，ジェンダー平等を強く支持する妻にとっては夫の積極的な家事や育児への関与は高く評価され，便益が大きいと感じられ結婚の魅力は相対的に高くなるであろう．反対に，ジェンダー平等に対してあまり関心が無い場合は，家事や育児への関与が同じ水準でも便益はそれほど高く評価されない．同様に，結婚のコストも個人の選好や意識によって異なる．例えば，生涯独身であることが1つのライフ・スタイルとして社会的に許容されている場合は結婚への社会的プレッシャーを感じることが少なく，未婚の主観的コストが少なくなる．対照的に，成人は結婚するのが当然であるという価値観や規範が強い社会では未婚の主観的コストが大きく，独身から結婚への移行が促進されるであろう（Johnson 1999）．言いかえるならば，個人が抱く婚姻関係に対する期待や理想によって

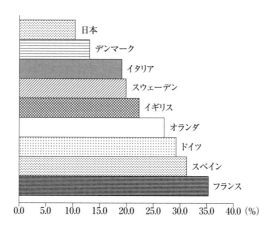

図 8-2 「結婚は時代遅れの制度」と思う人の割合（2008 年）
注：1）Dataset から筆者が独自に計算.
　　2）日本は 2005 年，スウェーデン，イギリス，イタリアは 2009 年の値.
出典：European Value Study (https://europeanvaluesstudy.eu/).
　　　World Value Study (https://www.worldvaluessurvey.org/wvs.jsp/).

結婚のコストと便益の主観的評価は変化し，結婚のメリットとデメリットも大きく変わる（de Graaf and Kalmijn 2006）. 従って，結婚の分析には所得や雇用などの客観的，経済的要因だけでなく選好や意識などの主観的，心理的要因の影響も検討する必要がある. 実際，婚姻関係に対する意識は国によって大きく異なっている. 例えば，「ヨーロッパ価値観調査（European Value Survey）」と「世界価値観調査（World Value Survey）」の結果によれば，結婚を時代遅れの制度と考える人の割合は国ごとに差が見られる（図 8-2）. 例えば，2008 年にフランスでは『結婚を時代遅れの制度』と考える人の割合は 35.3％，スペインでは 31.9％，ドイツでは 29.2％であり約 3 割の人が結婚に対して否定的な意識を持っていた. 対照的に日本では結婚を時代遅れの制度と思う人の割合は 10.4％，デンマークでは 13.1％に過ぎず，これらの国では結婚に対して肯定的な意識を持つ人が多い. 従って，図 8-1 や表 8-1 で示したようにヨーロッパや日本では結婚年齢やパートナー関係のあり方が異なっていると同時に，結婚に対する意識にも差が見られる. 特に，日本は結婚に対する志向が他国と比べて強いがフランスでは志向が弱く，結婚に対する考え方に大きな差がある.

既に述べた様に，主観的評価が高ければ，他の条件が等しい限り，結婚は促

進されるであろう．反対に，主観的評価が低ければ結婚は抑制される．**図8-2**
で明らかなように，日本とフランスでは結婚に対する意識や考え方が大きく異
なっており，この差によって結婚パターンやパートナー関係のあり方に違いが
生じている可能性は十分ありうる．従って，パートナー形成の特徴を理解する
には結婚に対する意識や考え方の分析が不可欠である．こうした点をふまえ，
本章では日本とフランスの結婚に対する意識の特徴を明らかにし，規定要因に
ついて検討する．

3 データと分析方法

　本章では潜在クラス・モデルによる分析を行う．潜在クラス・モデルは観測
された顕在変数から集団を複数の潜在グループに分ける手法である（Collins and
Lanza 2010；Geisher 2010；Hagenaars and McCutcheon 2002；Heinen 1996；
Vermunt 1997）．本章の分析では「世代とジェンダーに関する調査（GGS調
査）」のフランスと日本の第1回調査のデータを用いて結婚に対する意識を国
際比較する．分析対象は調査時点での年齢が25歳以上65歳未満の未婚の男女
であり，離死別の経験者は分析から除いた．さらに，分析には同棲（＝事実婚）
をしている回答者も含めた．こうして選ばれた分析対象者はフランスが2,328
サンプル，日本が814サンプルである．日本のGGS調査では「あなたが結婚
したと仮定すると，あなたの生活は現在と比べて，どう変わると思いますか」
という質問によって，結婚に対する回答者の意識を尋ねている．結婚による変
化の項目としては，「(a) 生活水準」「(b) やりたいことをやる自由」「(c) 就
職や昇進の機会」「(d) 心のやすらぎ」「(e) 生活全体の満足度」の5項目を
尋ねている．日本のGGS調査では回答者はこれらの各項目に対して「(1) ず
っと良くなる」「(2) 少し良くなる」「(3) 変わらない」「(4) 少し悪くなる」
「(5) ずっと悪くなる」の5つの選択肢から1つを選んで回答する形式になっ
ている．本分析では「ずっと良くなる」と「少し良くなる」の2つの回答をま
とめて「良くなる」にし，「少し悪くなる」と「ずっと悪くなる」の2つをま
とめて「悪くなる」にし，潜在クラスを析出した．さらに，潜在クラスの数の
決定にはカイ二乗検定とBIC（Bayesian Information Criterion）の2つの規準

第8章　結婚に対する意識の国際比較——217

を用いた．残念なことに，フランスのGGS調査は日本の調査と結婚による変化の質問項目が若干異なっており，全く同じ質問を使うことが不可能である．このため，フランスの分析では日本の調査で用いられている「(a) 生活水準」「(b) やりたいことをやる自由」「(c) 就職や昇進の機会」「(d) 生活全体の満足度」の4つを結婚に関する意識項目として使用した．また，回答選択肢については日本と同様に「(1) ずっと良くなる」「(2) 少し良くなる」「(3) 変わらない」「(4) 少し悪くなる」「(5) ずっと悪くなる」の5つを「良くなる」「変わらない」「悪くなる」の3カテゴリーにまとめて分析を行った．

さらに，本分析では結婚に対する意識の規定要因を分析するため潜在クラス多項ロジット・モデルを用いた．このモデルは潜在クラス分析で析出されたクラスを従属変数として，これに影響を与える要因を説明変数とした多項ロジット・モデルである．本分析のモデルでは第一番目の説明変数として回答者の年齢を用いた．人々の意識は年齢の変化によって影響を受けるので，これをコントロールするためにモデルに含めた．第二番目の変数として本人の最終学歴を用いた．教育水準によって個人の社会経済的地位が異なることは良く知られている．しかし同時に，学歴によって意識や考え方にも違いが見られる．一般的に言って，高学歴層では伝統的価値観や規範に対する同調性が低く，個人主義志向が強く進歩的価値観を重視する傾向があることが指摘されている（Davis and Robinson 1991；Weakliem 2002）．従って，結婚に対する意識や選好も教育水準によって異なると推測される．この点を検討するために学歴を説明変数としてモデルに入れた．具体的には回答者の最終学歴を「(1) 中学・高校」「(2) 専門学校」「(3) 短大・大学・大学院」の3分類とした．就業形態によって雇用の安定性や所得水準が異なるので，第三番目の説明変数として回答者の就業形態を多項ロジットに含めた．就業形態のカテゴリーは「(1) フルタイム」「(2) パートタイム」「(3) その他」の3つの分類とした．第四番目に同棲経験を説明変数としてモデルに含めた．ライフ・コースによって個人の意識が異なることは知られているが，結婚に対する意識に関しても同棲を経験したことがある（あるいは，経験している）人と経験していない人では大きく異なるであろう．この影響を検討するために同棲経験を説明変数とした．本章ではこれらの変数を使った潜在クラス・ロジット分析で価値意識の規定要因を吟味する．

4 結婚についての意識の国際比較

本章の目的は潜在クラス分析を用いて結婚についての意識の国際比較を行うことであるが，本節では日本とフランスに見られる意識の特徴を把握するために主要な変数について記述的な分析を行う．

4.1 日本

表8-2は年齢と結婚についての意識の関係を男女別に示している．男性では項目 (a)「生活水準」と (b)「やりたいことをやる自由」で年齢との間に統計的に有意な関連が見られた．具体的には「(a) 生活水準」では年齢の上昇に伴って「良くなる」の割合が増加する一方で「悪くなる」が減少する．同様に「(b) やりたいことをやる自由」については高年齢層で「悪くなる」の回答の比率が低く，若年層で高い．こうした特徴を見る限り，男性では結婚後の経済的水準やライフ・スタイルについては年齢が高いほど否定的な意識は弱くなる傾向がみられる．対照的に項目「(c) 就職や昇進の機会」「(d) 心のやすらぎ」「(e) 生活全体の満足度」では有意な関係が認められなかった．実際，「就職や昇進の機会」については45歳以上のカテゴリーで「悪くなる」の割合が少ないが他のカテゴリーには殆ど差がみられない．他方，「良くなる」の割合も45歳以上で低いが，25-34歳と34-44歳のグループには一貫した傾向が観察されない．さらに，45歳以上のグループでは「変わらない」と回答する比率が多くなっている．また，「(d) 心のやすらぎ」と「(e) 生活全体の満足度」では「良くなる」を回答する男性の比率は45歳以上で低下しているが，カイ二乗検定でもフィッシャーの正確検定でも5％水準で有意でなく年齢との間に関連はない．他方，女性では項目「(d) 心のやすらぎ」と「(e) 生活全体の満足度」で有意な関連が見られた．これら2つの項目では年齢が上昇すると否定的な回答をする女性の割合が増大している．特に45歳以上の女性では結婚すると心の安らぎが増大する（＝良くなる）と回答する割合が46.8％，生活の満足度が増大する（＝良くなる）の割合が42.9％であり，半数以下にとどまっている．言いかえるならば，高年齢層の女性では結婚の心理的な側面について否定的な意識が強くなる傾向が見られる．対照的に，「(a) 生活水準」「(b) やりたいこ

第8章 結婚に対する意識の国際比較 —— 219

表 8-2　年齢と結婚に対する意識（日本）

(%)

	男　　性				女　　性			
	(a)　生活水準				(a)　生活水準			
年齢	良くなる	変わらない	悪くなる	N	良くなる	変わらない	悪くなる	N
25-34 歳	26.4	34.8	38.8	178	32.9	40.7	26.4	167
35-44 歳	29.8	39.9	30.4	158	32.5	35.7	31.8	126
45 歳以上	29.6	47.2	23.2	108	36.4	45.5	18.2	77
	(b)　やりたいことをやる自由				(b)　やりたいことをやる自由			
年齢	良くなる	変わらない	悪くなる	N	良くなる	変わらない	悪くなる	N
25-34 歳	3.9	29.8	66.3	178	5.4	31.1	63.5	167
35-44 歳	7.0	31.0	62.0	158	7.9	27.0	65.1	126
45 歳以上	11.1	38.0	50.9	108	2.6	36.4	61.0	77
	(c)　就職や昇進の機会				(c)　就職や昇進の機会			
年齢	良くなる	変わらない	悪くなる	N	良くなる	変わらない	悪くなる	N
25-34 歳	16.3	79.2	4.5	178	2.4	53.9	43.7	167
35-44 歳	19.6	75.3	5.1	158	3.2	64.3	32.5	126
45 歳以上	12.0	86.1	1.9	108	2.6	64.9	32.5	77
	(d)　心のやすらぎ				(d)　心のやすらぎ			
年齢	良くなる	変わらない	悪くなる	N	良くなる	変わらない	悪くなる	N
25-34 歳	78.1	17.4	4.5	178	70.1	27.5	2.4	167
35-44 歳	72.8	25.3	1.9	158	69.8	24.6	5.6	126
45 歳以上	69.4	27.8	2.8	108	46.8	41.6	11.7	77
	(e)　生活全体の満足度				(e)　生活全体の満足度			
年齢	良くなる	変わらない	悪くなる	N	良くなる	変わらない	悪くなる	N
25-34 歳	73.0	21.9	5.1	178	64.1	28.7	7.2	167
35-44 歳	66.5	28.5	5.1	158	62.7	29.4	7.9	126
45 歳以上	64.8	27.8	7.4	108	42.9	45.5	11.7	77

とをやる自由」「(c) 就職や昇進の機会」では年齢と意識の間に統計的に有意
な関連はなく，年齢が異なっても結婚についての意識は変わらない．こうした
結果を見る限り，女性では精神的安定や満足度といった結婚の心理的側面につ
いては年齢が上昇すると否定的な意識が強くなると言える．

　次に，学歴と結婚についての意識の関係を表 8-3 で見てみよう．まず，男女
間で明確な違いが見られたのは「(b) やりたいことをやる自由」「(d) 心のや
すらぎ」「(e) 生活全体の満足度」である．男性では「やりたいことをやる自
由」で「悪くなる」の回答が短大・大学卒で最も高く 70％を超えているが，中
学・高校卒と専門学校卒では 50％前後にとどまり学歴間格差が大きい．つまり，

220 —— III　家族と世代の国際比較

表 8-3 学歴と結婚に対する意識（日本）

(%)

	男　　性				女　　性			
	(a) 生活水準				(a) 生活水準			
学歴	良くなる	変わらない	悪くなる	N	良くなる	変わらない	悪くなる	N
中学・高校	26.5	40.3	33.2	196	34.4	36.9	28.7	122
専門学校	28.3	50.0	21.7	60	39.1	42.2	18.8	64
短大・大学	30.3	35.6	34.0	188	31.0	41.3	27.7	184
	(b) やりたいことをやる自由				(b) やりたいことをやる自由			
学歴	良くなる	変わらない	悪くなる	N	良くなる	変わらない	悪くなる	N
中学・高校	5.6	40.3	54.1	196	5.7	30.3	63.9	122
専門学校	8.3	40.0	51.7	60	4.7	43.8	51.6	64
短大・大学	7.5	21.3	71.3	188	6.0	26.6	67.4	184
	(c) 就職や昇進の機会				(c) 就職や昇進の機会			
学歴	良くなる	変わらない	悪くなる	N	良くなる	変わらない	悪くなる	N
中学・高校	9.7	86.7	3.6	196	4.9	59.8	35.3	122
専門学校	18.3	78.3	3.3	60	4.7	60.9	34.4	64
短大・大学	22.9	72.3	4.8	188	1.6	58.2	40.2	184
	(d) 心のやすらぎ				(d) 心のやすらぎ			
学歴	良くなる	変わらない	悪くなる	N	良くなる	変わらない	悪くなる	N
中学・高校	69.9	27.0	3.1	196	58.2	30.3	11.5	122
専門学校	73.3	25.0	1.7	60	68.7	29.7	1.6	64
短大・大学	78.7	17.6	3.7	188	67.9	28.8	3.3	184
	(e) 生活全体の満足度				(e) 生活全体の満足度			
学歴	良くなる	変わらない	悪くなる	N	良くなる	変わらない	悪くなる	N
中学・高校	65.8	27.6	6.6	196	54.9	31.2	13.9	122
専門学校	63.3	35.0	1.7	60	65.6	32.8	1.6	64
短大・大学	73.4	20.7	5.9	188	59.8	33.2	7.1	184

男性では高学歴層で結婚したらライフ・スタイルが変わり自由が減少すると考える傾向が強いのに対して，低学歴層ではそれほど否定的ではない．対照的に，女性では「やりたいことをやる自由」の回答に学歴間で大きな比率の差が観察され，統計的にも有意でなく結婚後の自由について学歴間で明確な差がない．他方，「心のやすらぎ」においては女性では低学歴層で否定的な意識が強いが，男性では学歴カテゴリーで差があまり見られない．具体的には，女性で結婚すると心の安らぎが増える（＝良くなる）と回答した人の割合は専門学校卒では68.7%，短大・大学卒では67.9%であるが中学・高校卒では58.2%に低下する．他方，男性で「良くなる」では中学・高校卒で69.9%，専門学校卒で73.3%，

第8章　結婚に対する意識の国際比較 —— 221

表 8-4　就業形態と結婚に対する意識（日本）

(%)

	男　　　性				女　　　性			
	(a)　生活水準				(a)　生活水準			
就業形態	良くなる	変わらない	悪くなる	N	良くなる	変わらない	悪くなる	N
フルタイム	27.1	41.0	32.0	244	30.6	38.2	31.2	173
パートタイム	33.3	27.8	38.9	72	36.1	47.2	16.7	108
その他	28.1	43.8	28.1	128	36.0	34.8	29.2	89
	(b)　やりたいことをやる自由				(b)　やりたいことをやる自由			
就業形態	良くなる	変わらない	悪くなる	N	良くなる	変わらない	悪くなる	N
フルタイム	4.9	35.7	59.4	244	5.2	22.5	72.3	173
パートタイム	9.7	26.4	63.9	72	4.6	40.7	54.6	108
その他	8.6	28.9	62.5	128	7.9	34.8	57.3	89
	(c)　就職や昇進の機会				(c)　就職や昇進の機会			
就業形態	良くなる	変わらない	悪くなる	N	良くなる	変わらない	悪くなる	N
フルタイム	15.6	81.6	2.9	244	1.7	60.1	38.2	173
パートタイム	18.1	75.0	6.9	72	0.9	61.1	38.0	108
その他	17.2	78.1	4.7	128	6.7	57.3	36.0	89
	(d)　心のやすらぎ				(d)　心のやすらぎ			
就業形態	良くなる	変わらない	悪くなる	N	良くなる	変わらない	悪くなる	N
フルタイム	72.5	23.8	3.7	244	68.2	27.8	4.1	173
パートタイム	73.6	23.6	2.8	72	67.6	29.6	2.8	108
その他	77.3	20.3	2.3	128	56.2	32.6	11.2	89
	(e)　生活全体の満足度				(e)　生活全体の満足度			
就業形態	良くなる	変わらない	悪くなる	N	良くなる	変わらない	悪くなる	N
フルタイム	68.0	25.4	6.6	244	60.7	30.1	9.3	173
パートタイム	66.7	29.2	4.2	72	63.0	32.4	4.6	108
その他	71.1	24.2	4.7	128	51.7	37.1	11.2	89

短大・大学卒でも 78.7％であり学歴カテゴリー間の差はあまり大きくない．また，検定の結果を見ても「心のやすらぎ」については女性では学歴との間に有意な関連が見られたが，男性では有意になっていない．

「(e) 生活全体の満足度」については男性でも女性でも学歴と価値意識の関連が有意であった．男性では満足度が向上する（＝良くなる）の回答は学歴が高くなるにつれて増大し肯定的な傾向が強まる．女性では専門学校卒で「良くなる」の割合が最も高く，中学・高校卒で最も低く，両者の中間に短大・大学卒が位置している．さらに，「悪くなる」は中学・高校卒の女性で値が最も大きく否定的な意識を持つ人が多い．従って，女性の低学歴層で結婚後の満足度

222 ── III　家族と世代の国際比較

について否定的な意識が強い傾向が見られる．しかしながら，「(a) 生活水準」と「(c) 就職や昇進の機会」では男性でも女性でも学歴と有意な関係が見られず，結婚後の経済水準や仕事については学歴カテゴリーで明確な意識の違いはない．

表8-4 は就業形態と結婚についての意識の関係を示している．まず，「(a) 生活水準」は女性では有意な関連が見られたが，男性では有意な関係が見られない．特に，女性ではフルタイム就業で「悪くなる」の比率がかなり大きいが，男性ではフルタイム就業とパートタイム就業で「悪くなる」の割合の差が少なく就業状態と意識の関係がはっきりしない．言いかえるならば，女性では結婚後の経済状況に対する評価が就業形態によって大きく異なるが，男性ではあまり差がない．次に「(b) やりたいことをやる自由」は女性にだけ有意な関連が見られた．この項目では「悪くなる」と回答した人の割合はフルタイム就業の女性では 72.3% であったのに対してパートタイム就業の女性で 54.6% であり，前者の方が否定的な意識を持つ人が圧倒的に多い．対照的に男性ではフルタイム就業者とパートタイム従業者の差が女性ほど大きくない．要するに，女性では結婚後のライフ・スタイルと就業形態に強い関係が見られるが，男性では両者の関係がそれほど明確ではない．「(c) 就職や昇進の機会」「(d) 心のやすらぎ」「(e) 生活全体の満足度」についての意識では男性も女性も就業形態による差は殆どみられない．

4.2 フランス

表8-5 はフランスの結婚に対する意識を年齢グループごとに示している．まず，「(a) 生活水準」については男女ともに若年層で「良くなる」と回答する人が多くなっている．この傾向は男性よりも女性で顕著であり，25-34 歳の女性の 87.3%，35-44 歳の 83.2% が「良くなる」と回答しているのに対して，45 歳以上では 69.3% に過ぎない．次に「(b) やりたいことをやる自由」では高年齢層で「悪くなる」と回答する割合が高い．具体的には 45 歳以上の男性では 13.2%，女性ではで 27.4% が結婚すると「悪くなる」と回答しており，高年齢層の女性は「結婚＝不自由の増大」と意識する傾向が男性よりも強い．一方，「(c) 就職や昇進の機会」に関しては男女の約 8 割が「変わらない」と回答し

表 8-5　年齢と結婚に対する意識（フランス）

(%)

	男　　性				女　　性			
	(a) 生活水準				(a) 生活水準			
年齢	良くなる	変わらない	悪くなる	N	良くなる	変わらない	悪くなる	N
25-34 歳	76.3	19.1	4.6	456	87.3	10.9	1.7	521
35-44 歳	71.2	22.8	6.0	351	83.2	14.3	2.4	370
45 歳以上	58.1	31.4	10.5	296	69.3	24.7	6.1	361
	(b) やりたいことをやる自由				(b) やりたいことをやる自由			
年齢	良くなる	変わらない	悪くなる	N	良くなる	変わらない	悪くなる	N
25-34 歳	77.9	14.9	7.2	456	80.0	12.7	7.3	521
35-44 歳	72.7	16.8	10.5	351	69.2	19.7	11.1	370
45 歳以上	63.2	23.7	13.2	296	53.5	19.1	27.4	361
	(c) 就職や昇進の機会				(c) 就職や昇進の機会			
年齢	良くなる	変わらない	悪くなる	N	良くなる	変わらない	悪くなる	N
25-34 歳	19.1	75.0	5.9	456	17.9	75.1	7.1	521
35-44 歳	19.1	75.5	5.4	351	11.4	81.1	7.6	370
45 歳以上	10.1	82.1	7.8	296	8.0	81.2	10.8	361
	(d) 生活全体の満足度				(d) 生活全体の満足度			
年齢	良くなる	変わらない	悪くなる	N	良くなる	変わらない	悪くなる	N
25-34 歳	93.0	6.4	0.7	456	91.0	8.3	0.8	521
35-44 歳	82.6	12.5	4.8	351	85.1	12.2	2.7	370
45 歳以上	73.7	19.3	7.1	296	71.2	20.8	8.0	361

ている.「悪くなる」の割合は男女とも 25-34 歳と比べて 45 歳以上で増加しているが, 年齢グループ間の差は大きくない. 従って, 全体として見ると結婚が仕事に影響を与えないとする人がほとんどである. 最後の「(d) 生活全体の満足度」は男性でも女性でも 25-34 歳で 9 割近くの回答者が「良くなる」を選択しており, 若年層で結婚を肯定的に考える人が多い. しかし, 45 歳以上になると, この値が 70% 近くにまで低下し肯定的な意識は弱くなる. しかし, 全体としては 70% 以上の回答者が生活の満足度が改善すると思っており, 結婚の心理的側面については肯定的な評価が多い. 興味深いことに, **表 8-2** で見たように日本では 45 歳以上の女性で生活の満足度が低くなる傾向があったが, フランスではこうした傾向は観察されず, 高年齢層でも結婚すると生活に対する満足度が改善すると考える人が多い.

　次に学歴と結婚についての意識を**表 8-6** で検討すると,「(a) 生活水準」に

224 —— III　家族と世代の国際比較

表 8-6　学歴と結婚に対する意識（フランス）

(%)

	男　　性				女　　性			
	(a)　生活水準				(a)　生活水準			
学歴	良くなる	変わらない	悪くなる	N	良くなる	変わらない	悪くなる	N
中学・高校	65.7	24.5	9.9	396	79.6	16.4	4.0	426
専門学校	73.0	21.4	5.6	378	84.9	12.4	2.7	298
短大・大学	71.1	24.9	4.0	329	79.7	17.4	2.8	528
	(b)　やりたいことをやる自由				(b)　やりたいことをやる自由			
学歴	良くなる	変わらない	悪くなる	N	良くなる	変わらない	悪くなる	N
中学・高校	71.5	17.4	11.1	396	63.2	18.8	18.1	426
専門学校	75.1	15.9	9.0	378	72.8	11.4	15.8	298
短大・大学	69.9	20.7	9.4	329	72.0	17.8	10.2	528
	(c)　就職や昇進の機会				(c)　就職や昇進の機会			
学歴	良くなる	変わらない	悪くなる	N	良くなる	変わらない	悪くなる	N
中学・高校	16.4	76.8	6.8	396	14.3	76.3	9.4	426
専門学校	17.7	77.0	5.3	378	16.8	75.8	7.4	298
短大・大学	15.8	77.5	6.7	329	10.0	82.0	8.0	528
	(d)　生活全体の満足度				(d)　生活全体の満足度			
学歴	良くなる	変わらない	悪くなる	N	良くなる	変わらない	悪くなる	N
中学・高校	81.3	13.4	5.3	396	79.8	15.3	4.9	426
専門学校	85.5	11.4	3.2	378	85.2	10.1	4.7	298
短大・大学	87.2	10.3	2.4	329	85.6	12.9	1.5	528

ついてはジェンダー間によって差がある．男性では中学・高校卒のグループで「良くなる」の比率が低く低学歴層ほど否定的な意識を持つ人が多いが，女性では学歴グループごとの差が少なく，意識に違いがあまりない．要するに，結婚の経済的側面については女性よりも男性で学歴間の意識の差が大きい．同様に，「(b) やりたいことをやる自由」についてもジェンダー間で差が見られる．男性では学歴によって回答の比率に顕著な差が見られない．しかし，女性では中学・高校卒のグループの「悪くなる」の比率が大きく「良くなる」の比率が小さい．つまり，男性と比べて女性では高学歴層より低学歴層で「結婚＝自由の喪失」と考える人が多くなる傾向がある．「(c) 就職や昇進の機会」についても男性では学歴カテゴリー間で値に大きな差が見られないが，女性では高学歴層で「良くなる」の割合がかなり低い．実際，中学・高校卒の女性では14.3%が「良くなる」と回答しているのに対して，短大・大学卒では10.0％に過ぎな

第 8 章　結婚に対する意識の国際比較 —— 225

表 8-7　就業形態と結婚に対する意識（フランス）

(%)

	男　性				女　性			
	(a) 生活水準				(a) 生活水準			
就業形態	良くなる	変わらない	悪くなる	N	良くなる	変わらない	悪くなる	N
フルタイム	72.6	21.7	5.8	798	80.5	16.4	3.2	757
パートタイム	68.2	27.3	4.6	44	84.9	12.7	2.4	165
その他	63.2	26.9	9.9	242	80.4	16.4	3.2	311
	(b) やりたいことをやる自由				(b) やりたいことをやる自由			
就業形態	良くなる	変わらない	悪くなる	N	良くなる	変わらない	悪くなる	N
フルタイム	74.8	16.4	8.8	798	69.1	16.3	14.7	757
パートタイム	75.0	11.4	13.6	44	72.1	16.4	11.5	165
その他	64.9	22.7	12.4	242	68.5	18.0	13.5	311
	(c) 就職や昇進の機会				(c) 就職や昇進の機会			
就業形態	良くなる	変わらない	悪くなる	N	良くなる	変わらない	悪くなる	N
フルタイム	16.3	77.3	6.4	798	12.0	77.8	10.2	757
パートタイム	22.7	70.5	6.8	44	13.9	78.8	7.3	165
その他	16.9	77.3	5.8	242	15.8	80.1	4.2	311
	(d) 生活全体の満足度				(d) 生活全体の満足度			
就業形態	良くなる	変わらない	悪くなる	N	良くなる	変わらない	悪くなる	N
フルタイム	87.7	9.7	2.6	798	84.5	12.8	2.6	757
パートタイム	88.6	9.1	2.3	44	87.3	9.1	3.6	165
その他	75.2	17.4	7.4	242	79.7	15.4	4.8	311

い．一方，「変わらない」の値は中学・高校卒では 76.3％，短大・大学卒では 82.0％であり，女性の高学歴層では仕事については変化しないと考える傾向がある．最後の「(d) 生活全体の満足度」は男性も女性も高学歴層で結婚すると改善すると思う人が多くなっている．例えば，男性の中学・高校卒では 81.3％が「良くなる」と回答しているが短大・大学卒では 87.2％にまで増加する．女性は男性ほどではないが，短大・大学卒で「良くなる」と考える人は 85.6％になっており，高学歴層ほど結婚の心理的側面を高く評価する傾向が見られる．こうした結果を見る限り，フランスでは全体的に低学歴層ほど結婚に対して否定的な評価が強くなる傾向が見られる．

　最後に就業形態と結婚についての意識の関係を表 8-7 で検討すると，項目「(a) 生活水準」では男性のフルタイム就業者は「良くなる」の割合が 72.6％であるが，パートタイム就業者では 68.2％であり，パートタイム就業者よりも

226 —— III　家族と世代の国際比較

フルタイム就業者で結婚が経済的な改善に繋がると意識する傾向がある．しかし，女性ではフルタイムよりもパートタイムで「良くなる」の回答が大きく，男性と逆の関係になっている．「(b) やりたいことをやる自由」でも男性と女性で異なった関係が見られた．すなわち，男性ではフルタイム就業者よりパートタイム就業者で「悪くなる」が大きいが，反対に女性ではパートタイム従業者よりフルタイム就業者で「悪くなる」が多い．つまり，男性ではパートタイムの方が，女性ではフルタイムの方が結婚すると自由が減少すると考える傾向が強い．「(c) 就職や昇進の機会」については「変わらない」と回答する人が圧倒的に多い．男性ではフルタイム就業者の 77.3%，パートタイム就業者の 70.5%が結婚しても変わらないと回答している．同様に女性ではフルタイム就業者の 77.8%，パートタイム就業者の 78.8%が「変わらない」を選んでいる．こうした結果を見る限り，フランスでは就業形態によらず，結婚が仕事に影響を与えないと考える人が多い．最後の「(d) 生活全体の満足度」では男女ともに就業形態によって回答の比率に明確な差が無く，就業形態の違いにかかわらず結婚すると生活の満足度が向上すると思っている人が 8 割以上になっている．表 8-4 で見たように，日本では「(e) 生活全体の満足度」が良くなると回答した人の割合は 65% 前後であるので，フランスの方が結婚後の生活に関して肯定的に評価する割合がかなり多い．

5 潜在クラス・モデルによる意識構造の比較分析

前節では，結婚に関する意識の特徴を質問項目ごとに国際比較した．しかし，項目を個々に分析するだけでは，意識構造を全体として把握し比較することは困難である．この点を考慮して，本節では潜在クラス分析と多項ロジット潜在クラス分析を用いて意識構造の国際比較と規定要因を検討する．

5.1 日本

表 8-8 は日本の未婚の男性と女性に対して潜在クラス分析を行い，潜在クラスの数が 2 個から 4 個までのカイ二乗値と BIC（Bayesian Information Criterion）の値を示したものである．まず，男性のカイ二乗値を見るとクラスの数が 2 個

表 8-8　潜在クラス・モデルの適合度（日本）

		カイ二乗値	P 値	BIC
男性	N=444			
潜在クラスの数	2	600.24	<0.01	3170.87
	3	134.02	>0.15	3151.66
	4	88.75	>0.15	3179.85
女性	N=370			
潜在クラスの数	2	382.44	<0.01	2999.72
	3	102.68	>0.15	2937.57
	4	68.41	>0.15	2951.16

の場合は 1 ％水準で有意でありモデルはデータと適合しないが，3 個と 4 個で
は 15 ％水準でも有意にならずモデルが適合している．しかし，BIC の値は潜在
クラス数が 3 個で最小であり，カイ二乗検定と BIC の値に基づいて潜在クラス
数が 3 個のモデルを男性の最適モデルとみなした．同様に，女性についてもカ
イ二乗値は潜在クラスの数が 2 個の場合では 1 ％水準で有意であり，モデルは
データと適合しない．しかし，3 個と 4 個では 15 ％水準でも有意でなくモデル
が適合している．他方，BIC の値は潜在クラス数が 4 個よりも 3 個の方が小さ
く，女性の場合も潜在クラス数が 3 個を最適モデルとした．

　表 8-9 では日本の潜在クラスが 3 個のモデルの潜在クラスの割合と，各クラ
スの（a）から（e）の 5 つの質問に対する「良くなる」「変わらない」「悪くな
る」の応答確率の推定値が示されている．最初に，男性について見てみると，
クラス 1 は最も大きい潜在クラスであり，約 73 ％を占めている．このクラスの
回答の特徴は，「（d）心のやすらぎ」と「（e）生活全体の満足度」の 2 つの質
問項目で結婚すると「良くなる」と回答する確率が大きく結婚に対する心理的，
精神的なメリットを高く評価している．他方，「（a）生活水準」については「良
くなる」「変わらない」「悪くなる」の応答確率が 30 ％前後で拮抗しており，結
婚後の経済状況については明確な差がない．また，「（c）就職や昇進の機会」
については「変わらない」の確率が 0.78 で最も大きい．こうした特徴から考え
るとこの潜在クラスは結婚の心理的なメリットを重視し，結婚後は状況がより
良くなると考えており，「心理重視（改善）型」と言える潜在クラスである．
クラス 2 は全体の 20 ％を占めており，このクラスでは（a）から（e）全ての項

表 8-9 潜在クラス・モデルの結果 (日本)

	男　性			女　性		
	クラス1	クラス2	クラス3	クラス1	クラス2	クラス3
潜在クラスの割合	0.73	0.20	0.07	0.64	0.25	0.11
			応答変数の	条件付き確率		
	(a) 生活水準			(a) 生活水準		
良くなる	0.36	0.07	0.09	0.44	0.21	0.03
変わらない	0.34	0.72	0.06	0.32	0.68	0.18
悪くなる	0.30	0.21	0.86	0.24	0.11	0.79
	(b) やりたいことをやる自由			(b) やりたいことをやる自由		
良くなる	0.09	0.01	0.01	0.09	0.01	0.01
変わらない	0.27	0.65	0.04	0.32	0.43	0.01
悪くなる	0.65	0.34	0.95	0.60	0.56	0.98
	(c) 就職や昇進の機会			(c) 就職や昇進の機会		
良くなる	0.20	0.05	0.12	0.03	0.03	0.01
変わらない	0.78	0.94	0.52	0.63	0.67	0.23
悪くなる	0.02	0.01	0.37	0.34	0.30	0.76
	(d) 心のやすらぎ			(d) 心のやすらぎ		
良くなる	0.98	0.02	0.16	0.95	0.04	0.21
変わらない	0.01	0.97	0.43	0.04	0.95	0.31
悪くなる	0.01	0.01	0.41	0.01	0.01	0.48
	(e) 生活全体の満足度			(e) 生活全体の満足度		
良くなる	0.90	0.05	0.11	0.90	0.04	0.02
変わらない	0.08	0.92	0.25	0.09	0.95	0.28
悪くなる	0.01	0.03	0.64	0.01	0.01	0.70

目で「変わらない」と回答する確率が最も大きくなっている．例えば，項目
(a)「生活水準」では72%，項目 (d)「心のやすらぎ」では97%，項目 (e)「生
活全体の満足度」では92%が「変わらない」を選択している．従って，この潜
在クラスは結婚しても変化が生じないと考える確率が大きく「中立型」と呼ぶ
ことができよう．最後のクラス3は全体の7%を占めるに過ぎず最も小さいク
ラスである．このクラスでは項目 (a)，(b)，(e) で「悪くなる」と回答する
確率が大きくなっている．例えば，「悪くなる」の選択確率は「(a) 生活水準」
では86%であり経済状況の悪化への懸念が強い．さらに，「(e) 生活全体の満
足度」では64%が悪くなると回答しており結婚生活を否定的に考えている．ま
た，「(d) 心のやすらぎ」では「悪くなる」を回答する確率は41%，「変わらな

い」は43％であり，どちらかと言うと否定的な意識が強い．これらの特徴を考慮すると，クラス3は「経済重視（悪化）型」と名付けることができる．男性の潜在クラスで興味深いのは，クラス1もクラス3も結婚することによって「やりたいことをやる自由」が低下するとする応答確率が相対的に大きく，これら2つのグループでは結婚後のライフ・スタイルを否定的に考えている点は共通している．言いかえるならば，クラス1とクラス3の分水嶺は前者のグループが結婚の心理的側面を重視しているのに対して，後者のグループは経済的側面を重視している点である．また，「(c) 就職や昇進の機会」については全てのクラスで「変わらない」の選択確率が大きく，男性にとっては結婚しても仕事への影響はほとんど無いと考える人が圧倒的に多くなる傾向が見られる．

　女性の潜在クラスを見てみると，クラス1は全体の64％を占め一番大きいクラスである．このクラスでは「(d) 心のやすらぎ」と「(e) 生活全体の満足度」の2つで「良くなる」の応答確率が高く，結婚の心理的，精神的なメリットを重視し，肯定的な考えを持っている．他方，「(a) 生活水準」では「良くなる」の選択確率が44％，「変わらない」が34％，「悪くなる」が30％であり各カテゴリーの値に顕著な差が見られない．従って，この潜在クラスは結婚の心理的なメリットを重視し，肯定的な意識を持っている「心理重視（改善）型」のグループである．クラス2は全体の25％を占め，「(a) 生活水準」「(c) 就職や昇進の機会」「(d) 心のやすらぎ」「(e) 生活全体の満足度」で「変わらない」の応答確率が大きく，結婚しても変化がないと考える「中立型」のグループである．クラス3の割合は11％であり最も小さいグループである．このクラスでは，項目 (a)「生活水準」では「悪くなる」の応答確率が79％で最も大きい．同様に，項目 (c)「就職や昇進の機会」でも「悪くなる」の割合が一番大きく76％に達している．一方，「(d) 心のやすらぎ」については「良くなる」が21％，「変わらない」の応答確率が31％，「悪くなる」が48％であり回答パターンに明確な特徴が見られない．他方，クラス3では「(b) やりたいことをやる自由」に対しては「悪くなる」の応答確率が高いが，クラス1でも「悪くなる」の応答確率が最も大きく，この質問項目はクラス3だけを特徴づけるものではない．これらの特徴をふまえると，クラス3は結婚後の経済生活を重視し，結婚後は悪くなると考える「経済・仕事重視（悪化）型」のグループと言

表 8-10　潜在クラス多項ロジット分析（日本）

	男　性				女　性			
	心理重視型		中立型		心理重視型		中立型	
	経済重視型		経済重視型		経済・仕事重視型		経済・仕事重視型	
予測変数	回帰係数	標準誤差	回帰係数	標準誤差	回帰係数	標準誤差	回帰係数	標準誤差
定数項	1.594***	0.330	-0.533	0.436	2.307***	0.447	1.127**	0.491
本人の年齢								
（25-34 歳）								
35-44 歳	0.043	0.369	0.595	0.459	0.023	0.494	-0.183	0.550
45 歳以上	0.377	0.441	1.154**	0.532	-0.680	0.543	0.310	0.578
本人の学歴								
中学・高校卒	-0.300	0.349	0.163	0.438	-0.865*	0.450	-0.942*	0.496
専門学校卒	0.324	0.577	1.186	0.647	1.427	1.069	1.273	1.098
（短大・大学卒）								
本人の就業状態								
（フル・タイム）								
パート・タイム	-0.702*	0.400	-1.084**	0.542	0.700	0.611	0.933	0.643
その他	0.381	0.418	0.217	0.483	-0.193	0.475	0.055	0.528
同棲経験								
あり	0.556	0.571	1.150*	0.617	0.3526	0.773	0.194	0.836
（なし）								
Log-likelihood			-1471.02				-1325.92	
N			444				370	

注：有意水準：***：$p<0.01$，**：$p<0.05$，*：$p<0.10$．
　　（　）はレファレンス・カテゴリー．

えよう．興味深いことに，男性と比べて女性では「中立型」のクラス2でもやりたいことをやる自由が低下すると回答する割合が最も大きく，全てのクラスで結婚後のライフ・スタイルに対して否定的であり，「結婚＝自由の喪失」と考える傾向が強い．

　表 8-10 は独立変数の潜在クラスへの影響を検討するために行った多項ロジット潜在クラス分析の結果を示している．最初に男性では年齢は意識構造に対してほとんど影響していない．45歳以上のカテゴリーで「中立型／経済重視型」のオッズが25-34歳のグループと比べて3.2（＝$e^{1.154}$）倍ほど有意に上昇し「中立型」が増えるが，それ以外のカテゴリーでは回帰係数が有意にならず全体として年齢と意識構造の関連は弱い．同様に本人の学歴も有意でなく結婚に対する意識に影響を与えていない．一方，就業形態は有意な影響を及ぼしている．パートタイム就業の「心理重視型／経済重視型」のオッズはフルタイム就

第 8 章　結婚に対する意識の国際比較 —— 231

業の約半分（＝$e^{-0.702}$）であり，前者で経済重視型の割合が大きくなっている．同様に，「中立型／経済重視型」の比率もパートタイム就業はフルタイム就業の 0.34 倍（＝$e^{-1.084}$）であり経済重視型の割合が多い．また，同棲経験がある場合の「中立型／経済重視型」のオッズは経験がない場合の 3.16 倍であり，同棲を経験すると結婚に対する中立的な意識が強くなる傾向が見られる．

　男性と同様に女性でも年齢は有意な効果を示さず結婚に対する意識は年齢によって変わらない．他方，学歴は有意な効果を持っている．中学・高校卒のカテゴリーの「心理重視型／経済・仕事重視型」のオッズは短大・大学卒カテゴリーの 0.42 倍（＝$e^{-0.865}$）であり，低学歴層で結婚の経済的側面が重視されている．同様に，「中立型／経済・仕事重視型」の中学・高校卒グループと短大・大学卒グループのオッズ比は 0.39（＝$e^{-0.942}$）であり，中学・高校卒の女性では中立型が減り経済・仕事重視型が増えている．他方，男性と異なり就業形態は女性の結婚に対する意識に有意な影響が見られず就業形態と結婚に対する意識には関連がない．同様に，女性では同棲経験の有無が結婚に対する意識に影響を与えていない．こうした結果をふまえると，日本の男性ではパートタイム層，女性では低学歴層で結婚の主観的便益を経済的な観点から考え，結婚すると悪化すると意識する傾向が強い．逆に言えば，フルタイム就業者や高学歴層は結婚の心理的，精神的メリットを重視し，結婚によって改善すると考えている．

5.2　フランス

　表 8-11 はフランスの未婚の男性と女性に対して潜在クラス分析を行い，潜在クラス数が 2 個から 4 個までのカイ二乗値と BIC の値を示している．まず，男性のカイ二乗値はクラスの数が 2 個では 1％水準で有意でありモデルはデータと適合しないが，3 個と 4 個では 15％水準で有意にならずモデルが適合している．これら 2 つの BIC の値は潜在クラス数が 3 個の方が 4 個よりも小さく，カイ二乗検定と BIC の両方を総合的に判断し潜在クラス数が 3 個を最適モデルとみなした．同様に，女性でも潜在クラスの数が 2 個の場合ではカイ二乗検定が 1％水準で有意でありモデルは適合しない．しかし，男性と同様に 3 個と 4 個では 15％水準でも有意でなくモデルが適合している．さらに，BIC の値は潜在クラス数が 4 個よりも 3 個の方が小さく女性の場合も潜在クラス数が 3 個

表 8-11　潜在クラスモデルの適合度（フランス）

		カイ二乗値	p 値	BIC
男性	N=1,103			
潜在クラスの数	2	136.87	<0.01	3802.09
	3	56.38	>0.15	3780.88
	4	40.49	>0.15	3826.05
女性	N=1,225			
潜在クラスの数	2	172.78	<0.01	4326.98
	3	51.51	>0.15	4291.64
	4	30.09	>0.15	4331.44

表 8-12　潜在クラスモデルの結果（フランス）

	男　　性			女　　性		
	クラス1	クラス2	クラス3	クラス1	クラス2	クラス3
潜在クラスの割合	0.60	0.24	0.16	0.55	0.31	0.14
	応答変数の条件付き確率					
	(a)　生活水準			(a)　生活水準		
良くなる	0.64	0.35	0.29	0.82	0.55	0.60
変わらない	0.31	0.59	0.33	0.15	0.44	0.21
悪くなる	0.05	0.06	0.38	0.03	0.01	0.18
	(b)　やりたいことをやる自由			(b)　やりたいことをやる自由		
良くなる	0.89	0.01	0.08	0.86	0.13	0.01
変わらない	0.09	0.97	0.11	0.09	0.70	0.01
悪くなる	0.03	0.01	0.81	0.05	0.17	0.97
	(c)　就職や昇進の機会			(c)　就職や昇進の機会		
良くなる	0.48	0.09	0.01	0.39	0.04	0.09
変わらない	0.49	0.87	0.45	0.54	0.88	0.34
悪くなる	0.03	0.05	0.54	0.07	0.08	0.57
	(d)　生活全体の満足度			(d)　生活全体の満足度		
良くなる	0.96	0.52	0.42	0.97	0.56	0.38
変わらない	0.03	0.46	0.30	0.02	0.43	0.34
悪くなる	0.01	0.02	0.28	0.01	0.02	0.28

を最適モデルとした.

　表 8-12 はフランスの潜在クラスが 3 個のモデルの各クラスの比率と各クラスの (a) から (d) までの 4 つの質問に対する「良くなる」「変わらない」「悪くなる」の応答確率を示している. まず, 男性について見てみると, クラス 1

は最も大きい潜在クラスであり60％を占めている．このクラスの特徴は，「(a)生活水準」「(b) やりたいことをやる自由」「(d) 生活全体の満足度」の3項目で結婚すると「良くなる」と回答する確率が大きくなっている．具体的には，「(a) 生活水準」では64％，「(b) やりたいことをやる自由」では89％，「(d) 生活全体の満足度」では96％が結婚すると良くなるを選択しており肯定的に考えている．他方，「(c) 就職や昇進の機会」では「良くなる」が48％，「変わらない」が49％であるが「悪くなる」と回答する確率は3％で極めて少ない．こうした特徴から見ると，クラス1は結婚すると経済的，心理的な側面やライフ・スタイルについて良くなると意識している層であり「(全般的) 改善型」と言える潜在クラスである．興味深いのは日本の「心理重視 (改善) 型」のクラスでは結婚後はやりたいことをやる自由が低下しライフ・スタイルについては悪化すると考える傾向が見られたが，フランスの「改善型」では結婚後のライフ・スタイルについても肯定的に考えている．クラス2は全体の24％を構成しており，「(a) 生活水準」「(b) やりたいことをやる自由」「(c) 就職や昇進の機会」で「変わらない」を回答する確率が高く，結婚に対して中立的な意識が強く「中立型」と見なすことができる．興味深いことに，「(d) 生活全体の満足度」では「良くなる」が52％，「変わらない」が46％であり結婚生活全体については否定的な意識は僅かであるが，肯定的な考えと中立的な考えの比率は拮抗している．最後のクラス3は最も小さく16％を占めるに過ぎない．項目「(b) やりたいことをやる自由」と「(c) 就職や昇進の機会」で「悪くなる」を回答する確率が相対的に高くなっている．特に，「(b) やりたいことをやる自由」では81％が「悪くなる」と回答しており，「結婚＝自由の喪失」と考える傾向が強い．他方，「(a) 生活水準」や「(d) 生活全体の満足度」では応答確率に明確な差が見られず，結婚の経済的側面や心理的側面については特徴がはっきりしない．こうした点を考慮すると，クラス3は「(仕事―ライフ・スタイル) 悪化型」と呼べるグループである．

　次に女性の潜在クラスを見てみると，クラス1は全体の55％で全体の約半分を占めている．このクラスでは「(a) 生活水準」「(b) やりたいことをやる自由」「(d) 生活全体の満足度」の3項目で結婚すると「良くなる」と回答する確率が大きく肯定的な意識を持っている．特に，「(b) やりたいことをやる

自由」では86％，「（d）生活全体の満足度」では97％が「良くなる」になっている．他方，「（c）就職や昇進の機会」では「良くなる」が39％，「変わらない」が54％であるのに対し，「悪くなる」は7％に過ぎず全体として見ると否定的な回答は僅かである．従って，このクラスは結婚に対して全体的に肯定的な意識を持っており「（全般的）改善型」と見なすことができる．クラス2は31％を構成し，「（b）やりたいことをやる自由」と「（c）就職や昇進の機会」で「変わらない」を回答する確率が大きい．一方，「（a）生活水準」と「（d）生活全体の満足度」では「悪くなる」の確率は小さいが，「良くなる」と「変わらない」の応答確率がほぼ同じであり明確な差が見られない．こうした特徴をふまえると，女性のクラス2は生活水準や満足度については「変わらない」あるいは「良くなる」と考える傾向がある一方で，「（b）やりたいことをやる自由」と「（c）就職や昇進の機会」では中立な意識を持っており「（マイルドな）中立型」と呼べるであろう．クラス3の割合は全体の14％で3つのクラスで一番小さい．項目「（b）やりたいことをやる自由」と「（c）就職や昇進の機会」で「悪くなる」を回答する確率が高く否定的な意識を持っている．特に，「（b）やりたいことをやる自由」では97％が「悪くなる」と回答しており結婚後のライフ・スタイルに対して否定的な意識が強い．ただし，「（d）生活全体の満足度」では「良くなる」が38％，「悪くなる」が28％でそれほど大きな差がなく結婚に対して否定的な意識が圧倒的に強いわけではない．さらに，「（d）生活全体の満足度」の「変わらない」の回答確率も34％であり結婚生活全体についての意識については明確な特徴が見られない．また，「（a）生活水準」では「良くなる」の応答確率が60％であり結婚の経済的側面を必ずしも否定的には考えてはいない．こうした点をふまえると，クラス3では結婚後のライフ・スタイルや仕事について否定的な意識をもつ「（仕事―ライフ・スタイル）悪化型」と言えよう．

　興味深いのは，日本と比べてフランスでは「改善型」のクラスの割合が男女ともに小さく結婚に対して肯定的な意識を持っている人が相対的に少ない．既に述べたように，フランスは未婚や同棲の割合が多く法律婚のカップルが少なく，法律婚は必ずしもパートナー関係の唯一の選択肢にはなっていない．潜在クラス分析における「改善型」のクラスの少なさはこの特徴と一致したものと

表 8-13　潜在クラス多項ロジット分析（フランス）

予測変数	男 性 改善型 悪化型 回帰係数	標準誤差	中立型 悪化型 回帰係数	標準誤差	女 性 改善型 悪化型 回帰係数	標準誤差	中立型 悪化型 回帰係数	標準誤差
定数項	2.193***	0.393	0.988**	0.459	2.689***	0.502	1.745***	0.535
本人の年齢								
（25-34 歳）								
35-44 歳	-0.540	0.350	0.015	0.429	-0.860**	0.392	0.132	0.439
45 歳以上	-1.041***	0.372	0.196	0.429	-2.056***	0.358	-0.931**	0.468
本人の学歴								
中学・高校卒	-0.374	0.345	-0.796**	0.400	-0.693*	0.395	-0.966**	0.418
専門学校卒	0.029	0.378	-0.342	0.447	-0.398	0.436	-1.459***	0.514
（短大・大学卒）								
本人の就業状態								
（フル・タイム）								
パート・タイム	0.175	0.663	-0.888	0.945	0.060	0.394	-0.032	0.453
その他	-0.128	0.356	0.212	0.414	-0.057	0.351	0.205	0.397
同棲経験								
あり	-0.259	0.286	-0.425	0.336	-0.222	0.269	-0.153	0.307
（なし）								
Log-likelihood		-1733.55				-1993.93		
N		1,103				1,225		

注：有意水準：***：$p<0.01$，**：$p<0.05$，*：$p<0.10$.
　　（　）はレファレンス・カテゴリー.

なっている．また，フランスの女性はどの潜在クラスであっても結婚すると生活水準が改善すると回答する確率が高く，結婚の経済的な側面については意識に違いがあまり無い．

表 8-13 はフランスの多項ロジット潜在クラス回帰分析の結果を示している．まず，日本との大きな差異は女性において年齢の影響が相対的に大きいことである．女性の「改善型／悪化型」の 25-34 歳と 35-44 歳のオッズ比は 0.42（$=e^{-0.860}$），25-34 歳と 45 歳以上ではで 0.13（$=e^{-2.056}$）であり，年齢が上昇するにつれて悪化型の割合が増大している．また，「中立型／悪化型」でも 45 歳以上では悪化型が有意に増大している．従って，女性は年齢が上昇するにつれて結婚を否定的に考える傾向が見られる．他方，男性では 45 歳以上のカテゴリーだけで回帰係数が有意になっており女性と比べて年齢の影響が弱い．他方，学歴にも有意な効果が観察された．特に，女性では中学・高校卒の回帰係数が「改善型／

236 —— III　家族と世代の国際比較

悪化型」で有意な負の値であり，高学歴層と比べて低学歴層の女性で結婚に対する評価が低くなっている．具体的には，「改善型／悪化型」の中学・高校卒のオッズは短大・大学卒の 0.50（$=e^{-0.693}$）倍になっている．さらに，「中立型／悪化型」では専門学校卒の女性でも回帰係数が負の値であり結婚を否定的に考える人の割合が多い．また，男性は女性ほど明確ではないが，「中立型／悪化型」の中学・高校卒の回帰係数は有意な負の値であり低学歴層で否定的な意識を持つ人が多い．他方，就業形態については男性でも女性でも回帰係数が有意でなく結婚に対する意識に明確な影響をもたらさない．これらの結果を見る限り，フランスでは高年齢層と低学歴層で結婚について否定的な意識を持つ傾向が強く主観的評価が低くなっている．

6 おわりに

近年，日本やヨーロッパでは未婚化や晩婚化が進みパートナー関係が大きく変化している．加えて，結婚に関する人々の意識も変容している．本章では潜在クラス分析を用いて，日本とフランスの結婚に対する意識の比較を行った．

本章の分析によると，第一に，フランスと比べて日本は男性も女性も結婚について肯定的な意識を持っている人が多く，否定的な意識を持っている人が少ない．この意味において結婚の主観的便益は依然として高いと言える．しかし，性別によって違いがあり，女性よりも男性で肯定的な意識を持つ割合が高く，結婚への志向性が強い．また，肯定的な意識の要因としては結婚によって「心のやすらぎ」や「生活の満足度」が改善すると考える傾向が強く，婚姻関係の心理的側面を重視した評価になっている．他方，否定的な意識の主な要因は生活水準の低下であり結婚生活の経済的側面を重視している．また，否定的な意識を持つグループでも肯定的な意識を持つグループでも結婚すると自由が減少すると考えており結婚によるライフ・スタイルの変化を否定的に評価する点は共通する特徴である．

第二に，日本の男性ではパートタイム従業者で，女性では低学歴層で結婚によって経済的に悪化するという意識が強い．すなわち，社会経済的な地位が相対的に低く，雇用形態も不安定で不利な立場にある集団で結婚生活の経済的側面

第 8 章　結婚に対する意識の国際比較 —— 237

を否定的に評価する傾向が見られる．他方，男性のフルタイム就業者や女性の高学歴層では結婚によって心理的，精神的に状況が良くなると考える傾向がある．簡単に言えば，日本では結婚に対する意識や考え方が就業状態や学歴で異なっており一枚岩ではない．

第三に，フランスは日本と比べて結婚に関して肯定的な意識を持つ人の割合が男女ともに少なく婚姻関係の主観的便益が全体として低い．マクロなレベルで見てもフランスは未婚や同棲の割合が多く，法律婚のカップルが少なくなっており，本章の分析結果はこの特徴と一致している．

第四に，フランスでは結婚に肯定的な意識を持つ人は生活水準といった経済的な側面のみならずライフ・スタイルも結婚すると改善すると考えており，結婚生活全体を高く評価している．反対に，否定的な意識を持つ人は結婚によってライフ・スタイルや仕事が悪化すると考える傾向が強い．

第五に，フランスでは高年齢層と低学歴層で結婚について否定的な意識を持つ傾向が強く主観的評価が低い．特に，結婚によってライフ・スタイルや仕事が悪化するという意識が低学歴層で強い．

結婚することによってメリットが増加し，デメリットは減少すると意識されればパートナー形成は促進されるはずである．一方，本章の分析結果を見る限り，社会集団によって結婚の主観的評価や結婚生活に求める期待や理想が異なっており，何をメリットと感じ，何をデメリットと感じるかも違っている．こうした点をふまえるならば，パートナー形成を促進させるには社会集団ごとに異なった方策が必要と言える．例えば，結婚の経済的側面を重視する層には結婚しても経済生活が悪化しないようにする支援が必要であろう．しかし同時に，パートナー関係は私的な領域に属しており原則的に個人の選択に委ねられるべきであることは言うまでもない．従って，政府や地方自治体といった公的部門の結婚促進への介入や支援については慎重な議論が必要であり，その是非を安易に判断することは慎むべきであることも意識に留めておく必要があろう．

[参考文献]
国立社会保障・人口問題研究所（2007）『第13回出生動向基本調査　第Ⅱ報告書』国立社会保障・人口問題研究所.

国立社会保障・人口問題研究所（2017）『第15回出生動向基本調査（独身者調査ならびに夫婦調査）報告書』国立社会保障・人口問題研究所.

国立社会保障・人口問題研究所（2022）『人口統計資料集』国立社会保障・人口問題研究所.

Abell, P. (1990) "Denzin on Rational Choice Theory," *Rationality and Society*, 2: 495-499.

Beck, U. and Beck-Gernsheim, E. (1995) *The Normal Chaos of Love*, Polity Press.

Beck-Gernsheim, E. (2002) *Reinventing the Family: In Search of New Lifestyles*, Polity.

Becker, G. S. (1973) "A Theory of Marriage: Part I," *Journal of Political Economy*, 81: 813-846.

Becker, G. S. (1974) "A Theory of Marriage: Part II," *Journal of Political Economy*, 82: S11-S26.

Blau, P. M. (1986) *Exchange and Power in Social Life*, Routledge.

Brown, S. L. (2000) "Union Transitions among Cohabitors: The Significance of Relationship Assessments and Expectations," *Journal of Marriage and Family*, 62: 833-846.

Burgess, E. W and Locke H. J. (1945) *The Family: From Institution to Companionship*, American Book.

Cherlin, A. J. (2010) "Demographic Trends in the United States: A Review of Research in the 2000s," *Journal of Marriage and Family*, 72: 403-419.

Coleman, J. S. (1986) "Social Theory, Social Research, and a Theory of Action," *The American Journal of Sociology*, 91: 1309-1335.

Collins, L. M. and Lanza, S. T. (2010) *Latent Class and Latent Transition Analysis: With Applications in the Social, Behavioral, and Health Sciences*, Wiley.

Davis, N. J. and Robinson, R. V. (1991) "Men's and Women's Consciousness of Gender Inequality: Austria, West Germany, Great Britain, and the United States," *American Sociological Review*, 56: 72-84.

de Graaf, P. M. and Kalmijn, M. (2006) "Change and Stability in the Social Determinants of Divorce: A Comparison of Marriage Cohorts in the Netherlands," *European Sociological Review*, 22: 561-572.

Dixon, R. B. (1971) "Explaining Cross-Cultural Variations in Age at Marriage and Proportion Never Marrying," *Population Studies*, 25: 215-233.

Easterlin, R. A. (1987) *Birth and Fortune*, University of Chicago Press.

Gassen, N. S. and Perelli-Harris, B. (2015) "The Increase in Cohabitation and the Role of Union Status in Family Policies: A Comparison of 12 European Countries," *Journal of European Social Policy*, 25: 431-449.

Geisher, G. (2010) *Data Analysis with Mplus*, The Guilford Press.

Giddens, A. (1992) *The Transformation of Intimacy: Sexuality, Love and Eroticism in Modern Societies*, Polity Press.

Hagenaars, J. A. and McCutcheon, A. L. (eds.) (2002) *Applied Latent Class Analysis*, Cambridge University Press.

Hakim, C. (2003a) *Work-Lifestyle Choices in the 21st Century*, Oxford University Press.

Hakim, C. (2003b) "Preference Theory: A New Approach to Explaining Fertility Patterns," *Population and Development Review*, 29: 349-374.

Hedström, P. and Swedberg, R. (1998) "Social Mechanisms: An Introductory Essay," in P. Hedström and R. Swedberg (eds.), *Social Mechanisms: An Analytical Approach to Social Theory*, Cambridge University Press, pp. 1-31.

Heinen, T. (1996) *Latent Class and Discrete Latent Trait Models*, SAGE Publications.

Heuveline, P. and Timberlake, J. M. (2004) "The Role of Cohabitation in Family Formation: The United States in Comparative Perspective," *Journal of Marriage and Family*, 66: 1214-1230.

Homans, G. C. (1974) *Social Behavior: Its Elementary Forms*, Harcourt Brace Jovanovich.

Johnson, M. P. (1999) "Personal, Moral, and Structural Commitment to Relationships: Experiences of Choice and Constraint," in J. M. Adams and W. H. Jones (eds.), *Handbook of Interpersonal Commitment and Relationship Stability*, Kluwer Academic Publishers, pp. 73-87.

Kalmijn, M. (2007) "Explaining Cross-National Differences in Marriage, Cohabitation, and Divorce in Europe, 1990-2000," *Population Studies*, 61: 243-263.

Kalmijn, M. (2013) "The Educational Gradient in Marriage: A Comparison of 25 European Countries," *Demography*, 50(4): 1499-1520.

Lesthaeghe, R. J. (2020) "The Second Demographic Transition: Cohabitation," in W. K. Halford and F. v. de Vijver, (eds.), *Cross-Cultural Family Research and Practice*, Academic Press, pp. 103-141.

Levinger, G. (1965) "Marital Cohesiveness and Dissolution: An Integrative Review," *Journal of Marriage and Family*, 27: 19-28.

Levinger, G. (1980) "Toward the Analysis of Close Relationships," *Journal of Experimental Social Psychology*, 16: 510-544.

Levinger, G. (1982) "A Social Exchange View of on the Dissolution of Pair Relationship," in F. I. Nye, (ed.), *Family Relationships: Rewards and Costs*, SAGE, pp. 97-121.

Levinger, G. (1999) "Duty toward Whom?: Reconsidering Attractions and Barriers as Determinants of Commitment in a Relationship," in J. M. Adams and W. H. Jones, (eds.), *Handbook of Interpersonal Commitment and Relationship Stability*, Kluwer Academic Publishers, pp. 37-52.

Lewis, R. A. and Spanier, G. B. (1982) "Marital Quality, Marital Stability, and Social Exchange," in F. I. Nye, (ed.), *Family Relationships: Rewards and Costs*, SAGE, pp. 49-65.

Oppenheimer, V. K. (1988) "A Theory of Marriage Timing," *American Journal of*

Sociology, 94: 563–591.

Oppenheimer, V. K. (2000) "The Continuing Importance of Men's Economic Position in Marriage Formation," in L. J. Waite, C. Bachrach, M. Hindin, E. Thomson and A. Thornton, (eds.), *The Ties That Bind: Perspectives on Marriage and Cohabitation*, Aldine de Gruyter, pp. 283–301.

Oppenheimer, V. K., Kalmijn, M. and Lim, N. (1997) "Men's Career Development and Marriage Timing During a Period of Rising Inequality," *Demography*, 34: 311–330.

Oppenheimer, V. K. and Lew, V. (1995) "American Marriage Formation in the 1980s: How Important was Women's Economic Independence?" in K. O. Mason and J. An-Magritt, (eds.), *Gender and Family Change in Industrialized Countries*, Clarendon Press, pp. 105–138.

Parsons, T. (1959) "The Social Structure of the Family," in R. N. Anshen (ed.), *The Family: Its Function and Destiny*, Harper and Row, pp. 173–201.

Ross, H. L. and Sawhill, I. V. (1975) *Time of Transition: The Growth of Families Headed by Women*, The Urban Institute.

Sobotka, T. and Toulemon, T. (2008) "Changing Family and Partnership Behaviour: Common Trends and Persistent Diversity across Europe," *Demographic Research*, 19: 85–138.

Stanley, S. M. and Markman, H. J. (1992) "Assessing Commitment in Personal Relationships," *Journal of Marriage and Family*, 54: 595–608.

Toulemon, L. (1997) "Cohabitation is Here to Stay," *Population: An English Selection*, 9: 11–46.

Toulemon, L., Pailhé, A. and Rossier, C. (2008) "France: High and Stable Fertility," *Demographic Research*, 19: 503–556.

van Deth, J. W. and Scarbrough, E. (eds.) (1998) *The Impact of Values*, Oxford University Press.

Vermunt, J. K. (1997) *Log-Linear Models for Event Histories*, SAGE.

Wagner, M. (2020) "On Increasing Divorce Risks," in D. Mortelmans, (ed.), *Divorce in Europe: New Insights in Trends, Causes and Consequences of Relation Breakups*, Springer, pp. 37–61.

Weakliem, D. L. (2002) "The Effects of Education on Political Opinions: An International Study," *International Journal of Public Opinion Research*, 14: 141–157.

あとがき

　本書は「GGP（Generations and Gender Project）」の研究成果をまとめたものである．1970 年代以降，ヨーロッパでは家族関係やライフ・コースに大きな変化が生じていた．未婚化や少子化に加えて，同棲カップルや離婚が増大し多様な形の家族が増えていた．また，出産年齢や婚姻年齢も上昇し，これまでとは異なったライフ・コースを選択する人も多くなっていた．こうした変化を背景として，「国連ヨーロッパ経済委員会（United Nations Economic Commission for Europe, UNECE）」の「人口部（Population Unit）」はヨーロッパの家族についての国際比較を目的として 1990 年代に「Fertility and Family Survey（FFS）」を実施した．ただし，FFS は各国が独自に実施した家族関係の調査データの個票を収集し，再コーディングすることによって比較分析を行う研究プロジェクトであり，言ってみれば，各国が独自のデザインで実施した調査データの寄せ集めであり国際比較には自ずと限界があった．このため，より厳密で精緻な比較分析を実現するために，2000 年に UNECE，「フランス国立人口研究所（Institut national d'études démographiques, INED）」，「オランダ学際人口研究所（Netherlands Interdisciplinary Demographic Institute, NIDI）」，「マックスプランク人口研究所（Max Planck Institute for Demographic Research, MPIDR）」が中心となりヨーロッパ諸国の国際比較研究プロジェクトとして開始されたのが GGP である．それゆえ，GGP では共通の調査デザインと共通の調査票を用いた「世代とジェンダーに関する調査（Generations and Gender Survey, GGS）」をプロジェクト参加各国が実施し，収集したデータを分析することで，パートナー関係，家族形成，親子関係，ライフ・コースなどの特徴や変化とそれらを生じさせている要因を解明することを目的としていた．

　日本では阿藤誠先生（国立社会保障・人口問題研究所 名誉所長），津谷典子先生（慶應義塾大学 教授），西岡八郎先生（国立社会保障・人口問題研究所 人口構造研究部 元部長）を中心として「GGP 日本委員会」が作られ，GGP に参加し，家族と人口に関するヨーロッパと日本の国際比較研究がスタートした．そして，

2004 年に「結婚と家族に関する国際比較調査（Japanese Generations and Gender Survey）」の第 1 回全国調査が実施され，その後，数回にわたるフォローアップ調査が行われた．本書ではこうして収集されたデータの分析を中心にして各章が執筆されている．

本書の出版にあたり，多くの方々からご助言やご協力をいただいた．特に，本研究プロジェクトに尽力された阿藤誠先生と津谷典子先生には深く御礼を申し上げる．両先生の存在がなければ日本の GGP は成功しなかったであろう．その他にもお一人お一人名前を挙げないが，調査票の作成や調査データのクリーニングなどに協力してくれた方々にも御礼を申し上げる．

また，東京大学出版会の宗司光治さんと依田浩司さんには，本書の企画から出版まで様々な形でサポートしていただきお世話になった．

本書の出版にあたっては，科学研究費研究成果公開促進費（JSPS 科研費 JP24HP5126）の助成を受けた．また，「結婚と家族に関する国際比較調査」の実施に際しては，科学研究費助成事業の支援を受けた．記してここに感謝の意を表したい．

2024 年 12 月

GGP 日本委員会を代表して

福田　亘孝

索　引

アルファベット

Ability　12
Affectual Solidarity　135
Age-Graded 社会　167
Alternative Marriage　213
Associational Solidarity　135
Consensual Solidarity　135
De-standardization（脱標準化）　166
Differentiation（差異化）　166
Direct Marriage　55
Double-Hurdle モデル　175
Flexible Parametric Survival Models
　53-54
Functional Solidarity　135
Generations and Gender Project　14
Global Gender Gap（GGG）Index　4
Human Development Index（HDI）　4
Indirect Marriage　55
Individualization（個人化）　166
Inverse Propensity Score Weighting
　53
LAT（Living Apart Together）　9
Linear Mixed Model　142
Normative Solidarity　135
Pluralization（複雑化）　166
Prelude Marriage　213
Readiness　12
Sequence Analysis　171
Structural Solidarity　135
Welfare Regime　137
Willingness　12

ア

1.57 ショック　4

移民政策　6
ウィルコクソン検定　56
エンゼルプラン　4
エントロピー　174
オランダ学際人口研究所　14

カ

改正労働基準法　96
核家族　133
　　孤立化する――　214
家族経歴　166
家族政策　4
家族連帯（Family Solidarity）　134
カッパ係数（Cohen's Kappa）　141
完結出生児数　138
観察されない異質性（Unobserved
　Heterogeneity）　54
カンタム効果（Quantum Effect）　5
帰宅時刻　119
希望子ども数　76-77, 82, 84, 88, 90
希望出生率　5
逆確率重み付け（Inverse Propensity
　Score Weighting）　139
供給要因　98
競合リスク　55
緊急保育等5か年事業　4
結婚出生力　23, 73-74, 90
結婚と家族に関する国際比較調査
　（JGGS）　14, 99, 118, 139
結婚のメリット　215
結婚力　73
健康寿命　6
合計出生率　23, 73
　　結婚――　24
合計特殊出生率　2

工場法　96
行動経済学　4
高齢化　2
国連ヨーロッパ経済委員会人口部　14
子育て支援政策　4
固定効果モデル　106, 126
婚姻市場（Marriage Market）　51
婚外子　10

サ

最適マッチング（Optimal Matching）法
　172
ジェンダー　26
自己積み立て　6
仕事と生活の調和（ワーク・ライフ・バ
　ランス）憲章　95-96
仕事と生活の調和推進のための行動指針
　95-96
自然増加　6
質的変動指数（Index of Qualitative
　Variation）　180
死亡危機（Mortality Crisis）　1
社会増加　6
ジャガイモ飢饉（Potato Famine）　1
修正拡大家族（Modified Extended
　Family）　133
重要な他者（Significant Others）　50
出家時刻　119
出生意欲　26, 29, 42, 44
出生コーホート　23
出生促進政策　3
出生力　73, 90
需要要因　98
少子化　2
少子化社会対策大綱　5
少子化対策　24, 43-44, 89
少子高齢社会　159
所定外労働時間　97
所得効果　98

人口減少　1
人口置換水準　2
新子育て安心プラン　4
深夜労働　125
ストレス理論　50
スプライン関数　54
制限つき三次スプライン関数
　（Restricted Cubic Spline Function）
　53
制度化から友愛へ　214
世界価値観調査（World Values Survey）
　169, 216
世代間支援　159
潜在クラス多項ロジット・モデル　218
潜在クラス・モデル　217

タ

第一の人口転換（First Demographic
　Transition, FDT）　8
第二の人口転換（Second Demographic
　Transition, SDT）　9
代替効果　98
脱落（Attrition）　143
多文化政策（Multi-Culturalism Policy）
　7
短時間勤務　125
地域差　73, 90
チャイルド・ケア　4
紐帯
　家族連帯（紐帯）　134
　垂直的連帯（紐帯）　134
　水平的連帯（紐帯）　134
超少子化（Lowest-Low Fertility）　9
追加出生　23, 25, 28, 40, 42, 44
定位家族　49
テンポ効果（Tempo Effect）　5
同化政策（Assimilation Policy）　7
東京大都市圏　73, 77, 89-90
同棲（事実婚）　13, 211, 213

独身のメリット　215

ナ・ハ

妊娠依存婚（Pregnancy-Dependent
　Marriage）　52
バイナリ変数　119
働き方改革関連法　96
晩婚化　211
非東京大都市圏　78, 89-90
一人親世帯　10, 48
標準化（Standardization）　169
フォローアップ調査　118
賦課方式　6
フランス国立人口研究所　14
フレックスタイム制　125
平均初婚年齢　47
ベビー・ブーム　3
変量効果モデル　106, 126
放棄所得　4
法定時間外労働　125
法律婚　13
補充移民（Replacement Migration）　7

マ・ヤ

マックスプランク人口研究所　14
未婚化　211
面会頻度　148
夜間在宅　119
　——割合　120
ヨーロッパ価値観調査（European
　Value Survey）　216

ラ・ワ

ライフ・コース　24, 42, 49, 166
ライフ・サイクル　136
離婚率
　普通離婚率　47
　有配偶離婚率　47
労働基準法　96
労働市場　43-44
老年人口指数　5
ログランク検定　56
ロジット回帰　106
割増賃金率　96

索　引——247

編者・執筆者紹介

編　者

福田　亘孝　（ふくだ・のぶたか）

東北大学大学院教育学研究科教授

主要著作：*Marriage and Fertility Behaviour in Japan*（Springer, 2016 年），『少子化時代の家族変容』（共編，東京大学出版会，2011 年），『少子高齢時代の女性と家族』（共編，慶應義塾大学出版会，2018 年）．

執筆者（執筆順）

西岡　八郎　（にしおか・はちろう）

元国立社会保障・人口問題研究所部長

主要著作：『少子化のジェンダー分析』（共編，勁草書房，2004 年），『少子化時代の家族変容』（共編，東京大学出版会，2011 年），『少子高齢時代の女性と家族』（共編，慶應義塾大学出版会，2018 年），『地域社会の将来人口』（共編，東京大学出版会，2020 年）．

山内　昌和　（やまうち・まさかず）

早稲田大学教育・総合科学学術院教授

主要著作：『少子高齢時代の女性と家族』（分担執筆，慶應義塾大学出版会，2018 年），『地域社会の将来人口』（共編，東京大学出版会，2020 年），*Japanese Population Geographies II: Minority Populations and Future Prospects*（分担執筆，Springer, 2023 年）．

吉田　千鶴　（よしだ・ちづ）

関東学院大学経済学部教授

主要著作：『少子化時代の家族変容』（分担執筆，東京大学出版会，2011 年），『少子高齢時代の女性と家族』（分担執筆，慶應義塾大学出版会，2018 年），『人口変動と家族の実証分析』（共編，慶應義塾大学出版会，2020 年）．

人口減少社会の家族と世代

2025 年 2 月 27 日　初　版

[検印廃止]

編　者　福田亘孝
　　　　ふくだのぶたか

発行所　一般財団法人　東京大学出版会

代表者　中島隆博
153-0041　東京都目黒区駒場4-5-29
https://www.utp.or.jp/
電話 03-6407-1069　Fax 03-6407-1991
振替 00160-6-59964

組　版　有限会社プログレス
印刷所　株式会社ヒライ
製本所　牧製本印刷株式会社

©2025 Nobutaka Fukuda *et al.*
ISBN 978-4-13-056128-0　Printed in Japan

[JCOPY]〈出版者著作権管理機構　委託出版物〉
本書の無断複写は著作権法上での例外を除き禁じられています．複写される
場合は，そのつど事前に，出版者著作権管理機構（電話 03-5244-5088,
FAX 03-5244-5089, e-mail: info@jcopy.or.jp）の許諾を得てください．

少子化時代の家族変容

A5・4800 円

阿藤　誠・西岡八郎・津谷典子・福田亘孝　編

日本の人口動向とこれからの社会

A5・4800 円

森田　朗　監修／国立社会保障・人口問題研究所　編

人口縮小！　どうする日本？

四六・2900 円［近刊］

遠藤　薫　編

地域社会の将来人口

A5・4800 円

西岡八郎・江崎雄治・小池司朗・山内昌和　編

日本の家族 1999-2009

A5・5400 円

稲葉昭英・保田時男・田渕六郎・田中重人　編

白波瀬佐和子　監修
少子高齢社会の階層構造（全 3 巻）

A5 各 4000 円

[1]　人生初期の階層構造　中村高康・三輪　哲・石田　浩　編
[2]　人生中期の階層構造　渡邊　勉・吉川　徹・佐藤嘉倫　編
[3]　人生後期の階層構造　有田　伸・数土直紀・白波瀬佐和子　編

ここに表示された価格は本体価格です．ご購入の
際には消費税が加算されますのでご了承下さい．